U0509580

生态型投资
决战效率

硅谷天堂（上海）苏立峰◎著

学林出版社

图书在版编目(CIP)数据

生态型投资：决战效率 / 硅谷天堂(上海)，苏立峰著．—上海：学林出版社，2018．9
ISBN 978-7-5486-1441-8

Ⅰ．①生… Ⅱ．①硅… ②苏… Ⅲ．①生态经济—资本投资—研究 Ⅳ．①F062.2 ②F830.59

中国版本图书馆CIP数据核字(2018)第191719号

责任编辑 吴耀根
封面设计 魏 来

生态型投资：决战效率
硅谷天堂(上海) 苏立峰 著

出　　版 上海学林出版社
　　　　 (200235 上海钦州南路81号)
发　　行 上海人民出版社发行中心
　　　　 (200001 上海福建中路193号)
印　　刷 上海盛通时代印刷有限公司
开　　本 710×1000 1/16
印　　张 21.25万
字　　数 27万
版　　次 2018年9月第1版
印　　次 2018年9月第1次印刷
ISBN 978-7-5486-1441-8/F·55
定　　价 68.00元

致敬《小米生态链战地笔记》

回归效率本质的复利投资模型

生态型投资世界观，价值观，方法论和认知实践

价值投资募投管退“1+N”模式，实现财务与心灵自由

变与不变

2017年下半年，我们在一些项目访谈过程中，发现了一些有趣的变化。到2018年，这种变化正在逐步演变成趋势。什么在变？什么不变？如何通过团队的“变与不变”进行自我认知与方法论、组织形式迭代升级，我们对此进行了持续的思考和总结。

什么在变？

企业生态变了，平台型企业生态下的生态链企业已经形成趋势，我们的投资模式怎么变？

盈利模式变了，一二级市场估值差降低，PE如何跟上价值投资？

资管监管政策变了，去杠杆，控风险将是近几年的主基调，我们的募资模式怎么变？

企业组织形态变了，小团队、自组织、低成本、高回报成为趋势，我们的投资组织怎么变？

什么不变？

人性不变。

商业的本质不变：效率。

面对“变与不变”，如何在股权投资中“定心”实现“滚雪球”。

我们将通过此书与大家探讨，通过“1+N”海星模式，进行企投两端

先进价值观与方法论复制，实现股权投资的降维攻击：良知为根，价值为本，顺势而为，刻意练习，批量复制，敬畏复利，实现财务与心灵自由。

面向做投资的读者：《生态型投资：决战效率》核心要解决的是为什么、是什么和怎么做的三段论问题：为什么——生态型投资的复利效应；是什么——“指数型基金式”股权降维投资，刻意练习实现概率的胜利；怎么做——“1+N”投融资模式实现降维投资可复制。

面向做企业的读者：《生态型投资：决战效率》核心要解决的是价值观、方法论和知行合一的刻意练习的三段论问题：价值观——盒马，小米等先进认知和价值观；方法论——盒马，小米等生态链指数式成长的底层思维和先进方法论；刻意练习——以谷仓学院为例，复盘价值观和方法论的实践。

面向是投资者的读者：《生态型投资：决战效率》核心要解决的是共识、成长、携手企投的三段论问题：共识——商业本质：效率（效益）与人性、成长——提升认知，形成思维模型、携手企投——知行合一地修行，实现财务自由和价值观的伟大胜利。

CONTENTS 目录

第二章 生态型投资——商业世界观系列思维模型

第三章 生态型投资——商业价值观系列思维模型

下篇 创新篇

第四章 生态型投资——逆向思考系列思维模型

第五章 生态型投资——商业实践方法论系列思考模型

序言一

产融结合，建构产业共创生态

谷仓学院

洪　华　博士

未来的公司形态，究竟会进化成什么样？是巨无霸当道，还是灵活作战的小型特种兵部队能胜出？对于大型企业来说，如何保持可持续的增长、实现基业长青？对于小型初创企业来说，究竟是加入已有的大公司阵营，还是保持独立的发展？对于投资人来说，如何能够押中未来的超级独角兽？对于这一系列的问题，估计大家都想知道答案。但这世上再没有诸葛亮，未来究竟是什么，没有人能提前参透“天机”。

虽然未来不可完全预知，但我们却可以从一些已经显露的迹象中，寻找未来可能的蛛丝马迹。近年来，在众多的公司中，有三家公司引起了我的关注：一家是做工业品的美国企业，叫丹纳赫；另两家则是做消费品的企业，一家是3G资本，另一家是国内的小米。

丹纳赫公司最早从事的是投资业务，目前已成为工业品综合管理集团。目前公开的资料显示，1986年到2014年间，丹纳赫一共收购了400余家企业，公司的营业额从最初的3亿美金增长到200亿美金，总市值高达600多亿美元，在世界五百强中排名第149位。值得关注的是，丹纳赫不是单纯的投资并购，而是利用自身在工业品领域积累的经营经验，赋能给所投企业，提高运营效率。

无独有偶，消费品领域也有一家类似的企业，这就是来自巴西的专注于食品饮料领域投资的3G资本。3G资本不仅仅是投资，也是深入到企业的具体经营中去。其基本原理是投资类似于食品、饮料这些成熟行业中的低效率、但具有市场地位的公司，把先进的经营模式导入到该公司中去，提升公司的经营管理能力，然后享受效率提升带来的收益。

国内部分，小米生态链的发展值得关注。自2013年底开始运作，截止2017年底，小米生态链已累计孵化百家左右的硬件初创企业企业，其中一半公司已发布产品，二十多家家年收入破1亿元，多家年收入破10亿。小米生态链模式上比较独特，采用“特种部队＋卫星航母”的形式，小米相当于卫星航母，生态链企业相当于特种部队。每家小米生态链企业是一支特种兵团队，只聚焦特定的领域，比如智米科技做环境电器专家，华米做智能可穿戴，这些团队由能力强、有丰富产品研发经验和具有工匠精神的中青年工程师担当。小米提供系统性支持，包括产品方向辅导、工业设计服务、渠道共享、供应链背书、品牌分享、融资帮助。在小米的带动下，这些硬件初创团队得以快速成长。

这三家公司的形态，都很像一支联合舰队，每艘战舰既能独立作战，保持灵活性；也能与其他战舰协同作战，发挥整体的威力。这种联合舰队的概念，有点像企业集团，却在决策逻辑上不完全等同于企业集团的相对集中化；有点像企业集群（enterprisescluster），相互之间的纽带却要比企业集群更为紧密。现有的称谓很难往上套用，我们姑且称之为“产业共创生态”。这种产业共创生态拥有如下三个特征：

特征一，聚焦于特定赛道，建立壁垒和优势。丹纳赫主要立足不为常人知晓的工业品领域，在选择并购对象上有如下要求：要有实体产品、市场规模不少于超过10亿美元、核心市场成长率应至少5-7%，没有不适当的周期和波动、丹纳赫积累的管理经验可以派上用场。3G资本则选择那些不太会出现颠覆式技术创新、市场相对稳定的食品饮料领域。小米生态链则围绕手机用户依次拓展到手机周边、智能硬件、生活耗材等领域，通常选择“满足80%人的80%需求”的产品品类。选定赛道后，所有的经验可复用，所有的资源也可复用，极大地提高了并购或被投企业的经营效率，通过效率优势建立壁垒。

特征二，大公司带动中小企业，动车组模式。无论是丹纳赫，还是3G资本，还是小米生态链，均有一个资源和经验极为丰富的母体公司，这个母体公司既通过开放自身的资源给新加入的公司，又通过自身的经验改造新公司的基因，帮助新公司迅速取得有别于友商的竞争优势，迅速做大做强。等到这些新公司长到一定程度，又能以各种形式反哺给整个系统，比如带来新的用户群、增加老用户的粘度、贡献更大的营收，使得整个系统更加强大。这就有点像动车，母体公司是火车头，拉动整个系统高速前进，而新公司又自带动力，为整列火车贡献自己的动能。

特征三，资本作为纽带，产融深度结合。通常意义上的产融结合，指的是产业与金融业在经济运行中为了共同的发展目标和整体效益通过参股、持股、控股和人事参与等方式而进行的内在结合或融合。在产业共创生态中，产融结合得更为紧密，在发展新的事业群的时候，对于未来的资本路径已经提前有了规划，通过资本的力量，或整合上下游，或引入高水平人才，大幅度地缩短了企业的成长周期、迅速放大企业规模；高质量、高速度的产业发展，则保证了资本的稳定高收益。

这种产业共创生态带来的好处，则是规模经济和范围经济的得兼。所谓的规模经济，指的是生产特定的商品时随着规模的扩大，平均成本逐步下降的现象。而范围经济是指在同一核心专长下，因各项活动（比如扩展新的产品品类）的多样化，多项活动共享一种核心专长，从而导致各项活动费用的降低和经济效益的提高。在企业运营中，规模经济和范围经济往往难以得兼，要有规模经济首先得聚焦，范围扩得太大就很难做到规模经济。在产业共创生态中，单一的公司聚焦于特定产品品类，甚至可以用“单品爆款”的逻辑击穿市场，实现规模经济；而对于整个生态来说，由于可以共享用户、共享渠道、共享供应链、共享核心技术，又能实现范围经济。

生态型投资逻辑的提出，打破了一时一地一企考虑问题的狭隘性，促使我们用更广阔的产业生态视野、更长远的产业周期跟踪、更深入的产业规律洞察来思考投资问题。本书闪光点众多，提出了不少新鲜的观点，比如好人赚钱时代的来临、把生物领域的递弱代偿用于产业思考、PE要做价值投资、终局观等等，都令人印象深刻。硅谷天堂投资团队边实践、边研究、边总结，注重方法和工具的沉淀，特别值得借鉴和学习。虽然按照严格的学术标准来要求的话，本书未必有那么缜密严谨，但对于实践中的投资者来说，在忙碌的投资工作之余，能有这么多的思考并能整理成系统性文字，在这个稍显浮躁的社会中，是难能可贵的。

序言二

新经济遇到新投资，“产智融”和合的未来

如是金融研究院院长、首席经济学家　管清友　博士

我和立峰的相识，是我们都还在券商研究所的时候。当时，作为两家券商研究所的负责人，我们都曾是新三板市场投研协同和政策建议的谏言者和推动者，一直为中小企业有机会平等获得直接融资，努力鼓与呼。

2017年全国金融工作会议强调，要把发展直接融资放在重要位置，形成融资功能完备、基础制度扎实、市场监管有效、投资者合法权益得到有效保护的多层次资本市场体系。新三板是中国近年来快速发展起来的、服务创新创业型中小微企业的重要融资平台，是中国多层次资本市场的重要组成部分。但新三板目前面临交易所定位不清、交易制度不完善、流动性不足、挂牌企业鱼龙混杂、估值功能缺失、机构督导严重缺位、外部竞争日渐激烈等诸多问题，仍未真正实现破局。

站在宏观面角度，我们反复强调，从2016年底、2017年初开始，整个宏观经济进入了出清状态。这个出清的过程将非常难、非常痛苦，没有杀伤力是不可能的，这个过程我们必然要经历。只有这一轮的出清过去之后，把不该加的杠杆去掉，把不该产生的泡沫挤掉，中国市场才会迎来更健康、可持续发展的状态。

在这个背景下，回到立峰所做的股权投资领域，最近很多机构开始扎堆“独角兽”投资，本质原因是资本和项目之间出现了倒挂：资本过剩和资产荒的矛盾。这造成了某个独角兽出现的时候，很多投资机构扎堆，出现了资方和项目方不对等，资本把兔子吹成了大象。这确实是不正常的，

资本也需要出清，项目也需要卸妆。

我和立峰有一位共同的朋友，谷仓学院的洪华博士。他执笔的《小米生态链战地笔记》用小米生态链价值观和方法论把谷仓学院从0到1，从1到10孵化和创造独角兽的经验和教训活生生地记录下来，让我们看到了独角兽孵化和投资的“本来面目”。这也正是我参与创立如是金融研究院，作为智库平台和金融资本投研平台，致力于服务中央决策，服务产业发展，服务企业投融资，实现“产融智”融合的责任和价值。

再次祝贺立峰《生态型投资：决战效率》付梓出版。生态型投资，为我们寻找独角兽，并价值投资，长情相伴，提供了价值观和方法论的思考模型借鉴，开启了一扇窗，探索了一条路。

如是金融研究院希望与更多面向未来的同仁在新经济中升级认知，寻找“产智融”和合的思维模型，共享价值投资的崭新时代！

作者简介：管清友

现任如是金融研究院院长、首席经济学家。曾先后担任清华大学国情研究中心（现为国情研究院）能源与气候变化项目主任，中国海洋石油总公司宏观处处长、调研处处长，中国经济体制改革研究会高级研究员，财政部发改委PPP专家库双库专家，国家发改委PPP专家委员会委员，国家发改委城市与小城镇中心学术委员，工信部工业经济运行专家咨询委员会委员，民生证券副总裁、研究院院长。

管清友博士出版多部专著，代表作有《石油的逻辑——国际油价波动机制与中国能源安全》《后天有多远？——通货危机、石油泡沫和气候变化》《刀锋上起舞——直面危机的中国经济》《新常态经济》等。

序言三

实施生态链经济国家战略，构建新时代国家竞争优势

浙江泰隆银行首席经济学家　郑勇军　教授

当今世界正处在乾坤挪移的大变局时代，开启人类全新发展的新纪元。产业新技术、商业新模式、投资新热点层出不穷，是经济发展的一个最显著的特征。未来一个时期我国开始进入生态链经济新时代，生态链经济将成为最值得期待的一种经济新业态。紧紧抓住“双升级”（消费升级和产业升级）两大历史机遇，大力发展生态链经济，培育一大批具有极致性价比、自主品牌、可控渠道的独角兽企业和生态链企业，有望成为我国在全球产业链更高层面与西方发达国家展开竞争，构建国家竞争新优势的重大举措。

纵观人类社会经济发展史，可以发现，解决社会痛点是时代发展的基本驱动力。当今中国已是全球公认的“世界工厂”和行业门类最全、规模最大的“制造大国”，总额最大、顺差最大、销售面最广的“贸易大国”，商业网点高度密集、网络销售遥遥领先的“零售大国”，规模即将跃居第一、高成长的“消费大国”，专利数全球最多、技术应用优势显著的“技术转化大国”，为何我国经济规模总量和市场容量都已经达到了第一集团、在全球产业链的诸多环节都拥有显著的竞争优势，而人均GDP只有欧美发达国家的三分之一至五分之一？为何我国建立在产业规模和国内市场容量基础上所形成的GDP总量优势无法转化为价值创造优势？我国的“阿喀琉斯之踵”到底在哪里？

一个关键性问题是处在全球经济分工合作和市场竞争中的分销环节，

即我国在全球分销体系中存在严重的渠道控制权、品牌价值缺失问题。由于渠道控制权缺失，我国在全球产业链和价值链中缺乏话语权和控制权；由于渠道控制权缺失，我国绝大多数产业的制造规模优势无法转化为全球产业中心地位优势；由于渠道控制权缺失，我国数量众多的“制造冠军”企业和规模巨大的产业集群在全球价值分配中无法获得品牌价值。这一从制造端到零售端，或者是从制造端直接到消费端的分销环节的“关键一跃”，已成为我国突破“中等收入陷阱”，越过进入发达国家行列最后“高墙”的“阿喀琉斯之踵”。

为何我国在这一“关键一跃”中会如此地艰难？笔者认为，尽管原因是多方面的，但其中最重要的原因是我国绝大多数产业的主体呈现“低、小、散”的结构性特征，市场化的产业组织者缺失，产业组织化程度很低，导致具有控制力的渠道无法形成，产品制造优势无法转化为渠道控制力和品牌价值优势。这是我国经济转型升级之痛点，也是转型升级的急中之急。而大力发展生态链经济，是我国经济突破转型升级之瓶颈，实现转型升级之“关键一跃”的关键所在、希望所在。

生态链经济是一种“短流程”的经济业态。通过减少采购和分销等环节，缩短商品流通的流程，提升商品流通效率，降低流通成本。

生态链经济是一种“有组织”的经济业态。通过互联网平台运营商作为整合产业链乃至整个生态圈的组织者，在维护上下游企业之间的纵向市场关系，以及产业链不同环节的企业与配套服务企业之间的横向市场关系的基础上，通过有组织的定价和销售等集体行动，提升产业协同效应，降低交易成本。

生态链经济是一种“高品质”的经济业态。通过从原材料使用、生产过程到售后服务等环节的全供应链的质量控制和精细化管理，组织高效的模块化制造，提升产品品质。

生态链经济是一种“极速型”的经济业态。通过生态链内部的专业团队指导实现快速孵化，有组织的客户资源共享实现大规模的快速销售，迅速突破创业创新活动所需的“专业瓶颈”和“客户量门槛瓶颈”。

低成本、高品质、快速度和组织化、协同化等优势，决定了生态链经济是有竞争力和生命力的一种新型业态。大力发展生态链经济，有助于我国从建立在低要素成本优势基础上的价格竞争力阶段，向建立在高品质制造优势、可控渠道优势和高价值品牌优势基础上的品质竞争力和品牌竞争力阶段转变。这是我国顺利实现经济转型升级的有效途径，是在新一轮国际竞争中取得国家竞争新优势的有效途径，是在物质层面快速提升人民大众生活品质和幸福满意度的有效途径。大力培育和发展生态链经济，理应成为未来一个时期我国国家级层面的重大战略。

立峰是有激情、有情怀、有思想的投资界新秀，不仅实战经验丰富，而且研究成果颇丰。作为立峰的硕士研究生导师，颇为其自豪。很高兴也很荣幸为其新书作序。

郑勇军

作者简介：郑勇军

主要从事流通经济和区域经济研究。现为浙江泰隆商业银行首席经济学家，商务部经贸政策咨询委内贸流通专家，教育部人文社科重点研究基地浙江工商大学现代商贸研究中心主任、教授，浙江现代商贸发展研究院院长。曾任浙江大学经济学院经济系副主任、副教授，浙江工商大学MBA学院院长，浙江省政协常委、经济委副主任等职。

前言

写作缘起与阅读攻略

有人说：当你的人生没有目标时，就想想你的偶像是谁？！

我的偶像是查理·芒格，这位简单、智慧、长寿、快乐的老人。

《穷查理宝典》中，芒格屡屡提到了一个影响他生活、学习和决策的思维方法，这个思维方法建立在他称作为“多元思维模型”基础之上，他提倡要不断学习众多学科的知识来形成一个思维模型的复式框架。混沌大学的李善友教授总结为“哲科思维”。

芒格老先生用他的“多元思维模型”教导过很多人，说服过很多人，关键是他做到了知行合一，用100个思维模型指导自己的事业与生活，取得了很多人不可企及的成就，让自己的一生写满了传奇，让人充满了期待。他的精彩还在继续！

每个人心中都有一个自己的芒格。说起写作的缘起，有必要回顾一下，我从一个机械决定论的工科生如何成为一个“多元思维”的金融从业者的过程。

1997年9月，作为一名钢厂子弟，我进入北京科技大学冶金学院，开始了钢铁冶金的专业学习，锻炼了一个工科生的逻辑思维。只有我自己知道，在由多个学院同学组成的社团里，我才找到了责任，自由和快乐。

2001年7月，本科毕业回到山东莱钢股份，我主动选择炼钢厂转炉车间，成为一名炉前工，在一线基层锻炼自己，用底层思维真正体会“钢铁是怎样炼成的”。

2005年9月，带着对浙商的崇敬与向往，我攻读了浙江工商大学经济学院研究生，选定产业组织与公司战略方向，并真正开始项目中的实践。导师教导我“知识不如能力，能力不如素质，素质不如理念，理念不如智慧”，我一直在思考这句话的意义。

2007年底，从做一名券商钢铁行业研究员开始，成为金融业的一个小兵。从行业研究员到研究总监，“价值研究”的研究理念，“一二级联动”的研究框架逐步清晰起来。

2015年底，心怀梦想与未来，面对成长的天花板，我在35岁遭遇了轻度抑郁症。回归本心，重新发现自我价值，我在江西赣州崇义感悟了王阳明的“知行合一”。

2017年，在硅谷天堂（上海），我和冯新总寻找投资的第二曲线时，遇到了混沌大学，开始了“生态型投资”的第二曲线；遇到了《小米生态链战地笔记》，总结了“生态型投资”价值观与方法论。

2018年，我在学习芒格先生“多元思维模型”，李善友老师“哲科思维”，王东岳老师“递弱代偿”理论基础上，总结“生态型投资”思维模型，以此成书。

智慧的芒格用思维模型过幸福的一生。曾经，我们听过很多道理，却过不好这一生，那可能是因为没听过“第一性原理”；听过“第一性原理”，还是过不好这一生？那只能说明，我们还没学会怎样应用它。

你我身边不乏这样一些能人：

当你遇到解决不了的难题，手足无措，他却能跳出常规的框架思路，灵光一闪之间，难题迎刃而解；

当你就事件的表象和一些浅层次的关系谈论无果，他却能迅速总结事情的本质，提出入木三分的观点；

当你深陷复杂的关系网，理不清头绪，面临取舍，万般焦灼，他却能直接从根本需要着手，高效决策；

……

这种人通常都有按“第一性原理”思考的习惯。马斯克借助第一性原理实现创新的过程可以用8个字来描述:“溯源”、“拆解”、“重构”和“迭代”。即用“第一性原理”看问题，跨越非连续性，布局自己的第二曲线。

我们现在处在信息爆炸时代，每天需要不停地过滤信息，但在很多信息中你并不能看到深层次的原因，看到的只是表象。我们很多时候只能通过观察表象，也就是通过比较思维看待事物，但实际上盲目依赖比较思维存在着不少隐患。用“第一性原理”这种思维方式贯彻到我们做事的过程中，就是要求我们在解决问题时，要勇于打破知识的藩篱，回归事物的本质，去思考最基础的要素，在不参照经验或其他的情况下，直接从事物最本源出发寻求突破口，逐步完成论证。我们可以给一件事情建立底层模型，通过严谨的逻辑重构，得到解决问题的方式方法，实现创新。

用更多类似“第一性原理”的思维模型来看问题和解决问题，一切就不那么复杂了。

沿着自己多元思维的成长路径，我总结了生态型投资的4个价值投资理论，9个世界观思考模型，10个价值观思考模型，10个逆向思考模型，10个方法论思考模型，10个跨界创新思考模型。

价值投资4大基本理论，包括：价值观理论——全面战争，仁者无敌；进化理论——商业进化的递弱代偿；思维模式理论——新黄金时代需要更多To C思维；效率理论——时间就是金钱，效率就是生命的再解读。这是即将到来的生态型投资全面战争的理论基础。

世界观9个思维模型解决的是“终局观”问题，更像一个哲学层面的思考。拥有“终局观”，开启“超限战”，以“向死而生”的勇气和“信任与开放”的态度，我们坚信：念念不忘，必有回响。在认知升级的新时代，未来组织形态将进化为“超级组织”和“超级个体”，两者通过心流的同频共振，最终实现“供应链效率与区块链精神”的终局使命。

生态型投资价值观10个思维模型，主要看格局和情怀，是我们的“核心价值观”：义利相济；极致性价比；吃亏是福；抱朴守拙；圣人与英雄；远见与内敛；工作即修行；迭代与进化；敬天爱人；消费升级。这就是我们的信仰。

生态型投资10个逆向思维模型，把“反人性”的投资跟我们个体的修行结合起来，让我们在践行中更加能理解：少即是多，慢即是快；自觉地“脱离舒适区”，加强“反脆弱”，实现“知行合一”；用“同理心”思考，用“可复制的领导力”执行，用“第一性原理”的原动力实现“降维打击”，成为名副其实的“超级产品经理”。

生态型投资价值观10个实践方法论思维模型，是先进的西方管理理论与东方智慧的融合思考。包括：游戏化与反控制；清单革命，让复杂工作变简单；突破深井，打造超级组织，链接超级个人；保持专注，体验心流，以心役物；爆款策略与非暴力沟通；硬件+，共享经济的漫威宇宙；利他即利己：从自卑，自尊到自性觉醒；平台+内容：场景化实现指数型成长；资本思维：独角兽的杀手级武器；人才银行：以人本思维打造核心优势。每个模型背后都是几本书的提炼，用模型思考工作，带着工作中的问题去读书。这就是“学而不思则罔，思而不学则殆”的道理吧。

生态型投资10个跨界创新思维模型主要看跨界思维能力：1. 蜂鸟效应：创新生命力与终局使命；2. 底层思维：从哪里来到哪里去；3. 跨维度战争：盲维下的斩首行动；4. 破解创新窘境：论创新与创业的关系；5. 从偶然到必然：君子不器，和而不同，群而不党；6. 识时务，通机变：不傲慢也能提高效率；7. 创新转机：如何在以创新求发展的同时削减成本；8. 创新修炼：研究员+投资经理+产品经理+杂家；9. 创新规则：变与不变，开辟跨界创新的蓝海；10. 产融融合：价值投资，好人赚钱，跨界创新的时代机遇。

看清“变与不变”的本质，围绕创新思维模式加上我们团队的实践，跨界创新开辟事业/投资的新蓝海，在产融融合的时代背景下，回归效率本质，价值投资，共享好人赚钱的时代！

希望我们总结的49个思维模型，帮助进化中的创业者、投资家、企投家，做好投资，过好生活，共享财务和心灵自由！

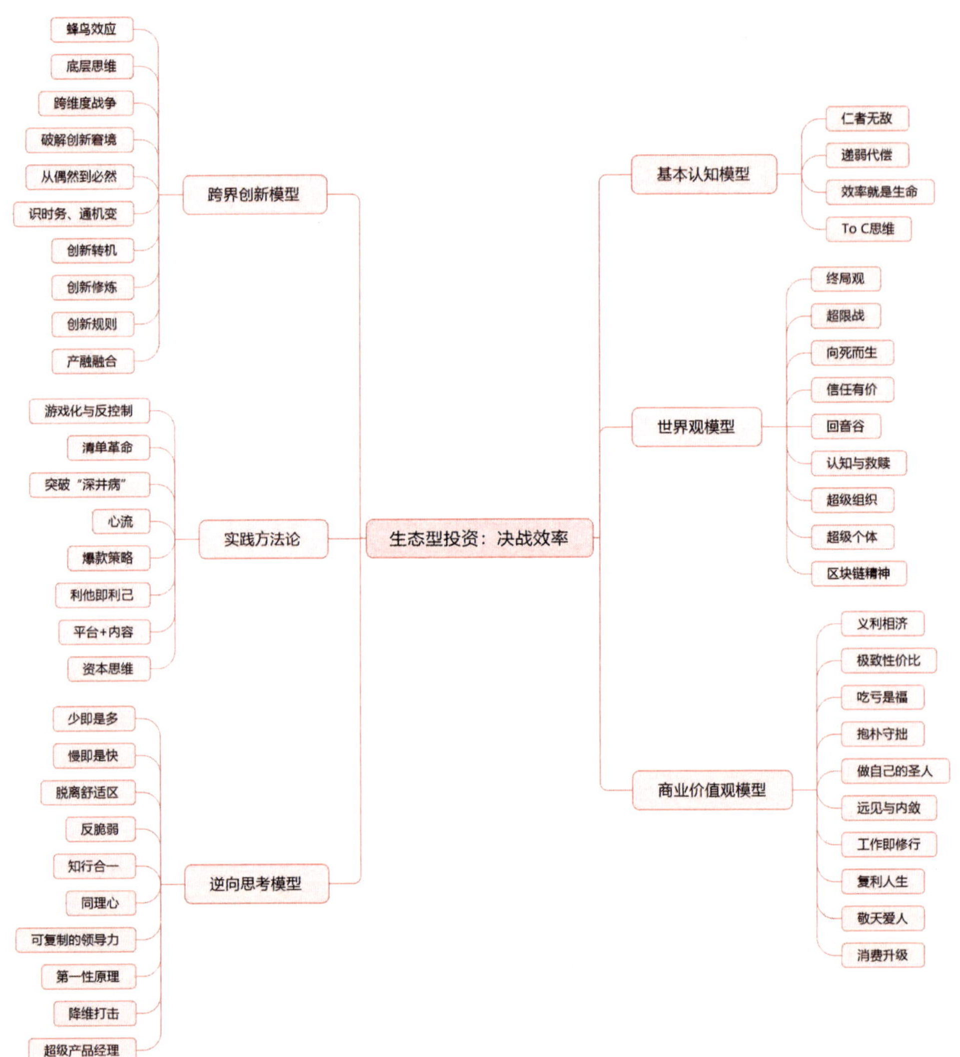
生态型投资：决战效率
跨界创新模型
蜂鸟效应
底层思维
跨维度战争
破解创新窘境
从偶然到必然
识时务、通机变
创新转机
创新修炼
创新规则
产融融合
实践方法论
游戏化与反控制
清单革命
突破“深井病”
心流
爆款策略
利他即利己
平台+内容
资本思维
逆向思考模型
少即是多
慢即是快
脱离舒适区
反脆弱
知行合一
同理心
可复制的领导力
第一性原理
降维打击
超级产品经理
基本认知模型
仁者无敌
递弱代偿
效率就是生命
To C思维
世界观模型
终局观
超限战
向死而生
信任有价
回音谷
认知与救赎
超级组织
超级个体
区块链精神
商业价值观模型
义利相济
极致性价比
吃亏是福
抱朴守拙
做自己的圣人
远见与内敛
工作即修行
复利人生
敬天爱人
消费升级

阅读思维导图

上篇

认知篇

价值观的威力：跟马斯克去火星，真诚不欺李嘉诚

埃隆·马斯克的价值观，和很多其他硅谷大佬不同。其他人可能开始时想的也是改变世界，于是建立起软件操作系统、网站和社交媒体，但是后来，价值观就变成了：如何让公司成为用户的世界中心。于是，像脸书和推特这样的社交网站，就开始使用一些技巧，让用户形成上瘾习惯。但是埃隆·马斯克就不会这么想。埃隆·马斯克是一个人类多星球生存理论的拥护者，他认为，如果人类能够成为一个可以在多个星球生存的物种，就能够减少因为陨石撞击等自然或人为灾难造成文明灭绝的危险，就像恐龙的灭绝一样。马斯克做的很多工作都围绕着要解决人类的重大问题，比如解决能源问题、解决多星球生存问题。埃隆·马斯克说："你的行为与你对未来的期许背道而驰，这不是十分矛盾吗？我们最好直接一点，努力做一些有用的事情。我觉得忠于真理（being precise about the truth）很可行，真实和准确。"

小时候李嘉诚一边给妈妈沏功夫茶一边听妈妈讲故事：一位老和尚要找接班人，给了两位接班人各一包种子，说来年谁收获的谷子多就传位给谁。结果第二年其中一位担了满满的稻谷来，另一位空手而来，老和尚把位子传给了这位空手和尚。故事的谜底是，种子都被开水煮过了，空手回来的才是一位诚实不欺之人。

第一章　生态型投资

——基本认知思维模型

1. 仁者无敌：厚道的人运气不会太差

——生态链商业价值与小米生态链价值观借鉴

近一段时间，发生了很多值得记录和反思的商业事件。美团打车趁滴滴打车价格公关危机，杀入上海，引发滴滴快车14元豪补，高德又跟进侧翼围剿，推出公益顺风车，看似已经垄断的打车市场突然杀成了一片血海；阿里全面进军IOT（物联网），成为阿里巴巴继电商、金融、物流、云计算之后一条新的主赛道。就在之前一天，小米雷军发布新产品，“小米加步枪”，遥遥领先的IOT体验，开启小米全面战争；京东和六六的假货角力以京东道歉告一段落；李彦宏一句“中国人更开放，对隐私问题没那么敏感”，让我们再次明白“不怕神一样的对手，就怕猪一样的队友”。这里的黎明静悄悄，大战前的宁静原本就是一场肃杀。

刘慈欣《三体》中有一句话：我要毁灭你，与你何干？[①] 在一个独角兽扑街的今天，必然导致商业生态系统的加速进化，倒逼企业和投资人用非连续思维找到那架时空机，避免恐龙悲剧的重现。

“神仙打架”的背后已是一个一个商业丛林规则被不断重构的时代，一个跨界打劫、降维攻击的时代，一个生态链系统竞争的时代，也将是一个好人赚钱的时代。

对比中美日韩，商业生态链系统是一种有价值且有趣的现象级存在。曾流传一个生态级的“笑话”：由于太过于家大业大，GE的全球生意无处不在。9·11事件中，两架由GE租赁的飞机，装载着GE生产的发动机，撞

① 刘慈欣：《三体2：黑暗森林》，重庆出版社，2008年5月。

向了GE投资建造的两栋标志性大楼，大楼和飞机均在GE保险部门投保，现场的一切被GE公司旗下的NBC全国广播公司直播。

曾经的日本SONY，韩国三星，目前中国疯狂成长中的阿里、腾讯、小米等，背后都存在一个从0到1，从1到100，从100到100万，基于技术、交易、社交、制造等不同基因用互联网思维构建起来的生态链系统。小米所创造的中国智造特色的生态链模式，已然在全球物联网节点布局中领先一步，其生态链商业价值正在被一步步验证，我们将在后续文章详细解读。

未来已来。未来商业的竞争，是商业生态链系统之间的较量。从术的层面，降维打击与跨界打劫将是常规战术套路，产品与服务只是一件常规利器，社群是作战团队，平台是单兵种作战系统，生态是海、陆、空多兵种联合作战系统；从道的层面，“全面战争，仁者无敌”。创始人的认知边界是一个企业的成长边界；价值观就是企业认知的边界，企业的成长将是企业为价值观买单的过程。

小米联合创始人，小米生态链的缔造者刘德先生曾经在美国艺术设计中心学院修习《明史》，从明朝的轰然倒下反思总结了两种公司形态：一种松树型公司，一种竹林型生态公司。百年时间长成的参天松柏，却经常会外强中空，尾大不掉而轰然倒地；也有一种生态，如竹子用2—3年在地下默默地扎根蔓延，到了第4—5年，只用了6周时间长成15米的迎风翠竹。

做百年松树还是雨后翠竹，这好像是个简单的判断题，背后却是价值观的力量。我们在投资小米生态链企业的尽职调查过程中，小米所倡导和践行的价值观给我们深深的震撼，我总结为：禅心、同理心、知行合一，三位一体的价值观。我们在所投资的小米生态链企业中看到了价值观浸染所带来的力量。

“极致性价比是人性”的禅心

小米模式的本质是效率。从生态链企业角度，小米要求生态链企业“逆境决策”：一旦毛利率高，公司就会丧失持续创新的动力，就会一步步变得平庸。在低毛利的“逆境”中，企业不做“温水中的青蛙”，时刻保持活性，战斗力更强大。坚持高性价比的模式，是具备长期竞争力的护城河，就像老干妈的“价格段封杀品类”策略。从消费者角度，中产消费的特征是理性消费，极致性价比是对人性的洞察，是“少即是多”的禅心。我们投资的小米生态链企业，完整体现了禅心的价值观，即使有让人惊艳的品质体验情况下，这些企业的净利率水平也并不比传统同类企业低。背后是小米供应链、方法论的支持，我们会在后续文章中展开。回过头看文章开头的嘀嘀、美团、高德混战，“极致性价比”的价值观将胜出！

“利他即利己”的同理心

小米生态链模式是真正实现了小米与生态链企业的“竹林生态”，互为放大器。用小米的“航母式”支持，让生态链企业实现从0到1，实现一个中型企业的基本盘，然后以“开放、不排他、独立”的策略，继续支持小米生态链企业独立发展、独立上市。“利他即利己”的同理心与小米所倡导的“兄弟文化”有直接的关系。兄弟连心，其利断金。目前小米生态链200多家企业CEO成了小米的若干“特种部队”，航母与舰队与特种部队，用“心流”实现精准打击，斩首行动，屡试不爽。我们投资的小米生态链企业创始人之间都是很融洽的关系，定期小米“家宴”伺候，互相帮忙，取长补短，本着“利他即利己”的价值观，有兄弟情、战友情，让小米及生态链的价值观成为不可复制的核心竞争力。

“把消费升级当信仰，把消费者当朋友”的知行合一

消费升级是雷军“风口理论”的趋势判断，把“消费升级当信仰”是刘德对风口理论的价值观变现，这种知行合一本身就是一种价值观力量。“把消费者当朋友”也是小米特有的米粉文化下的知行合一的实践。米粉就如刘德比喻的一样，2亿个米粉朋友坐在小米的客厅，讨论着小米接下来又要出个什么爆品，建议出个什么，新出的产品体验咋改进，等等。朋友是可以给建议的。“把顾客当上帝”是种体面的口号，容易被打脸。我们投资的一家生态链企业，创始人需要经常接听米粉各地群主的电话，谈产品反馈，交流市场风向，就像遇上了“朝阳大妈”。米粉文化让这些企业真正跟消费者交朋友，听建议，做改进，实现了知行合一的闭环。我的理解，“把消费升级当信仰，把消费者当朋友”实际是雷军“超级产品经理”理念在生态链企业的知行合一。

雷军说，我的理想是做“新国货”，改变中国制造。大风起于浮萍之末，决战紫禁之巅时，我们相信：致良知，则仁者无敌。

2. 递弱代偿：不要做那只“独角兽”

周末时间，参观了上海自然博物馆：从25亿年前混沌初开的古元古界到2.05亿年前我们所熟知的侏罗纪，沿着达尔文进化论所描述的生态的演化路径，整个世界清晰了起来。

我惊讶于一头身高8米，身形硕大的曾生活于中国北方的巨蜥在早中新世轰然灭绝；又惊喜于大熊猫作为“活化石”超强的适应生存能力，却又卖萌般地存在，堪称生物界的洪七公，贪吃随性，武功盖世。达尔文的进化论相比于牛顿的机械决定论，最大的进化是其把生态的进化路径描绘成了一张拥有各种可能性的思维导图，就如追溯智人进化到现代人类，这个过程幸运又带有一些必然的因素。所以，达尔文仿佛找到了这个确定性世界中的不确定，又在看似混沌的地球生态中找到了进化论的方法论。晚年，达尔文和牛顿一样归于基督教。达尔文在《物种起源》书中论生物演变最后有这样一句话："生命是奇妙伟大的，这是造物主在最初给了一个或几个动物之生命，使他们渐渐进化、演变成更多的种类。"① 用我们投资人的眼光看，达尔文从方法论上升到了价值观层面，达尔文一生的创业在人类认知的顶点实现升华。

以上的所见所想与最近在思考一个关于商业进化的问题产生关联，细思有很多神似之处。2017新零售元年，马云重点打造“头牌”盒马，腾讯系的永辉全力布局“超级物种”；进入2018年，政府与市场同时欢呼10亿美元估值未上市的“独角兽”CDR（中国信托凭证）回归；把在竞争蓝海领域，具有科技创新精神，并占据无法撼动的霸主地位的大行业龙头公司

---

① 达尔文：《物种起源》，译林出版社，2013年10月。

赞为“蓝鲸”。我们的生活正被商业生态里的巨兽们拉入到“超级新物种”时代。

“超级新物种”作为一种新经济，欣欣向荣，我们要为之鼓与呼。理性地思考时，我在想，有没有硬币的另一面。你知道独角兽在某个时代是爱情的象征吧，每只独角兽头上都只长了一只角，与此类似的，一生之中它也只会爱一个对象。一只独角兽不仅可能会与另一只独角兽相爱，有时它们甚至会爱上别的生物，比如一匹白马、一个人或者一只鹿。一只独角兽爱慕的对象无论是死去或者根本就不愿意理睬它，独角兽都不会改变它们唯一的爱。

那什么是进化呢？就是一种生物如果想要存活，就必须不断地进化自身。你为了生存下去，就要变成一个不是自己的自己。有时为了进化，你不得不挺身而出接受发生在自己身上的一切改变。独角兽灭亡了，因为这群家伙骄傲又固执地拒绝了进化。

1859年，达尔文提出生物进化论，发表《物种起源》。达尔文在书中讲，“生物是从原始38亿年前的单细胞逐步演化出高等生物人类。”可是到了20世纪，人类发现不仅生物在进化，万物都在进化，在生物进化前先有一场分子进化，从无机分子进化出有机分子，再进化出生物高分子。接着发现在分子进化前又有一场原子进化。一张化学元素周期表就是从第一号元素“氢”，逐步演化出92种天然元素。最终发现一个奇怪的现象，越原始越低级的生物，生存得越稳定，越高级的生物灭绝速度越快。例如，最早最原始的低级生物单细胞生物在地球上已存在38亿年，从来没有灭绝。而中等生物比如恐龙，在地球上只存在了一亿六千万年骤然灭绝。即越原始越低级的物质存在形态存在度反而越高，越高级越进化的物质存在形态或物种存在度越低。存在度有三项硬指标：其一在宇宙中的空间质量分布越大；其二在宇宙中的时间分布越长；其三存在状态越稳定。①

独立思想家王东岳老师《物演通论》一书中有一个与达尔文进化论完全对立的理论，他提出了人类发展历程中其实是一个递弱代偿的过程。即世间之物，后衍的物种生存强度总是呈现递减态势，一代比一代弱，于是想要生存下去就要不断寻找更多支持因素，这个支持因素就是“代偿”。递弱代偿原理在现代社会的证明：因为人类生存能力的不断减弱，迫使人类不断地进行科技发展、社会进步，从而进一步弥补自身生存能力的不足。

当你把尺度拉大，你会发现越高级的物质存在形态或者物种，存在度越低，且能力和属性越强，这和我们普通的观念正好相反，这种现象即“递弱代偿原理”。

商业进化的“递弱代偿”同步于其他进化路径正静悄悄地发生着，未来无边界、有愿景、有价值观的小组织、自驱动、低成本、高回报的组织形态将成为竞争单元。（冯仑：小组织、自驱动、低成本、高回报）这些最低级的单细胞动物未来能否战胜各种“超级新物种”，除了野心和动力，“人法地，地法天，天法道，道法自然”，颠扑不破。

① 王东岳：《物演通论》，陕西人民出版社，2009 年 12 月。

3. 你真的To C思维了吗?

秦朔老师大商业史观下的文章《外资40年：新黄金时代何时再来?》引发很多人的唏嘘与期待。跨国公司辉煌过后的彷徨和国民企业颠覆创新的精进，中国的科技商业“新时代”正重新洗牌。

“外资40年，在经济方面贡献很大，经济之外的贡献可能更大，比如对人的思维和生活方式的改变，对政府运作体系的改变”。的确，宝洁这样的跨国公司，促进了中国日化发展，提升了国民对品质品牌的认知，“飘柔”、“潘婷”、“海飞丝”，那是一个时代的经典记忆；同样，惠普作为一个时代的伟大企业，用笔记本、打印机成就了一种时尚的办公方式，同时给了联想这样的“贸工技”基因的企业积累、发展的机会，并青出于蓝实现超越。宝洁和HP的曾经辉煌，是外资在国内商业和科技两个领域的典型代表，貌似宝洁是消费品，惠普是科技品（消费电子），都是To C的产品，实质上，传统的市场营销策略下，面向经销商的代理模式和政府集采模式，外资一直在以To B思维进行运营。“攻下来的山头都是自己的”，造成2007年前后接连发生了“全国牙防组收取宝洁1 000万元人民币捐赠款”等贿赂丑闻。一些跨国公司之所以有商业贿赂的“大手笔”，除与中国一些企业热衷于通过商业贿赂牟取暴利，一些跨国公司逐渐习熟了中国存在的一些潜规则之外，很大程度上也与商业贿赂行为在我国尚未受到应有的严厉打击有关。这是某些外资企业的To B思维之殇。

40年后，这些曾经的跨国公司，会念经的“外来和尚”，带给国内“供应商、制造商、渠道商、相关服务商、人力资源等方面的外溢作用”

正在悄悄地实现量变到质变。另一方面，消费升级下的消费力量崛起已不可忽视。

回想1985年，惠普来到中国。凭借先进的技术与认知，惠普科学计算器切入中国政府及商务办公的B端市场；激光打印机更是凭借其对打印头核心专利的寡头垄断长驱直入这个发明了“活字印刷术”的国度，彼时的惠普为国内的政府、学校、商务等领域带来了一场切切实实的效率革命，正迎合了“时间就是金钱，效率就是生命”的改革开放春天。用张瑞敏的经典语录来讲，没有成功的企业，只有时代的企业。以惠普为代表的5大打印机巨头垄断B端打印机市场30多年，在优越感和舒适区里“假装很努力”。到了2017年的春天，惠普（亚太区）要将上海和新加坡的两个研发中心进行合并，30年的惠普供应商、人力资源溢出等天时、地利条件，加上打印机C端市场的痛点解决和需求释放，上海的汉图科技借助小米生态链，避开一个红海市场，开拓一个全新的无线云端家庭打印的蓝海市场。惠普在国内C端市场的迟疑与举步维艰，本质上是“To B”思维在“To C”市场上的效率低下与商业模式抵触。

另一个外资品牌盘踞多年的行业：宠物主粮及相关保健品、用品。曾经的皇家、渴望等外资狗粮品牌，横扫国内B端渠道市场。消费升级对宠物经济的拉动在2015年前后出现了分界点，抓住风口，疯狂小狗这样的定位C端初级养宠者企业，PIDAN这样的宠物用品“优衣库”模式企业降维打击快速成长起来。To C思维让这些代表的新兴宠物公司运营效率极高，快速切分市场，并正抢占“铲屎官”、“猫奴”们的心智。中国养宠人群的断代化、区域属性、社群割裂等多种特色会让“To B”思维的外资企业找不着北。目前增量市场还处于蓝海，未来的宠物行业竞争就是“To B”和

“To C”思维模式的竞争。

总体看来，一方面，跨国公司的路径依赖，陷入舒适区，恰恰是“国民企业”的机会。曾经改革开放初期成立合资公司，市场换技术、积累人才，这些溢出的财富正成为下一个30年中国新经济的引擎；另一方面，“国民企业”与外资公司并不是水火不容。外资跨国公司可以靠深厚的积淀开创下一个“新黄金时代”，只需要放低姿态更接地气，俯下身子听消费者的声音，这个改变虽然很难，但很急迫。另一个角度，跨国公司与“国民企业”的合作已经悄悄开始，毕竟“国民企业”对C端消费者有天然的认知优势，双方互为ODM（Original Design Manufacturer，原始设计制造商）等方式都已经在实践中，这是跨国公司与国民企业的供应链再整合，市场再融合，把各自B端和C端优势发挥出来。我们很欣喜看到一个个世界500强企业与领先国民企业（生态链企业是To C思维的先进代表）合作案例，甚至双品牌，共享B端、C端渠道。“外资40年，洋为中用，未来是否会‘中为洋用’？最终‘中洋合一’？”这不正是共享经济的初衷吗?

正如秦朔老师从大商业史观的角度总结的：从上一个黄金时代，到新黄金时代，需要多边进化，需要超越自我。秉持To B思维的品牌、服务意识，加上To C思维的反馈、进化意识，我也坚信并已看到：无论外资的新黄金时代，还是属于中国新经济的更大未来，正在走来。

4. 时间就是金钱，效率就是生命

300年前，美国国父本杰明·富兰克林讲出了“时间就是金钱”这样近乎真理的话，道出了一个人乃至一个企业家“生财之道”的“真谛”；时间指向1982年的中国深圳，袁庚的一句“时间就是金钱、效率就是生命”，被称为“知名度最高，对国人最有影响的口号”。这句话在当时引起过轩然大波，直到1984年，邓小平第一次南巡，对这句标语表示了肯定，成为中国走向市场经济的前奏，自此深圳成为改革开放实践的排头兵；到了2018年，小米创始人雷军语出惊人：未来一年里，连睡觉都是浪费时间。时间就是金钱，效率就是生命。为什么？！

个人理解，效率是企业竞争的本质。对企业家、创业者来说，一方面，在战略方向准确，战术方法精确的前提下，有效率：生产效率、运营效率、组织效率、服务效率等各环节要素的高效，就意味着最高的资本周转率和最大化的投出产出率，这就是“时间的玫瑰”，“时间就是金钱”。另一方面，低效率也就意味着被赶超和颠覆，没有效率就没有企业生命。对投资机构、投资人来说，一个角度，找到最优的投资方法论和合理的投资决策风控路径，实现批量复制。同时，投资行业里效率最高的那些企业，这样也实现了生产效率、运营效率、组织效率、服务效率等各环节要素的高效，最终采到“时间的玫瑰”。另一个角度，投资的整体效率低下，收益率低下，就是一种“自杀”。

我想我应该说清楚了“时间和金钱”，“效率和生命”这种相爱相杀的关系。那么，效率背后的原理又是什么？企业提升效率的根本在哪里？是管理吗？那是四肢的作用。效率提升根本在心，在思维方式。

生态型投资的效率意味着什么？ 复利！

以3年为周期，对比传统企业与生态链企业

假设A为传统企业，每年业绩20%增速，上市前投资PE10倍，上市后PE30倍，即一二级存在3倍PE估值差。

A企业市值增长倍数：$A*(1+20\%)^3*3=5.2A$

假设B为生态链企业，每年业绩100%增速，上市前投资PE20倍，上市后PE40倍，即一二级存在2倍PE估值差。

B企业市值增长倍数：$B*(1+100\%)^3*2=16B_2$

我们在前一篇文章《你真的To C思维了吗？》中反思外资跨国企业辉煌与沉寂背后的原因，并提出了更多To C思维和“跨国企业+国民企业”（B+B）2C的建设性意见。反观国内大量的传统制造业、服务业，反问脱离体制、脱离舒适区破釜沉舟立志使命的连续创业者们，To C思维了吗？讲了这么多年的“互联网+”，到“+互联网”，互联网从业者与传统从业者不断角力，后来才发现，两者互相依存，互为补充，都是为“效率”这个中心服务的。我越来越强烈地感觉到，这一轮发轫于20世纪90年代，蓬勃于千禧年代，兴盛于2010年前后移动互联网年代的互联网经济，留给科技商业史最宝贵的财富是“互联网思维”，这就是服务于“效率”，这个企业核心竞争力的方法论。

个人认为，互联网思维（效率）做创业成功率高，互联网思维（效率）做投资收益率高。再问一句，你“互联网思维”了吗？知易行难，知行合一更是难上加难。传统制造型思路的企业家，及时学习能力再强，路径依赖使得很难在“风口理论”是柔性匹配；传统代理商模式使其很难在“福斯化理念”下做爆款；没有爆款只能品类批量，又与互联网思维的“专注、极致、口碑、快”相违背……再看新经济的创业者，谷仓学院总结的创业的四大坑：1. 方向性错误；2. 搞不定供应链；3. 卖不掉产品；4. 融资困难。即使有了所谓“互联网思维”的新经济连续创业者们，面对这四大坑，随时会掉进深渊，效率何从谈起。“在这几个大坑面前，任何舶来品的方法论都是苍白无力的；只有解决了这四个大坑，才有方法论发挥的余地和空间”。谷仓学院针对这四大败因，创造性地提出了四个“反向”孵化：

1. 先有方向，再有团队；

2. 先有供应链，再有方案；

3. 先有渠道，再有产品；

4. 先有资金，再有项目。

这就是解决创业效率的方法论，也是我们投资的方法论之一。

改革开放40年，效率还不是你和企业的生命吗?

第二章　生态型投资

——商业世界观系列思维模型

1．终局观：小心行业外的人颠覆你

终局即开局

“终局”是国际象棋中的一个“术语”，指象棋比赛中的最后一个阶段，这个时候棋盘上的大多数棋子已被挪走，用来形容一种棋盘上已经知道结局的局面。象棋手常常学习“终局”是为了在将对手引入自己设定的局后可以获得胜利。“终局思维”，罗辑思维CEO脱不花是这样解释的：研究其他人、其他行业甚至其他时代的经验教训，对终局做预判，然后反过来看，今天最应该做什么。最著名的“终局思维”故事就是诸葛亮与刘备的隆中对。当时刘备没有地盘就是因为不了解终局，直到诸葛亮明确了三分天下的终局。曹操不信邪，结果吃了赤壁之战的教训；刘备不坚信，就有火烧连营的惨败。合久必分，分久必合，这是历史的趋势和终局。

面对命运时，“终局”该如何抉择？法国剧作家塞缪尔·贝克特在荒诞剧《终局》中写道：主人公哈姆面对凄惨的命运总是说“我下了（me to play）”，暗示了人类面临的艰难选择及个体对其生活所负担的相应责任；在中国，余华的《活着》，通过一位中国农民的苦难生活讲述了人如何去承受巨大的苦难，《活着》更多强调人面对巨大灾难困苦时的无能为力，只能改变自己，适应环境，对现实顺从与接受。两部经典，反映出了中国与西方世界在遭遇社会剧变时的不同人生态度。个人的终局，我们来想象一个场景，就是以后自己是什么样子。我不知道世界上其他的事情什么样子，但是我知道我自己，假设现在是2058年5月8号，四十年后，我是什么样子我很清楚。我垂垂老矣、头发掉光、牙齿松动、步履蹒跚，但是因为我一生奋斗，待人厚道，所以还算不错，我住的养老院是很好的养老院，风景很美，小护士也算漂亮，但是又怎样，我那个时候已经老了，我对生活一切没得抱怨。但是我就是老了而已，所以也没什么事情。我经常就在那儿做白日梦、祷告，老天爷你让我回到年轻的时候多好，我愿意，都不用回到二十岁哪怕是三十岁四十岁都可以，只要我还有事做，我还有同事有伙伴，我还对未来的日子有个奔头和盼头就行了，然后我就一直做这个白日梦一直向老天爷祷告。突然有一天老天爷就出现在我的面前说你这个胖子，什么呀，不就这么点破事吗？不就想回去吗？走吧！“Biu”的一声四十年我就回来了。现在，现在我是刚刚穿越回来的，我好不容易祷告我回到了四十年前的我，我现在有你们，我有我的同事，我有我的事。那些事虽然那么难，但是我现在此刻内心狂喜，大家替我想想此刻我是何等感受，今后这一生，每一个时光，每一个颗粒到极细的时间，我会选择什么样的方式度过。①这是个人终局观下的思考与行动。②

关于创业、企业的终局观，湖畔大学教育长曾鸣分享的阿里战略四步骤：终局、布局、定位、策略，把终局作为战略起点，以做102年企业愿景，倒推确定布局、定位和战术层面的策略。亚马逊的贝索斯提出的“逆向工作法”跟曾鸣教授多次提及的“终局观”有一定的相似性。企业不是为了短期的股票价值，更是为了长远的客户价值。而企业保持持久的创新力，就是多思考未来，然后结合当下，去做对应的目标拆解和方法尝试。不必盯着我们现在有什么，这样会禁锢自己的思考。人类对于宇宙的终局观，《三体》是个代表。《三体》解构了充斥着我们日常生活的人性，重构

---

① 冉小妞的酒窝没有酒：《03—100 诗和远方，都在脚下啊》，https://www.jianshu.com/p/7b1b4b8d28dc，2016 年 8 月。

② 余华：《活着》，上海文艺出版社，2004 年 5 月。

了一个属于真正的星空的梦想，在这个梦想的光辉照耀下，如今我们所体验的一切都不过是一缕微尘。

未来经济是基于终局观的战略决战

未来新经济时代的领军企业必须具有前瞻性和终局观。商业层面的终局观，指的是通过未来看现在，基于趋势制定战略。没有人会否认马云是新经济时代的成功战略家。每个人，每个企业，都需要有“知时局，揽全局，见终局，应变局”的战略思维：所谓“知时局”，就是要能够立足当下，着眼未来。所谓“揽全局”，就是要有站在月球看地球的高度。所谓“见终局”，就是要有站在未来看现在的智慧。所谓“应变局”，就是要能知机识变，处变不惊。站得高，你才会有全局观，才能看到全局，才能把局部做得更好；看得远，你才会有终局观。能看到终局，才能应对变化。只有能够揽全局，才能更好地知时局，只有能够见终局，才能更好地应变局。未来经济是基于终局观的战略决战。CEO要有能力从终局看现在，找到当下的切入点，去通往未来。我们在跟踪的一个宠物用品项目，创始人来自知名智能硬件企业和粉丝运营团队，优异的产品经理思维，使其以终局观梳理了行业竞争格局，发现痛点与改进机会，对于宠物行业内传统制造业思维模式，这种非常规思维，具有降维打击的效果（我们后续文章探讨）。

往往是行业外的人颠覆行业

凯文·凯利在《失控与控制，探索互联网本质》沙龙活动时曾说过，通常来说会有一些颠覆性的公司从行业外部突然出现，也就是说颠覆行业的往往是不懂这个行业的人。[①] 像此前在硬件领域，没有谁能战胜IBM，但结果被做软件的微软打败了，在软件行业没人打败微软，结果是做搜索的谷歌打败了微软，谷歌最后又被社交网站Facebook打败。下一个腾讯公司，或许来自支付领域的一家公司，它需要有自己的优势，在另外一个行业有自己的优势。就好像今天的Facebook，它肯定不在这个行业，但它会带来颠覆性的变化。马化腾也表示，真正的颠覆来自大家不注意的地方。因为要试图改变、要颠覆的一定不是现在大家所看到的同一个产业，这个产业已经有重兵把守，很难完全从同一个路径上挑战，甚至也没有必要。但是一定会从大家不注意的地方，从另一个角度解决用户很大的需求，可以利用一些科技的创新，利用终端的一些变化，甚至是与传统领域结合，这些都是很有可能的。马化腾认为，大家更多应该往前看，抛开竞争的话题，想想未来的产业趋势是什么，自己把一个创业公司的压力先放下，不要有包袱。应该鼓励自我革命，甚至是内部竞争，在一定程度上是有好处的。谷仓学院，真金白银和创业者一起发现的创业坑，创造性提出了漏斗式反向孵化：先定方向，再定团队；先有供应链，再有方案；先有渠道，再有产品；先有资本思维，再有项目。生态链孵化的方式，把中国的生意重新再做一遍。为什么能这样？张德芬说：亲爱的，在你之外，没有别人！在未来，不管什么行业，你是什么样的频率，就会吸引什么样的人。

面对复杂的商业社会、复杂的人性、复杂的形势，以终局观为世界观的一部分，用方法论应对潜在颠覆者，迎接多维竞争，需要在不确定的时代寻找确定性。

---

① 参见，凯文·凯利：《失控与控制，探索互联网本质》，https://www.aliyun.com/zixun/content/2_6_1901390.html，2015 年 3 月 20 日。

在不确定的时代寻找确定性

人们虽然经常把“复杂”挂在嘴边与“复杂”有关的关键词:“失控”“爆裂”“黑天鹅”“反脆弱”等都成了焦虑流行款。但在日常生活中，到底什么是“复杂”，之前没有人说得清楚。《共演战略》这本书中用一个简单公式解释什么是复杂：复杂 = 不确定性 × 不连续性。

根据“不确定性”和“不连续性”的组合，有四种基本战略模型：

① 当未来发展方向的不确定性和未来发展路径的不连续性都低的时候，企业的发展就好比是一条笔直的实线，方向上确定，路径上连续。这种情况下，企业通常采用计划式战略。② 当未来发展方向不确定性低，但发展路径不连续性高的时候，企业的发展就好比是一条两端方向确定的线，但线的两个端点之间并不连续，有间断，有曲折。这种情况下，企业应该采用愿景式战略，换句话说，是咬定目标不松口。③ 当未来发展方向不确定性高，而发展路径不连续性低的时候，企业的发展就好比是一个分叉的树枝，不同的分叉指向不同的方向。这种情况下，企业应该和环境充分互动，根据环境不断调整战略方向，这种战略叫涌现式战略。④ 未来发展方向不确定性和发展路径不连续性都高，这种状态就好像一个中间有很多陷阱的迷宫。走出迷宫的方向不确定，需要一点点摸索。走出迷宫的路上又遍布陷阱，一不小心就会深陷其中。这种情况下，企业应该采用适应式战略，不断调整方向和路径。从未来发展方向的不确定性和未来发展路径的不连续性这两个维度理解复杂的商业，你可以把企业分成创业、成长、成熟和转型四个阶段。在这四个阶段里，一家企业面对的不确定性和不连续性是不一样的，各阶段的企业战略也应该是不一样的。通过“计划式战略”、“愿景式战略”、“涌现式战略”、“适应式战略”，在不确定性的

商业竞争中找到确定性。

见终局，只争朝夕

当年看《大话西游》，至尊宝用月光宝盒，不停地穿越，去挽救心爱的人，觉得他好搞笑，觉得这是一件很荒唐的事，从来也没有想过，用这样的方式来指导自己的生活，最多的只是唤起自己回忆，多一点淡淡的忧伤。重温那句经典的台词：曾经有一份真诚的爱情放在我面前，我没有珍惜，等我失去的时候我才后悔莫及，人世间最痛苦的事莫过于此。如果上天能够给我一个再来一次的机会，我会对那个女孩子说三个字：我爱你。如果非要在这份爱上加上一个期限，我希望是……一万年！

“知时局，揽全局，见终局，应变局”，我们只争朝夕！

2. 超限战：大师杯中的鸡尾酒

超限思维，降维打击的思想武器

1999年，乔良将军的《超限战》首次出版，“中国人自己的军事经典”“全球化时代的新战争论”自此风靡世界。超限战，顾名思义，是超越一切界线和限度的战争。

无论是远在三千年前还是近在20世纪末叶的战争，几乎所有的胜利都显示出一种共同迹象：谁组合好谁赢。翻遍东西方战史，在所有关于战法的描述中，我们都找不到“组合”二字。但所有时代的战争大师们，都似乎本能地深谙此道。瑞典国王古斯塔夫是火器时代初期最受推崇的军事改革家，他对作战阵形和武器配置进行的所有改革，采用的都是组合法。他最早意识到了长矛兵的落伍，而把他们与火枪兵混编布阵，使前者能为后者在射击的间隙提供掩护，以期最大限度地发挥两者的长处；他还时常把轻骑兵、龙骑兵和火枪兵混合编组，在炮兵轰击的浓烟下，轮番向敌人的散兵线发起冲锋；这位被后人称作“第一个伟大的野战炮兵专家”的国王，对作为会战基础的炮兵的功能和作用，更是了然于胸。他把轻炮作为“团炮”与步兵混编，让重炮单独成军，看似分开配置的轻重火炮，在整个战场地域内却又形成了完美一体的组合，真可以说是把火炮的作用在他那个时代发挥到了极致。

不过，这一切发生在炮术专家拿破仑出现之前。与那个把两万多门大炮推上战场的矮个子科西嘉人相比，古斯塔夫手里的二百门火炮，只能算是小巫见大巫。从1793年至1814年，整整二十年间，没有人比拿破仑更彻底地通晓火炮，也没有人比这位统帅更精明地了解麾下，当然就不会有谁能比他更在行地将炮兵的杀伤力与骑兵的机动性以及达乌元帅的忠勇和缪拉元帅的悍野充分组合起来，铸成让他的所有敌人都望风披靡的攻击力，把法兰西军队变成了整个欧罗巴无人能与之争锋的战争机器，凭借这部机器，从奥斯特里茨到博罗金诺，成就了拿破仑近乎百战不败的神话。① 到了技术综合—全球化时代，战争一起，无分平民和军人，皆受到战争的威胁。非军事战争行动，将战争触角延伸到社会的每一个角落，凸显出更加重要的作用。“超限战”“不对称战争”即是以小规模重点式对敌方堡垒进行内爆攻坚，达到战略性效果，类似以小搏大“老鼠对猫”非均衡、不对称打击重心手法，达到全向度调控目标。未来可能衍生发展出破坏臭氧层的“生态战”（如东京发生奥姆真理教徒毒气事件）、“贸易战”、“金融战”、“新恐怖战”，完全颠覆传统军人对军人或国与国战争思维，引发的心理恐慌和负面效应难以预料。

对超限战来说，不存在战场与非战场的区别。战争可以是军事性的，也可以是准军事或非军事性的；可以是职业军人之间的对抗，也可以是以平民或专家为主体的新生战力的对抗。② 世纪交替，金融超限战、贸易超限战、生态超限战、新恐怖超限战、网络超限战、经济超限战、文化超限战、外交超限战等形态各异的超限战被不断演绎并被现实一再证明。

刘慈欣的科幻小说《三体》里有个核心关键词：降维。它的意思是，“如果人类适应了三维，去掉一个维度，进入了二维世界，那么人类就会因为缺少了原来所适应的一个维度，而无法生存”。

于是，“降维打击”成为一种竞争方式。“降维打击”的核心，就是运

---

① 雨泽：《大师杯中的鸡尾酒》，http://blog.sina.com.cn/s/blog_50334ec401007rb3.html，2007 年 12 月。

② 360 百科：《超限战》，https://m.baike.so.com/doc/5882755-6095633.html，2018 年 5 月。

用高维度思维，找到可以将竞争对手一击致命的那个维度，并将对手在这个维度的竞争力直接降为零。“降维打击”的本质，我们可以换一个角度，就像“负增长”，其实是另一个意义上的“下降”一样，“降维打击”的背后，其实潜蕴着的是一种“高人一等”才能决胜的理念，它阐述的核心问题，仍可归结到我们如何抬升自己的竞争力，做到人无我有，人有我优。一句话，竞争的关键是自己必须保持优势。

“降维”之胜在于自己是否有优势。超限思维，正是降维打击的思想武器，超限组合是降维打击的方法论。

超限组合，大师杯中的鸡尾酒

大量军事、非军事、超军事手段的组合运用，构成了今天广泛存在的“超限战”现实。阿尔文·托夫勒说过：今天的战争会影响到输油管道内汽油的价格、超级市场里食品的价格、证券交易所里股票的价格。它们还会破坏生态平衡，通过电视屏幕闯入我们每个人的家庭。

超限战思维，为小国对付大国创造了前所未有的战法，也为创业企业与大型企业的竞争提供了一种建设性思路。超限，并不是百无禁忌，无限的超越是做不到的。“超，限”相辅相成，超出某一领域、某个方向的固有界限，在更多领域和方向上组合机会和手段，实现既定的目标。即，在比问题本身更大范围、调集更多手段去解决问题。智慧生态链孵化器—谷仓学院，提出了很多科技+商业的“超限组合”理论，并亲自师徒制方式孵化出一批高速成长的“四不像”和“口袋独角兽”，不择手段地提高创业成功率，不再是一句空话。

比如，谷仓学院的“人才银行”精准储备各大离职人才资源，为其“抢银行模式组团队”提供人才库支持，人才的超限组合，可以在创业初期，团队基因层面进行建构，并持续迭代。谷仓学院的“爆款理论与实践”是其看家本领之一，见医生、须眉科技等颠覆行业的代表性爆款都来自谷仓的超限战实践。①爆款理论正是小规模重点式对敌方堡垒进行内爆攻坚，达到战略性效果的超限战的商业化实践。超限组合人、财、物，实现设计效率最大化，运营效率最大化，团队认知最大化等超常规目标，保障竞争力最大化。

再想想，小米之家怎么在开店300多家的前提下，做到坪效27万/年/平，仅次于苹果（全国40多家旗舰店）？小米毛巾、牙刷，有品的牛仔裤、羊绒大衣的神存在？秘密是刚需非高频、高频非刚需、低客单价高频、高客单价低频的超限组合！

万法归一：超限组合

1＋1，这是最初级也是最古老的组合方式。长矛加圆盾，可使一个士兵攻防兼备，进退有据；俩人成一伍，“长兵以卫，短兵以守”，一对士兵彼此配合，构成了最小的战术单位。跨界、跨维、超限组合，正如“道生一,一生二,二生三,三生万物”，万法归一，决胜千里！

超限组合，是大师杯中的鸡尾酒，热烈浓郁；是商业世界的世界观，浩瀚远望……

① 谷仓学院，洪华：《小米生态链战地笔记》，中信出版社，2017年4月。

3. 向死而生：反求诸己

德国哲学家马丁·海德格尔的名著《存在与时间》用理性的推理详细讨论了“死”的概念，并最终对人如何面对无法避免的死亡给出了一个终极答案：生命意义上的倒计时法——“向死而生”。

在海德格尔看来，死和亡是两种不同的存在概念。死，可以指一个过程，就好比人从一出生就在走向死的边缘，我们过的每一年、每一天、每一小时，甚至每一分钟，都是走向死的过程，在这个意义上人的存在就是向死的过程。而亡，指的是亡故，是一个人生理意义上真正的消亡，是一个人走向死的过程的结束。死的过程与亡的结果相比较，这个向死的过程更本真，更真实。

人只要还没有亡故，就是向死的方向活着。①

向死而生，置之死地而后生

海德格尔之所以提出“向死而生”这个重大的死亡哲学概念，其实是站在哲学理性思维的高度，用重“死”的概念来激发我们内在“生”的欲望，以此激发人们内在的生命活力。这就像我们中国人所说的：置之死地而后生。因为海德格尔很清楚地知道，以人贪恋欲望、满足的本能力量相比，不在思想上把人逼近绝路，人在精神上是无法觉醒的。一个在精神上无法觉醒的人，他的存在对于这个世界是没有任何意义和价值的，最多也就是体现了存在者自身在世界这个“大存在”中的“小存在”。海德格尔

① 马丁·海德格尔：《存在与时间》，三联书店出版社，2006 年 4 月。

正是用这种“倒计时”法的死亡哲学概念，来让人们明白我们每个人的生命是可以延长的，这种延长是“内涵性”，就是通过内在精神成长的方法，看淡各种功名利禄对我们精神上的诱惑。珍惜生命中的每分每秒，焕发出生命的积极进取意识和内在活力。通过提高生命中每分每秒的质量和长度，来提高生命的效度和目标的密度，只有这样生命的意义和价值才能在有限的时间内展现出无限的可能性。①

鲁迅先生有一篇短文，讲了个故事，大概是：一家生个大胖小子，喝满月酒，过来一个亲戚朋友：这孩子长得天庭饱满，将来一定做大官！主人很高兴。又进来一个说：这孩子很富态，将来一定会发财啊！第三个进来一个傻子：这孩子以后一定会死。一阵乱棒打出去。想一想，唯独这个傻子说的是实话！他能不能当官能不能发财不一定，但他会死这是确定无疑的可能性！

我们一直在逃避死亡，尤其中国人，死亡这个问题你逃避它的后果是什么？我就只想生的问题不想死的问题，可是人生有限，你如果不思考这个问题，就按照本能的方式、习惯的方式去生存，终有一天那个时候到了，你恍然大悟，哎呀，我这个问题怎么早没想它？让我重新再来一遍，我不会再这样庸庸碌碌地度过一生。可惜你回不去了！

列夫·托尔斯泰有一部小说叫《伊凡·伊里奇之死》。伊凡·伊里奇是个小人物，一个小文官，比上不足比下有余，庸庸碌碌。有一天他病了，住院。医生、家人、亲戚朋友都说“你会好起来”如何如何，起初他自己也相信，但是过了一段时间他终于发现说，这次好不了了！马上他就感觉

① 百度百科：《向死而生》，https://baike.baidu.com/item/%E5%90%91%E6%AD%BB%E8%80%8C%E7%94%9F/4415277?fr=aladdin，2017 年 10 月。

到死亡这事是个非常严肃的问题！大家都模糊过去，不去面对它。他就考虑假如让我再来一遍，我会不会还是这样过一辈子。①

向死而生，反求诸己

《论语》里面有一句话："未知生焉知死"，反过来也有道理，"未知死焉知生。"

在什么情况下，我们才能真正面对自己？"提前到死中去"。就是说，面临极限情景，诸如绝望、失业、分手……面临真正的极限情景之时，即使痛哭也无法减轻你的一丝痛苦，绝望弥漫着你的整个内心，以至于可以因此忘掉全部的生活世界。只有在这时，你的心面对的才是你自己，而不再考虑外在的世界。相比于自己此刻的苦痛来说，那些外在世界的所有事情都是多么的无聊，你会忽视他们的存在。在此时此刻，需要一个人独自面对自己和世界，只有你自己。

曾经移动互联网时代，精益创业、快速迭代，当创业者面临团队、供应链、产品、市场、资本等多个层面实际困难的步步紧逼时，每一步都是生死存亡的大坑，独自面对时，只能用向死而生的勇气走下去，步步惊心，如履薄冰；当现在生态链企业成为一种趋势，以漏斗式反向孵化为特色的谷仓学院，借助《小米生态链战地笔记》的实战经验及赋能式支持，输出价值观、方法论、团队、供应链、产品标准、市场、资本。创业者从被逼到"向死而生"到置之死地而后生，回归本心，"反求诸己"，成为更

① 在好：《如何理解"向死而生"？》，https://www.zhihu.com/question/19998634，2015 年 4 月。

完善的自己，创业的路越走越宽了。谷仓“创业黑帮”，不择手段提高创业成功率：先有方向，再有团队；先有供应链，再有方案；先有渠道，再有产品；先有资本思维，再有项目。反向孵化，其实是用师兄们走过的四个大坑告诉师弟师妹们，“提前到死中去”，实现了创业者商业世界观的真正升级。

向死而生，止于至善

创业、生活、工作、事业，一切都是人的主观能动性的客观实现。回归到人的层面，虽然人人终有一死，但并非所有人都真正活过。不向死，何知生？正如乔布斯发问“如果这是你生命的最后一天，你会怎么做？”

一起思考下面两个问题：1. 想一下自己明天要干什么。2. 如果你确知自己24小时后会死，无法避免，那么你明天会干什么。对于绝大多数人而言，1和2的答案是不一样的。比如说，1的答案是上班，2的答案是陪自己爱的人一天。这两件事，哪个更重要呢？——当然是后者。死带来了一种紧迫性。在死的逼迫下，我们面对自己（这是你自己的死，别人不能承担），找到了对于自己而言最为重要的事情。若是一个人，对问题1和问题2的回答是相同的，那么这个人便是完全地“为了自己而活”——他所做的，正是他作为他自己最应当去做的，因为这些事是连死亡都无法动摇的。想起某天聚餐，一位老友感叹：“人生已去了三分之一”。我在想：“其实人生才刚刚开始。”我是想说“什么时候开始都不晚”。每个人都是不可复制的存在，每个人都是自己的圣人。内圣外王，止于至善：内圣是格致诚正之路，外王是修齐治平之路。无论创业者，投资人，把向死而生变成工作中修行的态度，一切都变得从容，一切回归到人性和本心。

对死亡的惧怕会激励我们去寻找自我的激情所在；对永劫回归的惧怕则会让人选择一种更为理性的生活。前者鼓励生命的澎湃，赋予其更多意义，后者赞赏理性之美，使人成为更好的人。这就是我们坚守创业、坚定投资的人生价值。

我坚信，向死而生，心路越来越宽，全世界都会帮我们!

4. 信任与开放：越开放越自由

大一统到大分流，信任无价！

据说，现在互联网企业的创始人参加行业活动，不自觉地被分成了传统互联网和互联网新经济两个群体。同是互联网企业，进化速度不同，认知出现分化，甚至断层，想想认知的力量真可怕。人的一生都在为认知买单，此言不虚。

淘宝VS拼多多，快手VS抖音，唯品会VS小红书，新东方VS学而思……一年成为独角兽的抖音，两年成长为独角兽的拼多多，互联网的未来格局，细思极恐。

我极为赞同，互联网的未来：不是升级，也不是降级，而是“大分流”。

中国移动互联网的用户基数和使用时间增长都已经告一段落，而且用户越来越不愿意尝试新鲜事物。结果，移动互联网头部应用出现“阶级固化”，几乎被腾讯系、阿里系、百度系和头条系垄断。近年新兴的应用，必须依托以上某一生态系统才能高效获得流量。

在面向低端的拼多多崛起时，面向高端的小红书也在增长；当《王者荣耀》继续称霸畅销榜时，《青蛙旅行》这样的佛系游戏居然能够取得4 000万DAU（Daily Active User，日活跃用户数量）。互联网用户正在按照兴趣、经济实力和人口学要素，分化为一个个“小圈子”；今后将是比拼“核心用户”的时代。

移动互联网下一阶段的趋势不是“消费升级、降级”，而是“分流”：用户根据兴趣爱好、经济实力、性别、年龄、地理位置等，逐渐分化为一个个“小圈子”。如果说2017年以前的互联网是一个巨大空旷的平原，那么2018年以后的互联网就是一个沟壑纵横的山地。任何新兴应用，都不能指望取悦所有用户，因为用户正在不断分割。跑马圈地、追求用户总量的时代结束了，现在是比拼核心用户、追求用户黏性的时代。①

互联网行业的逻辑已经悄然改变：现在最重要的不是用户总数，而是核心用户规模和黏性。生态链模式，部分解决了信任机制，通过股权连接，管理者代表驻厂，供应链支持，生态赋能，正是要解决核心用户规模和黏性的问题。这是不是区块链应用？ perfect！

区块链，让信任有价！

区块链的核心能力在于“大大降低了达成存在性证明的成本”。

存在性证明这个词有点生，望文生义，就是证明一件事情客观存在过，听起来并不是什么很难的事情，但是实际上人类社会运行的很多具体问题就是围绕着这个存在性证明而展开，而事实上人类社会为了存在性证明付出了极大的成本。

比如：

1. 如何证明一部史书上的记载是真正的历史？历史是个可以随便打扮的小姑娘，这句话大家应该都听过，但是客观的历史虽然已经消亡，但是从来都是事实，如何证明真实历史的存在，无数人甚至为此牺牲自己的生命。

2. 如何证明一份合同、一份遗嘱确实是当时所签立的？为了能够证明

① 参考，三文娱：《从“大一统”向“细分市场”嬗变的互联网思维》，http://trhey.com/ yanbao/32807.html，2018年6月。

合同确实是当时存在的，人类社会采用签章、骑缝章、甚至公证的办法，随着对于该合同存在性证明要求的提高，越来越多的成本被支付进去。

虽然人类为了证明一个事物、共识的存在，采用了很多具体的办法，但是这些办法远远谈不上行之有效，书是可以焚的，史官是可以杀的，签章是可以重新来的，公证人员是可以买通的。

让我们假想一下，在传统人类世界如何才能在一般意义上证明事物的存在：

1. 足够多的人确认针对事物存在描述的共识：也就是说针对事物存在的描述，有足够多的人以明确的方式确认存在。

2. 存在性证明被极大范围的发布出来：人类本身的寿命有限，只有将存在性证明形成多个不能被轻易损毁的拷贝，才有可能将这个证明保留下来。

可以理解，这种存在性证明达成的成本极高，在传统人类社会中，很少能够采用这一的方法来达成存在性证明，也因此因为一件事情是否真实存在，所造成的口角、杀戮、战争贯穿整个人类历史。

客观来说，也正是因为存在性证明极难达成，人类社会才形成了以权威的解释为真理的模式，指鹿为马等都是因为确实没有行之有效的方法证明客观事实的存在。

互联网现在正在从传统的基于业务操作的互联网改变为基于资源的互联网，我们可以想象一下，当传统的资源加上了区块链的数据真实性担保会出现什么样的情况。简单说这会是一个基于资源的完全P2P世界，传统的平台将逐渐失去优势；网站数据已经不用架构于专门的服务器上，采用分享的形式发布开来，基本上将采用区块链存储业务的动态数据，采用IPFS或者类似的数据分享协议来保存静态数据。（参考公众号：i链说，Justin的专业说法）

区块链，让在生态系统下的生态链企业之间建立的信任关系，让“核心用户”与生态链企业建立的互粉关系，通过这个工具自动成交/支付付/清算/变现。

区块链让信任有价!

区块链让世界更开放，让人性更自由

谷仓学院洪华博士提出，未来科技与商业社会只存在两类机构：超级组织和超级个人。看似科技和商业世界更封闭了，其实因为信任机制的建立，区块链技术的保障，所有的合作及共赢都有协议的准确实现，区块链世界让超级组织和超级个人产生了链式化学反应。

从这个角度上，每个超级组织（我们定义为生态型组织）都是开放的闭环，把超级组织的技术/内容/产品输送给生态链企业，实现开放共享；每个超级个人通过区块链技术连接到各大超级组织，互为放大器。区块链世界，更开放，更自由！这正是共享经济的终极形态。

我们应该为这个即将到来的区块链世界做好准备：创业企业把产品和内容做到极致性价比，经营好社群，良性互动；传统企业发挥供应链和制造经验的优势，做好分工协作；投资机构，与头部企业价值观/方法论同频，选定头部，专注精进，把钱给能让你赚钱的企业！谈了这么多年的产融结合，区块链将使科技与商业世界真正实现同频的产融融合!

我坚信，信任与开放，一定是未来主流的商业世界观!

5. 世界是个回音谷：念念不忘，必有回响

有一口气，点一盏灯：是正念

也许你还有印象，王家卫的电影《一代宗师》中有这样一句话“念念不忘，必有回响”。

这句话的最初出处，来自民国学者李叔同《晚晴集》。这本书中说：世界是一个回音谷，念念不忘，必有回响，你大声喊唱，山谷雷鸣，音传千里，一叠一叠，一浪一浪，彼岸世界都收到了。凡事念念不忘，必有回响。因为他有传递你心里的声音，绵绵不绝，遂相印于心。

这句话可简单地理解为：只要心存信念，终有被回应的一天，哪怕暂时无果，日后也必当有所收获。

一代宗师叶问在临终前几日，弟子将他打木人桩时的场面用摄像机拍摄下来。其中，叶问在一个动作打完之后停顿了一下。弟子事后问他，他回答说：“念念不忘，必有回响。有一口气，点一盏灯。”也许，正是凭借着心中“传承”的这份信念，叶问老先生才会在最后时刻，为我们点破天机，淡然释怀，驾鹤西游而去。

光不仅在烛上，在心中：是正知

我在冥想一个情景，叶问老先生在极乐世界遇到了比他早400年得道驾鹤的明朝王守仁，也许会有这样一种共识：有一口气，点一盏灯；光不仅在烛上，还在周围，其实真正的光明，只存在于心中；于是，念念不忘，才有回响。

这种共识增加了“点一盏灯”到“必有回响”的方法论：光不仅在烛上，真正的光明，只存在于心中。油灯是古人与宇宙产生关系的起点，它把太阳的光引到黑暗，照亮了人类的黑夜和愚昧，从人类发展的历史上，阐述人与宇宙以及自然的关系。吾心光明的心灯正是现实中油灯与我们的心的映射和连线。

阳明先生被尊为“千古第一等人”，被认为是可直追孔孟的大圣人。他官至兵部尚书、都察院左都御史，精通儒释道三家，开创出了堪称儒学新局面的心学。他还领兵平乱剿匪，用极少的代价闪电般地彻底击败了数倍于己的敌人，成为史上罕见的立德、立功、立言三不朽之人。阳明先生临终遗言是：吾心光明，亦复何求。阳明先生与弟子徐樾关于“吾心光明”的故事能说明这句话的含义：

一个叫徐樾的弟子，在岸边如信徒朝圣一样虔敬地希望和王阳明见面，王阳明答应了。

徐樾还处于王阳明心学的初级阶段——静坐。他确信在静坐中理解了王阳明心学，得到了真谛。王阳明就让他举例子说明，徐樾就兴奋地举起例子来，他举一个，王阳明否定一个。这样举了十几个，已无例可举，徐樾相当沮丧。

王阳明指点他道：你太执着于事物。徐樾不理解。王阳明就指着船里蜡烛的光说：“这是光。”在空中画了个圈说：“这也是光。”又指向船外被烛光照耀的湖面说：“这也是光。”再指向目力所及处：“这还是光。”

徐樾先是茫然，但很快就兴奋起来，说：“老师我懂了。”王阳明说：“不要执着，光不仅在烛上，记住这点。”徐樾拜谢而去。①

① 参见，惠宇：《光不仅在烛上》，http://blog.sina.com.cn/s/blog_69b3a2720102 whr8.html，2016 年 4 月。

蜡烛能发光，光却不仅在蜡烛上，还可以在太阳上、月亮上、火把上。如果心中有光，那么光便无处不在，因为你的心已经是太阳，正大光明，普照万物。这就是王阳明要告诉我们的。

反过来我们也可以推导，如果一个人眼中看到的全是阴暗，那么其实不是这个世界出了什么问题，而是他的心里没有光明，是他的心态出了问题。看到这点，力求扭转，那么光明便已不远。

严肃地讲，阳明先生沿袭了陆九渊开创的“宇宙便是吾心，吾心即是宇宙”的心学思想，提出了“知行合一”的观念。王阳明以“知行合一”的理论反对朱熹理学的“外心求理”观念，提倡躬体力行，是内外相统一的思想路线。

通俗一点说，心念坚定了，立志了，就会“念念不忘”，就是说的“有一口气，点一盏灯”；通过修行磨炼，工作中修行，让光从外在的光亮变成内心的光明通透，那么“光不仅在烛上，真正的光明，只存在于心中”；最后心意相通，心手相传，就实现了“必有回响”。

人才与传承：是正行

时空回到现在，念念不忘，必有回响，其实讲的是坚守、践行、传承的事。

先说人才。电影《天下无贼》中葛优说过一句很经典的对白：“21世纪最重要的是什么？人才！”谷仓学院的洪华博士为生态链孵化器实现“不择手段地提高创业成功率”而设计的“人才银行”，正是要储备未来最具核心竞争力的人力资源。谷仓学院把小米离职群、联想离职群、腾讯离职群、阿里离职群视为实现“创业黑帮”的最重要资产。中国的复兴与崛起，将使这些曾经的“将军”通过“抢银行模式组团队”变成“统帅”，在科技与商业的战场上披挂上阵，实现个人的财务与心灵自由，实现再造中国制造业辉煌的“强国梦”。

我有一个大胆的预测，未来的北京、上海、杭州、深圳、西安，武汉将是中国新经济的大孵化器，先发优势与后发优势兼具，复兴与输出中国制造与东方智慧，秣马厉兵，枕戈待旦。

念念不忘，必有回响，我们拭目以待。

再说传承。以江浙、广深为代表的中国传统制造企业，正处于二代接班，企业传承的关键期。互联网思维、区块链思维认知断层成为两代人传承的最大障碍。早几年，二代成功接班凤毛麟角，让人唏嘘、惋惜的接班故事反而层出不穷。如果解决认知的鸿沟？我们在做生态型投资过程中，发现了一种很有意思的形式：优秀的传统企业家深耕一个行业30年，虽然产品极致，但思维方式固化，销售渠道传统。即使这些企业家非常辛苦的周末补课，上各种商学院，基因决定了其认知的天花板；二代的80、90后，有志向把家族事业继承并发扬光大，另外成立一家企业，以互联网思维，按照新零售模式二次创业，让老企业家的传统企业作为代工方，把其30年的企业管理、供应链优势、产品经验、人脉资源全部动用起来，一家新经济的生态链企业就诞生了。既盘活了传统的资源，又实现了新经济的契合，再把“人才银行”接上，这种传承是在传统优势继承基础上的发扬，实现了两代企业家认知的连接，这样的成功案例正越来越多，让人欣喜和欣慰。这是谷仓学院在“双创”热潮理性反思后总结的方法论之一，这也是目前特别受到鼓励的生态链孵化器的价值和意义！建议更多传统企业家们和立志传承家族事业的伙伴们想一想，听一听，试一试。

念念不忘，必有回响

乔布斯曾说过，你现在所做的一切会在未来串成一条线。量子纠缠也是这样的科学结论。

认知、效率、风险、信任，沿着这样的路径进化，就能明白互联网思维、物联网思维、区块链思维的真义，拥有这样的思考模型，就抓住了时代的风口，我们的事业和人生大道忽然一片光明！

6. 认知与救赎：鄙视自己的灵魂，成就全世界

认知与救赎的力量之源：对人类的终极关怀

1918年5月15日，星期三，《新青年》月刊4卷5号刊登了鲁迅的《狂人日记》。《狂人日记》播下了五四运动的第一颗种子，《新青年》月刊4卷5号刊吹响了五四运动的“集结号”。2018年的5月15日，是《狂人日记》发表100周年，不过4 700字的小文章，让众多国人推此及彼，产生了心理层面的生理震撼；让众多仁人志士，前仆后继，为民主和科学的梦想赴汤蹈火！这也许就是认知和救赎的力量。

简要回顾一下当时的背景，就能找到这份力量的源泉。时年的鲁迅37岁，任职北洋政府教育部社会教育科科长，当时的收入应该属于中产知识阶层水平。平日除了上班点卯，大多时间都沉浸于“抄写古籍和古碑文”。当时的中国正经历国内外巨大的政治动荡和大国战争状态，直到写作《狂人日记》，鲁迅经历了很长一段时间的痛苦、沉沦和寂寞。钱玄同邀请他为《新青年》写点什么，鲁迅做了如下回复:“假如一间铁屋子，是绝无窗户而万难破毁的，里面有许多熟睡的人们，不久都要闷死了，然而是从昏睡入死灭，并不感到就死的悲哀。现在你大嚷起来，惊起较为清醒的几个人，使这不幸的少数者来受无可挽救的临终的苦楚，你倒以为对得起他们么?”对此，钱玄同的论点是，“然而几个人既然起来，你不能说绝没有毁坏这铁屋子的希望”。鲁迅被这句话所震动，因为“希望”这两个字

> 触动了鲁迅。几年之后，鲁迅将《狂人日记》编入他的第一本小说集，书名是《呐喊》。鲁迅企图向“铁屋子”里沉睡的人们呐喊，寄希望被唤醒的人们最终有可能毁坏这个“铁屋子”。①

鲁迅所说的“铁屋子”，超越他个人生存空间，也超越以中国文化为边界的空间，那些参加世界大战的人其实都是在这样的“铁屋子”被闷死和杀戮的。鲁迅对人类是有终极关怀的。

鲁迅对人类的总体认知是矛盾的：一方面，他对人类充满了同情、怜悯，隐含着拯救的心思；另一方面，他对人类是批判、失望和绝望的。所以，一方面鲁迅通过《狂人日记》的主人公表达自己的心声，一方面将他作为批判的对象。

鲁迅的这种矛盾，正是尼采主义的内在矛盾：人类的是非是相对的，人类的本性在很大程度上是需要被否定的。尼采说，当你凝视深渊时，深渊也在凝视你。所以，尼采寻求自我批判和自我超越的人群。

认知与救赎的方法论：从“世界=乌龟塔”到转换视角

刚刚过世的著名天体物理学家斯蒂芬·霍金的著作《时间简史》是这样开头的：一位著名的科学家（据说是伯特兰罗素）做过一次天文学讲座，描述了地球是如何围着太阳转，太阳又是如何围着我们称为星系的巨大恒星群的中心转的。演讲结束后，坐在后排的一位小个老太太站起来说：“你这都是胡扯。世界是驮在大乌龟背上的一块平板。”这位科学家很

① 参考经济观察网：朱嘉明，《狂人日记》百年再认识，https://baijiahao.baidu.com/s?id=1600521025075899007&wfr=spider&for=pc.

有教养地笑着问老太太："那这只乌龟是站在什么上面的呢?""你很聪明，年轻人"，老太太说，"不过，很显然，这是一只驮着一只，一只只驮下……"今天看起来，会觉得老太太的说法很可笑，不值一驳。不过不要忘了，这个说法以及类似的说法在人类历史上占主流的时间要比我们现在知道并且深信不疑的宇宙观占主流的时间长多了。人类大多数时间都是在不具备完全信息、甚至数据非常稀缺的时候，建立起对自己乃至对世界的认知系统的。但是，实际上，认知系统才应该是指导我们行动的真正指南，科学事实不是。这就说明，不同的视角会引出不同的行动，进而带来不同的结论。我们对这个世界的认识的改变，不仅仅是对事实的认知的加深，还包括视角的不断变化，老的视角被抛弃，新的视角被接受，一步步带来这个世界的革命。从这个意义上说，我们看世界的视角比科学事实更加重要。①

回望我们做生态型投资的初心，我们曾经的认知：这是个机械论决定的确定性世界，我们只需要通过计算和祈祷就可以实现投资的成功；直到认清科技商业趋势，刻意练习并复盘、总结后，我们才认知到：这是个进化论主导的不确定世界，动态进化中才能看到真实的世界，才不会被时代抛弃。马化腾说："进化力其实是一个组织的终极竞争力。"视角的改变带来认知的进化，最终指导我们回归到"效率"本质，知行合一，陆续实现生态链型投资的开花结果。

认知与救赎的心灵之旅：鄙视自己的灵魂

在一个人先天的性格之上，加进后天学得的哲学，才形成了这个人的

---

① 王煜全：《前哨大会》，https://www.sohu.com/a/229125910_355798，2018 年 4 月。

人格。一个国家也是如此。

世界上各个国家通用的纸币上，印的大都是政治家。比如，美元上是华盛顿、富兰克林，英镑是女王伊丽莎白二世、威灵顿，卢比是甘地、越南盾是胡志明、泰铢是国王。但日元上，却是思想家、科学家、作家、教育家。目前，市面上流行的1万日元，印得人物是日本近代教育之父、创办庆应义塾大学的福泽谕吉；5千日元是女作家樋口一叶；1千日元是被誉为“国宝”的日本细菌学家、生物学家野口英世。在旧版日元上，还曾印刷过东京女子大学的创立者、教育家新渡户稻造，国民大作家夏目漱石等。

这些都是日本民族的精英人物。他们有的引入外来文化，为日本注入新鲜血液，如福泽谕吉。有的把日本的文化推向世界，让世界了解日本，如新渡户稻造、夏目漱石。在日本人的心中，这些人和政治家一样，是日本强大的功臣。钱币，是一个国家的名片，其人物肖像的选择，既体现了国家的意识，也反映了一个民族对待历史和未来的态度。日元上的人物，在无形中告诉日本民众，应以福泽瑜吉、樋口一叶、野口英世这样的学者为骄傲。他们应得到全社会的尊重，值得全日本人民的崇敬和怀念。也许正是因为如此，日本的才能摘取一个又一个诺贝尔奖。截至2018，日本已有超过25人获得诺贝尔奖。而中国则只有莫言、屠呦呦等寥寥数人而已。正视日本的强大，不是自己取得了一些成绩，就沾沾自喜，更不是为了跪舔、精日、卖国！正视日本的强大，保持危机感，开放自强，中国崛起的步伐会走得更加沉稳！正视日本的强大，正视差距，取长补短，勇敢地站在世界强国之林里，永远不停止学习追赶的脚步。①

① 参考微信公众号：正解局，《撇清日本误区，正视这个可怕的国家》。

回到个人的认知与救赎之旅，黎巴嫩文坛娇子纪伯伦，和鲁迅、泰戈尔一样是近代东方文学走向世界的先驱。收录在《沙与沫》诗集中的《我曾七次鄙视自己的灵魂》，是纪伯伦以“自己的灵魂”为名，看穿人性所共有弱点的一首诗。Seven times have I despised my soul:（我曾七次鄙视自己的灵魂）——Kahlil Gibran（纪·哈·纪伯伦）The first time when I saw her being meek that she might attain height（第一次，当它本可进取时，却故作谦卑），The second time when I saw her limping before the crippled（第二次，当我看到她在瘸子面前跛行），The third time when she was given to choose between the hard and the easy, and she chose the easy（第三次，在困难和容易之间，它选择了容易），The fourth time when she committed a wrong, and comforted herself that others also commit wrong（第四次，它犯了错，却借由别人也会犯错来宽慰自己），The fifth time when she forbore for weakness, and attributed her patience to strength（第五次，它自由软弱，却把它认为是生命的坚韧），The sixth time when she despised the ugliness of a face, and knew not that it was one of her own masks（第六次，当它鄙夷一张丑恶的嘴脸时，却不知那正是自己面具中的一副），And the seventh time when she sang a song of praise, and deemed it a virtue（第七次，当她吟唱颂歌却自以为是一种美德时）。

诗句简单有力发人深省，督促人们拥有更高的精神境界，呼吁人们涤荡自己的灵魂，唾弃丑恶，追求高尚。

认知与救赎，成就全世界

《羊脂球》这本书种有句话可以共勉：有时，我可能脆弱得一句话就泪流满面，有时，也发现自己咬着牙走了很长的路。

你有一个亿的梦想，一定要有一个亿的耐心，认知和承载力。弗洛伊德说：人，是善恶同体的兽。每个人心里，都住着天使和魔鬼。不要考验人性，千万不要——它根本不堪一击。所以，去做一个自我批判和自我超越的超级个人，实现自我救赎；成就一个自由，平等，公正，法制的超级组织，实现社会价值。

用鲁迅的《呐喊》来结尾：希望本是无所谓有，无所谓无的。这正如地上的路；其实地上本没有路，走的人多了，也便成了路。

于是，认知了自我，救赎了灵魂，就成就了全世界！

7. 超级组织，递弱代偿：独立的灵魂面对世界

商业进化与超级组织

1859年，达尔文基于两个逻辑奇点：遗传变异与生存竞争，提出了生物进化论，发表了《物种起源》。

达尔文在书中讲，“生物是从原始38亿年前的单细胞逐步进化出高等生物人类”。自从进化出高等的人类，形成社会群体，商业型态从0到1,从1到10，并逐步进化出超级组织与超级个体。

当超级个体崛起并着力打造自身的企业家精神，我们的商业规则，连同价值观也随之改变。在过去的一年，我们看到商业不断演进：制造业转移，组织变革，领导力变迁，联盟与合伙制日益兴起，变革者要有勇气向过去告别，进化才是立身之本！

超级组织的递弱代偿

独立思想家王东岳老师在《物演通论》一书中有一个与达尔文进化论完全对立的理论，他提出了人类发展历程中其实是一个递弱代偿的过程。即世间之物，后衍的物种生存强度总是呈现递减态势，一代比一代弱，于是想要生存下去就要不断寻找更多支持因素，这个支持因素就是“代偿”。递弱代偿原理在现代社会的证明：因为人类生存能力的不断减弱，迫使人类不断地进行科技发展、社会进步，从而进一步弥补自身生存能力的不足。

当你把尺度拉大，你会发现越高级的物质存在形态或者物种，存在

度越低，且能力和属性越强，这和我们普通的观念正好相反，这种现象即“递弱代偿原理”。

我们所处的现代商业社会，独角兽企业会不会有“递弱代偿”现象呢？《创新者的窘境》就是在分析这个问题。那么，超级组织如何进化才能避免“递弱代偿”？

我们观察到，商业进化的“递弱代偿”同步于其他进化路径正静悄悄地发生着，未来无边界、有愿景、有价值观的小组织、自驱动、低成本、高回报的组织形态将成为竞争单元。

小米生态链，盒马生态链，每日优鲜生态链，联想生态链，海尔生态链……正是意识到这种递弱代偿的窘境，生态链企业模式全面开花。

超级组织和超级个体的共生

谷仓学院洪华博士提出了超级组织和超级个体的“未来双超”的组织形态，立志打造智慧生态链孵化器。谷仓学院在服务超级组织生态链建设过程中，发现一方面超级组织的持续进化会因为身体庞大，反应迟钝，效率降低。很多超级组织到后期出现内部竞争甚于外部竞争的问题；另一方面，基于谷仓漏斗反向孵化理论的生态型精益创业，使超级个体（包括小组织）成为有强大生命力的必要补充形式。谷仓反向孵化器聚焦消费升级领域，用已验证成功的生态链经验打法为蓝本，为创业者和制造企业提供手把手辅导，以及取得和供应链资源整合服务，系统课程，帮助创业者和传统企业提高创业和转型的成功率，促进团队整体能力提升。超级组织和超级个体（小组织）在生态链这种形态下实现了共生共享。

追溯到几千年前，超级动物与小动物之间早就开始过这种妙不可言的共生故事。一只鳄鱼张开嘴巴，让小鸟进来，小鸟从鳄鱼牙缝里挑肉吃的时候，鳄鱼一动不动。鳄鱼的牙齿变得干净了，既能防止感染，还给饥饿的小鸟提供了食物；牛椋鸟和河马也是共生关系。牛椋鸟免费帮河马除虱和寄生虫，同时自己也能饱餐一顿。牛椋鸟可以给很多大型哺乳动物如河马、黑斑羚和牛等身上除虱。各取所需，岁月静好。

《瓦尔登湖》的作者梭罗在美国独立日那天走进了林中深处。他认为，每一个人一辈子都需要有一个独立日，以独立的灵魂和独立的天赋去面对世界。

站在超级个体（小组织）崛起时代的门口，这些单细胞动物未来能否战胜各种“超级新物种”，除了野心，希望超级组织与超级个体共生共享，构建生态，同时以独立的灵魂和独立的天赋去面对这个变化中的商业世界。

8. 超级个体，原力觉醒：把一个人活成一个团队

原力沉睡，痛苦人生的秘方

关于查理·芒格与巴菲特以及伯克希尔·哈撒韦的故事和成就无须赘述。特别分享他的一篇演讲。芒格能够做出斐然的成绩，很大程度上取决于他的思想深度——深谙人性，知道如何看懂这个世界的荒诞与情理，也拥有懂得欣赏它的幽默。大多数演讲者会选择描述如何获得幸福的生活，而正是基于岁月对人性的打磨，在有了各式各样不寻常的阅历后，查理·芒格站在了一个对立面——以“亲历者”的身份阐述了如何才能过上痛苦的生活。在他看来，生活中的许多难题只有在逆向思考的时候才能得到最好的解决。懂得与把握人性是一个宏大的命题——人生的道理就是这样，这是一把看似平凡的剑，但挥动它却并不简单。芒格说：在我听过的20次哈佛学校的毕业演讲中，哪次曾让我希望它再长些呢？这样的演讲只有约翰尼·卡森的那一次，他详述了保证痛苦人生的“卡森药方”，包括：1. 为了改变心情或者感觉而使用化学物质，2. 妒忌，以及3. 怨恨。芒格说，现在还能想起来当时卡森用言之凿凿的口气说，他一次又一次地尝试了这些东西，结果每次都变得很痛苦。芒格在此基础上增加了四个“秘方”：

1. 想过痛苦生活，就要反复无常，不要虔诚地做你正在做的事。只要养成这个习惯，你们就能够绰绰有余地抵消你们所有优点共同产生的效应，不管那种效应有多么巨大。如果你们喜欢不受信任，并被排除在对人类贡献最杰出的人群之外，那么这味药物最适合你们。养成这个习惯，你

们将会永远扮演寓言里那只兔子的角色，只不过跑得比你们快的不再只是一只优秀的乌龟，而是一群又一群平庸的乌龟，甚至还有些拄拐杖的平庸乌龟。

2. 我为痛苦生活开出的第二味药是，尽可能从你们自身的经验获得知识，尽量别从其他人成功或失败的经验中广泛地吸取教训，不管他们是古人还是今人。这味药肯定能保证你们过上痛苦的生活，取得二流的成就。只要看看身边发生的事情，你们就能明白拒不借鉴别人的教训所造成的后果。

3. 第三味药，药性更猛。当你们在人生的战场上遭遇第一、第二或者第三次严重的失败时，就请意志消沉，从此一蹶不振吧。因为即使是最幸运、最聪明的人，也会遇到许许多多的失败，这味药必定能保证你们永远地陷身在痛苦的泥沼里。

4. 为了让你们过上头脑混乱、痛苦不堪的日子，我所开的最后一味药是，请忽略小时候人们告诉我的那个乡下人故事。曾经有个乡下人说：要是知道我会死在哪里就好啦，那我将永远不去那个地方。大多数人和你们一样，嘲笑这个乡下人的无知，忽略他那朴素的智慧。如果我的经验有什么借鉴意义的话，那些热爱痛苦生活的人，应该不惜任何代价避免应用这个乡下人的方法。（参考《穷查理宝典》，第四章，第一讲，中信出版社）

芒格的痛苦人生的加强版秘方就像一个思想绕口令，逆向思考，进而可以困境决策。用更符合东方人思维的语言表达就是：这个时代，想想哪几种人会被率先淘汰。

第一类：不断模仿者

今年，你已经35岁了，多年来一直追随时代的动向。从通信技术到门户网站，从产品经理到人工智能，从任正非到张小龙，你如数家珍你张嘴就来，可是一直在模仿，从来没逆袭，估计你到现在依旧是每天挤地铁的通信工程师。

第二类：追求安全者过度追求安全，时间不在蹉跎中度过，就在前往蹉跎的路上。

第三类：知识瘫痪者在快速变化和前进的时代，碎片知识每天不断地冲击你。当我们获取新知的时候，是会产生幻觉的，好像从政经到文娱，自己都看透吃透了。当这部分知识转换成能力时，需要经历漫长的爬坡过程，你甚至会看到一个糟糕的自己。因为受不了蜕变的过程，所以注意力就放在刷干货，借此来获取与世界同步的快感，最终成为眼高手低的知识瘫痪者。

第四类：白日梦想家身边有太多朋友想开一家咖啡馆、开一家花店、开一家健身房，我猜你一定是白日梦想界的翘楚。你有没有了解过开一家店需要多少成本、需要多少资证、工商税务全套流程办理下来需要多少时间、招聘怎么做、营销怎么做、POS机哪家好？如果你空有一脑仁梦想而回答不上来这些问题并且丝毫没有付诸行动，请你一定要对号入座，不要怀疑你就是白日梦“砖家”。（参考《超级个体：在未来，你不能欠缺的三种能力》，大捣原创）

当自己不经意间掉入上述四种错误的心智模式时，当自己不希望开启痛苦的人生而是希望找到正确的方向时，或许，成为超级个体就是一个你值得努力的事。

超级个体，把一个人活成一个团队

超级个体，这个词是新精英生涯创始人古典总结出来的。现在的娱乐圈明星、各个自媒体大号的号主，古代的名人如孔子，近代的名人如曾国藩，其实都是超级个体。

如果你出生在20世纪80年代以后，一定听说过“今天工作不努力，明天努力找工作”这样的老话。过去，在父母亲的职业生涯中几乎只出现一个企业，大多数平凡如你我的父母都是兢兢业业、勤勤勉勉在一个单位里从青春年少忙到退休。但如今，客观存在的快速变化已经超乎想象，原因是什么呢?

1. 个人对生产资料依赖越来越少。从原始社会为了填饱肚皮需要大范围迁移，到农耕文明时代两亩三分地养活自己，再到工业文明一个工人只需要一台占地十来平方米的机器，而现在的你，只需要坐在创客空间的工位上即可领包开工。

2. 公司、组织的平均寿命越来越短。1983年，英国壳牌公司做过一个关于全球500强企业的生命周期有多长的调研，并将结果保密了十五年才对外公布。这份调查显示，这些非常成熟的公司平均寿命只有30到40年，只有20家公司存活了200年以上，并且依然充满活力。在中国，这个数据更令人担忧，中小企业的平均寿命是2.97年，中关村的企业则只有0.99年。对于生活在这个快速变化充满不确定性因素的时代，坏消息是，我们需要认清变化、跟上变化，好消息是，人生转换跑道的可能性窗口期会延长，你有机会成为你真正所想的人。

未来是一个个体崛起的时代，但不是每一个人都崛起的时代。想成为超级个体，还需要掌握三种超能力。

1. 掌握自我迭代的能力。每一个人都有三种定义：自己对自己的定义、组织对你的定义、周边社会关系对你的定义。当个体崛起，学会自我觉察，开始摆脱组织和社会对你的定义时，你必须能够清楚地定义你自己，认清内心的驱动力和价值观，才能找到一个前进的目标。同时，未来需要持续地做自我定位，每隔三五年就能够刷新人生的能力。

2. 掌握底层元能力底层元能力。包括三种：生产的能力、链接的能力、传播的能力。当互联网让人与人的关系从树状变为点状，生产信息、运输信息、传播信息的能力就非常重要。以前公司里有一位编辑，他写作的文章必须经过层层审核才能刊发，而如今，只要在微信启动一个公众号，就能越过所有的中间环节，向全网散布，成为集生产、链接和传播于一体的节点，形成自己的“网”。

3. 掌握复原力。这里要摆一摆川普的例子，从航运公司老总、房地产大亨、畅销书作家、选美比赛的后台老板、在各种影视剧里客串演出以及出任美国总统。但是，他截至目前一共有4次破产纪录，负债金额一度高达9亿美元。时代快速发展，企业与个体成功、失败的频次会加快，所以，掌握超级复原力才能帮助个体更好地前进。

更全面有趣的总结，出自著名未来学家、趋势专家丹尼尔·平克畅销8年的《全新思维》，他提出了未来新兴人类应该具有的六种能力，他指出：1. 不只有功能，还重设计；2. 不只有论点，还会说故事；3. 不止专业，还需要整合；4. 不止讲逻辑，还给与关怀；5. 不止能正经，还会玩乐；6. 不只顾赚钱，还重意义。著名生涯规划师古典老师，则把超强个体有别于传统个体的这六种能力概括为：设计感、会讲故事、有共情力、跨界整合、娱乐感以及意义感。设计感和讲故事产生影响力，共情力用于做产品，跨界能力和娱乐感让你与众不同，意义感则可以驱动自己和他人。由此，我联想到了“斜杠青年”这个牛B闪闪的群体。“斜杠青年”来源于英文“Slash”，是《纽约时报》专栏作家麦瑞克·阿尔伯撰写的书籍《双重职业》中提出的概念，意思是拥有多重职业和身份的多元生活的人群——他们可能有份朝九晚五的工作，而在工作之余会利用才艺优势做一些喜欢的事情，并获得额外的收入。90后有个“斜杠”网红李叫兽（李靖）吧，他的“斜杠”身份：培训师、咨询师、企业家、网红。因为专注培训，从培训到咨询，到成为百度副总裁，并荣升企业家网红。

超级个体，把一个人活成了一个团队。

超级个体，做自我成才的加速器

怎样加速成为一个超级个体?

“土匪刘小姐”总结了2个心法，堪称经典：

> 对内做乐高式组合；对外做人生超链接。以下是她的精彩见解：在工业时代，我们最喜欢的人才是倒T，横线是综合能力，竖向是精专能力。比如律师。慢慢你会发现有X型人才，钱钟书，语言文学能力非常了不起，杂家，大家。比如π型，沈从文，他的文学和文物。你发现没有，在一个越不确定的时代，单一的能力组合就越高风险。比如日本有一些人间国宝的手艺工匠心的人才需政府保护，才能继续传递他们的工艺，这句话正着听你会觉得日本特别有工匠精心的国家，但反过来想，为什么要保护呢，因为单一的能力难以生存。你会

发现在这个时代，只有一种超级能力就是乐高式的能力组合，把不同能力拼合在一起成为一个新的优势。乐高还有个好处，打碎重新装起来，不那么过时，它是一种抵御变化的方式。什么是乐高式的能力组合呢，郝景芳，《北京折叠》的作者，本科读物理，硕士天体物理，喜欢文学写东西，自己也懂得内容运营分发，慢慢地名气就起来了。她自己的经历就是《北京折叠》的灵感。她后来当了妈妈，也成立了写作圈，把流量导入到自己的公众号里，你看她是挺有意思的。她的生活经历养成了这么几个能力。1. 科研能力，2. 研究政策的能力，3. 文学的能力，4. 内容互联网文字运营和分发的能力，5. 一部分的社群运营能力。这5个能力，来回组合，帮她形成了、研究员、科幻文章作者、妈妈圈运营人、公益组织负责人等斜杠青年的典范，每一个面向都做的极其出色。这就是一种乐高式的能力组合。

如果说对内叫作乐高式能力组合，那么对外，教你另外一个心法：人生超链接。以前发生的生活比较平稳，而今天的人生不再像一本书，而是一个网页，有可能看到第五段的时候突然一点，有可能没什么改变，也有可能完全进入一个全新的世界。其实你发现不仅人生是一个超链接，很多事情都是超链接。比如说，生物学家认为物种大爆炸本身就是一个超链接行为，比如在某个时间突然大爆炸形成很多生物，而大部分时间很少。人类社会也有很多超链接的现象，每一次都是经过超链接的形式而不是线性改变，比如说哥伦布发现新大陆，这是吧，从新大陆运回白银又推动了资本主义的产生。人的这一辈子的重大决策都是超链接的形式发生而不是规划出来的。拥抱偶然，持续地点开你的超链接。①

① 参考简书：土匪刘小姐，内容精彩，大段引用，原汁原味，以示敬仰。

超级个体是在这个时代有机会自我驱动、自我创造，进而自我成就的那个人。它持续的自我更新，持续地自我迭代，不断地产生信息、发散力量，不断地产生链接，不断地创造、组合，又自我复原，逐渐地形成一个巨大的网络节点，在热爱的领域努力地玩。超级创业者，超级投资人，“抢银行模式”将打造海豹突击队式的超级个体（小组织）。

超级个体正在原力觉醒！超级个体（小组织）时代，真正的玩法并不是No zuo no die。真正的玩法是always作，always no die，长作不死。从这个意义上说，唐伯虎就是超级个体户。结尾一首唐寅的《桃花庵歌》，期待超级个体，原力觉醒；长作不死，快意人生！

桃花坞里桃花庵，桃花庵里桃花仙。桃花仙人种桃树，又摘桃花换酒钱。酒醒只在花前坐，酒醉还来花下眠。半醒半醉日复日，花落花开年复年。

但愿老死花酒间，不愿鞠躬车马前。车尘马足富者趣，酒盏花枝贫者缘。若将富贵比贫者，一在平地一在天。若将贫贱比车马，他得驱驰我得闲。别人笑我忒风癫，我笑他人看不穿。不见五陵豪杰墓，无花无酒锄作田。

弘治乙丑三月　桃花庵主人唐寅

9. 区块链精神改变世界

供应链效率不是想买就能买

刚听说锤子科技在鸟巢开发布会了，因为我是米粉，不是锤子粉，所以没有特别关注。但这不妨以此作为引子，从锤子的往事说说供应链的话题。

罗永浩的牛B闪闪奋斗史从新东方开始，虽然和其他高学历老师相比他只有高中学历，但其逻辑严密、擅长思考，又诙谐幽默、敢想敢干，很快上升为明星教师。2006年老罗离职，创办牛博网；2008年创办老罗英语培训学校，2011年西门子总部门口砸冰箱，2012年创立锤子手机。2014年锤子手机T1上市，2015年英语培训学校停业……老罗确实做到了生命不息、折腾不止，人生体验远超常人。

总体来说，老罗在2014年做手机之前的人气和美誉度都很不错，然而做手机之后其争议不断，美誉度明显下降。有人说那是因为老罗做人太极端，不以为然。罗老师最大的问题在于你的performance能否兑现你吹过的牛，如果能，你就可能成为乔布斯或雷布斯，如果不能你还是罗永浩。老罗就像创业板的公司，必须走先编故事许诺高增长，再努力兑现的路。然而，首款产品的失败让其情怀碎了一地，给公司和其个人带来了前所未有的压力。老罗喜欢剑走偏锋，自然引起社会对其两极分化的评价，在此仅就事论事的从供应链的角度来看看老罗在锤子手机上的所出的问题。

首先，老罗严重低估了供应链的风险。老罗的思维是所有供应商我都要用业界最好的，如工业设计师Robert Brunner（前苹果的工业设计总监），高通骁龙801CPU，索尼堆栈式摄像头，德州仪器的OPA2604耳放芯片，康宁大猩猩的屏幕。对于OEM代工厂老罗则选择了富士康。一家新创立的小公司能聚合如此大牌的供应商，本身就是成功。

但首款锤子手机T1在试生产阶段就发现DFM（Design for manufacturability）没做好，精美的设计忽略了可制造性，工艺水平没法达到设计要求，导致一次合格率不足10%，几乎所有产品都要返工。而且10%通过检验的产品实际上质量也是参差不齐的。老罗以继承乔布斯的衣钵为傲，但他知道苹果在中国有多少工程师驻扎在富士康吗？仅仅一个Iphone的项目，苹果驻扎在富士康的工程师最高峰时就超过2 000人。可老罗天真地认为富士康作为代工之王理应替他搞定所有事情。但是理想是丰满的，现实是骨感的。对郭台铭来说，罗永浩是演艺圈的？一般外行看OEM，常常局限在产品制造环节。而事实上从下订单、原材料采购、物流运输、到海关清关，再到工厂的进料检验、库存控制、流程验证、环境控制、人员培训，任何一个环节出问题都会导致整个项目的停滞。此外，客户和OEM代工厂的沟通也极其关键，决定了双方能否快速有效地解决问题。

老罗的工匠精神聚焦在用户体验上，但老罗显然高估了自己协调与控制供应链上各个环节的能力。一位自称跟随老罗多年的锤子科技员工说，老罗是个完美主义者，要求太多了，办英语学校的时候，就连教室里的椅子都要亲自去做。这次也一样，老罗对外观造型的苛刻直接导致了生产过程的复杂和烦琐。富士康生产线上的抱怨声，也因此有迹可循。

其次，老罗的第二个失误是其在供应链尚未稳定之前就公布产品的正式上市时间，魄力是彰显了，粉丝也留住了，但供应链问题迟迟得不到解决，结果导致上市日期多次跳票，逐渐磨掉了粉丝们的耐心，痛失之前积累的大好人气。而雪上加霜的是T1手机正式发售后质量的瑕疵引起了满怀期待的粉丝们的质疑甚至愤怒。情怀手机山寨质量，老罗再好的口才也无法挽留失望的粉丝离场。哎，在锤子用户眼里，这是个千疮百孔的世界，这可能就是锤子价值观。锤子粉所做的，有了问题，感受到的首先是委屈，是猪队友，是被暗算，是自己成长中必然经受的洗礼。向锤子粉默默致敬！伤不起。

反观小米的雷军和魅族的黄章，虽然也走个人魅力之路，虽然产品质量也出现过BUG，但其言谈谨慎许多，巧妙地利用饥饿营销度过了新品的困难期。而老罗将公司品牌系于个人口碑之上，个人口碑一旦下滑，公司品牌也受其拖累。

第三，老罗没有建立强有力的SQE供应商质量管理团队。老罗重金打造的创业团队包括来自苹果的工业设计师、摩托罗拉的硬件工程师、仁宝的软件工程师，等等。负责供应链的副总裁和其团队成员也大多也来自摩托罗拉，然而供应链团队的人数和质量都无法胜任繁重的供应链建设管理工作，从老罗最后亲上前线驻扎富士康，可见一斑。工程师们追求的不是情怀也不是改变世界，而是工资高点养家糊口。而老罗是典型的文艺青年加流氓痞子气质，忽悠文青不费吹灰之力，但想打动理工男为主的工程师们则往往对牛弹琴，最后只能靠加薪来激励。罗老师价值观不稳定，领导力没有复制出去，真的会累死三军。

如果你是创业者老罗，会怎么改善供应链呢?

首先，建立强大的供应链管理团队，团队领导和成员建议从富士康等台企挖角（团队领导建议请台湾人担当），便于与富士康的沟通。此外，应招聘足够数量的驻厂质量工程师和技术员协助富士康建立产能。

其次，在产品设计阶段就邀请富士康的制造工程师参与其中，哪怕其“一不小心”泄露出一点商业机密也不是坏事。不能仅仅只听自家供应链副总或采购经理的一家之言。

第三，产品设计不要只追求完美而忽略可制造性，你认为很牛逼的设计往往用户根本察觉不到，但这些过于细节的牛逼设计往往导致制程上的巨大麻烦，并且有损产品的可靠性。

第四，产品试生产阶段全程坐镇富士康，对于发现的重大设计问题，应果断实施设计更改。

第五，首批产品质量不稳定，最好不要销售而是直接做广告说仅赠送给名人朋友，正好有助品牌宣传。名人朋友的试用反馈如涉及制造问题，一定要通知富士康及时整改。①

我想知道，这次的锤子发布会，供应链效率问题解决了吗？新东方老师真能解决吗？疑问重重，千万别拿投资人的钱忽悠年轻人买一个非产品基因的产品型公司的产品，这不成传销了吗？

我相信罗永浩的情怀，为自己而活，为奋斗而生，但请对锤子粉负责，别再伤他们的心，他们的钱来之不易，更是沉甸甸的责任和信任，罗老师珍重，新东方精神不能丢啊！

先有供应链，再有方案

其实，以上调侃的方式并没有对罗老师恶意攻击的意思，仅是借Harry Lee同学的专业视角说明供应链效率/供应链细节的重要性，甚至生

① MediCafe.CN：《从供应链角度看锤子手机的成败》，http://tieba.baidu.com/p/3846096129，2015年6月。

死攸关。

说到供应链效率，雷军与张峰的交情正来自供应链的姻缘。在《小米生态链战地笔记》这本书里详述了张峰和雷军的舍命交情。2010年，张峰任高管的英华达是少数愿意为小米手机代工的代工厂，换句话说，在雷军最需要帮助的时候，张峰伸出过援手。而在2012年，张峰想离职创业时，雷军又是第一个投资的，做了大名鼎鼎的小米移动电源项目，击穿市场，颠覆行业。目前，张峰是小米供应链总裁，能看出雷总对供应链多么看重，必须价值观高度一致，兄弟般情谊的人才堪供应链督办的大任。就像当年诸葛亮“失街亭挥泪斩马谡”的故事，供应链就是街亭的作用，出了问题有可能满盘皆输，这是个战略性问题。一个企业的CFO必须有CEO的思维和水平；一个企业的供应链负责人，必须有CEO的思维和水平。所以，一般创业企业由创始人自己主管供应链上下游，供应链效率是创业最重要的生死线之一。

谷仓学院，作为智慧生态链孵化器，立志不择手段提升创业成功率，用小米生态链价值观和方法论实现创业方法的可复制，洪华博士提出了与传统创业孵化逆向的漏斗式反向孵化，四个反向包括：先有方向，再有团队；先有供应链，再有方案；先有渠道，再有产品；先有资本思维，再有项目。

其中“先有供应链，再有方案”，就是小米产品经理和小米生态链企业在整合供应链的过程中踩过的所有的坑，都需要谷仓学院给创业者提示和辅导，避免类似上文提到的锤子手机遇到的那些供应链细节问题，这时候出来的产品方案、产品排期、产品发布、产品供应等安排才真正靠谱。这些坑，都是创业成本，更是很多创业企业壮烈牺牲的地方，不能轻视，要加倍重视，连雷总都超级重视，对自己的供应链整合、供应链效率，你别太盲目自信。

区块链精神改变世界

由供应链效率到区块链精神，结合我们提出的生态型投资方法论，有一个完整的逻辑推导链条：有供应链效率支撑才有生态链系统建立的可能，才有生态链企业，才有生态型投资；有生态链的支撑才可能产独角兽，才有独角兽投资；所以，生态型投资本质就是独角兽投资套路。逻辑继续，有独角兽和其生态链企业才有“共同体区块链”应用，所以，生态型投资本质就是区块链应用投资。

注：共同体区块链（Consortium block chains），也称联盟链，是指其共识过程受到预选节点控制的区块链；例如，有15个金融机构组成一个共同体，每个机构都运行着一个节点，而且为了使每个区块生效需要获得其中10个机构的确认。区块链或者许每个人都可读取，或者只受限于参与者，或走混合型的路线，这些区块链可视为“部分去中心化”。

区块链，听起来高大上，其实如互联网，是种工具、思维、精神。区块链，是节点激励的最佳工具，共享精神的实现平台。

供应链经过生态链，链接到独角兽和区块链，背后连接他们的是什么：效率。效率的背后又是什么，是价值观。小米生态链负责人刘德曾说过，不傲娇都能提高效率。就是这个意思，效率就是价值观的变现。时间（效率）变现是金钱，（效率）价值观变现就是生命。

至此，我应该说明白了：供应链效率和区块链精神，为什么被总结为我们提出的“生态型投资”第九个商业世界观。

区块链改变世界的不是它的技术，而是它背后公开（效率）、开放（共享）、透明（信任）的区块链精神！

第三章　生态型投资

——商业价值观系列思维模型

1. 义利相济：《论语和算盘》的中国版本

仁中取利，义内求财：东方智慧的光辉

关于义和利的话题，曾经是当代知识分子羞于启齿的话题，先圣宗师们却早有见地。孔子曰："君子喻于义，小人喻于利。"后世孟子、荀子在孔子"仁"的基础上，厘清了义利的辩证关系：义利相济。南宋时期在浙东永嘉（今温州）地区形成的、提倡事功之学的儒家学派：永嘉学派，提出"事功"思想，主张"经世致用，义利并举"，成了当代温州人继承并实践的基因。

永嘉学派最早提出的"事功"思想，主张利与义的一致性，"以利和义，不以义抑利"，反对空谈义理。同时，认为"道不离器"，对董仲舒提出的"正其义不谋其利，明其道不计其功"的说法表示异议，曰："既无功利，则道义者无用之虚语尔。"永嘉学派继承了传统儒学中"外王"和"经世"，提倡"学与道合，人与德合"，杰出人物应是"实德"和"实政"的结合。明清之际的学者黄宗羲评价"永嘉之学，教人就事上理会，步步着实，言之必使可行"。①

隔空对话后，回到现实的世界。

近现代日本的强大，得益于阳明哲学指导下的明治维新影响深远。在世界500强最多的日本，企业所奉行的"理念+算盘"的经营方式，一方面践行"义利合一"，另一方面又极其注重经营的"算盘"。用理念拨动算盘，通过阿米巴的组织模式，企业实现指数级增长。这个过程，正在很多

① 百度百科：《永嘉学派》，https://baike.baidu.com/item/%E6%B0%B8%E5%98%89%E5%AD%A6%E6%B4%BE/3112352，2017年6月。

中国企业身上发生并重演。

"我始终坚信中国古文化所倡导的商道，即义利相济。"曹德旺董事长在博鳌亚洲论坛上说道，"义"就是要承担责任，做应该做的事情，把应该做的事情做到位；"利"就是要让大家都得到利益，自己要通过努力获得利润，同时也要给其他人适当的利益。

共享经济新时代，创新与企业家精神成为社会发展的核心要素，"义利相济"的东方智慧正开始闪耀新时代光辉。

人我两利，义利相济：区块链精神的真义

义利相济，道理讲通了，逻辑理顺了，接下来要看看怎么干。知行合一！早干早收益，因为我的理解：人我两利，义利相济，区块链精神的真义。

区块链要解决的信任问题就是"义"，要解决的分配问题就是"利"，"义利相济"正是共享经济时代，区块链精神的内核。

基于这个认知，我提出：小米生态链是区块链应用的雏形。（后续文章专门探讨）

利他即利己，是小米及小米生态链核心价值观。雷军在做小米之前，带领金山打拼十几年，在金山内部形成了浓厚的兄弟文化。雷军离开金山做天使投资的阶段，觉得自己与创业者都是"朋友"、"兄弟"，他要做的事是帮忙不添乱。一直到现在，雷军把兄弟文化从金山带入了小米，又从小米向整个小米生态链进行扩散。在整个小米体系，尽管没有人将兄弟文化挂在嘴边，却成为一种潜移默化的共识。[①] 这一点，我已有所体会。

这种兄弟关系的形成，有两方面原因：一是雷军本人行事风格对团队

① 谷仓学院，洪华：《小米生态链战地笔记》，中信出版社，2017 年 4 月。

影响；二是小米和小米生态链在快速成长中，都在一路打仗，战斗中形成的兄弟情义由内而发。于是，“利他即利己，互为放大器”成为小米生态链的最重要价值观之一。

举个例子，为了保持生态链企业高举高打的战略储备，金米投资和顺为资本作为投资方，不要求企业利润进行分红，最大化帮助兄弟企业尽快做出“基本盘”，在一场场战役中同舟共济，胜则举杯相庆，败则拼死相救；当我们访谈雷军2010年成立小米招聘的第一个产品经理时，回顾8年间的辛酸苦乐，深厚的兄弟文化让他目光坚定；展望2018年小米即将上市，面对未来将兑现的几亿身价，难掩兴奋却又显得风轻云淡。小米的“义利相济”已经用行动代替了表达。

作为投资机构，我们要求团队“义利相济，知行合一”的价值观必须烙印在心上。我们提出了“生态型”投资的“三大纪律”：1. 认知在同一个频道；2. 方法论互相认可；3. 帮忙不添乱。“八项注意”：1. 三观不合，不来往；2. 三观不合，不合作；3. 三观不合，不投资；4. 三观不合，不让跟投；5. 三观不合，不让入职；6. 认知同频前，不撒网；7. 方法论未吃透，不上岗；8. 已投企业三观，不掉队。

生态型投资“三大纪律”
（投资是高度经验型工作，知行合一）

1. 价值观（认知）在一个频道
2. 方法论互相认可
3. 帮忙不添乱

“三大纪律，八项注意”正是我们作为资本方理解和执行的“义利相济，知行合一”方法论。

回归商道，共享共赢：伟大复兴的前奏

顶级组织至情至性，一流组织共同信仰，二流组织共同利益，三流组织共同规则。[①]小米用8年实现“义利相济”理念的知行合一，这样的“正道”又埋下了区块链的种子，将在未来物联网与区块链世界获得先机。我们更加坚信，好人赚钱的时代已经来临。

“商道即人道”，更多智慧的企业家正践行先圣宗师“经世致用，义利并举”的东方哲学与智慧，从事业共同体到命运共同体，在共享经济时代，无往而不利，这正是中华民族伟大复兴的前奏！

① 梁宁：《产品思维30讲》，2018年。

2. 极致性价比：只买对的不买贵的

极致性价比，只买对的不买贵的

只买对的不买贵的？！看到这句话，很多人会立刻联想到冯小刚电影《大腕》里，李成儒老师那句经典台词：我们的口号是只买贵的，不买对的。（哈哈，脑补那个神经病医院的经典场景，小心暴露年龄）

这句话是时代的产物，伴随的是国内大众物质生活“从无到有”的过程。回顾一下过去40年整个中国制造业的发展。40年前，刚刚改革开放，中国制造业生产的很多产品，说实话，质量不咋地，价钱卖的也很便宜，“中国制造”仿佛成了个被人嘲笑的标签；而进口品牌质量好，设计好，卖得很贵，所以自然而然在过去的40年里边给大家形成了一个观念：便宜没好货，贵的就是好的。

直到今天，中国制造业实力越来越强，加上互联网信息打通以后的资源整合效应，有巨大机会把好产品做便宜。简单分析一个产品的价格构成，简化到5个因素：原材料及制造成本、研发分摊成本、市场推广及广告成本、销售及渠道成本、利润。传统企业做一个商品，比如做电视，一上来就做了100个型号，特别喜欢做很多品类，就意味着没有把所有资源集中在一两个型号上，看起来研发成本很高，实际上分摊到每个产品上面的研发费用是不足的。假如集中到一款上或者几款上，研发成本其实是大幅度提高了，但是分摊到每个产品的研发费用变小了，大批量制造和大批量销售一个型号，分摊的研发成本自然会低，同时由于大规模制造，原材料和生产成本也比原来的型号多，整个数量少，其实成本要低。再加上，有了互联网助力，信息相对变得透明，需要的广告、推广费用自然就下降了。互联网+的企业有机会把传统企业做出来的好产品卖到一半的价钱，甚至三分之一的价钱。用小米创始人雷军的话说："在大众消费品行业，全球伟大的企业都是把好产品做得越来越便宜的。所以我希望小米在这个伟大的路上走得更远，我会坚持把性价比这件事做到极致。"①

在21世纪中叶的目标是建成富强民主文明和谐美丽的社会主义现代化强国，其中的主要矛盾从"人民群众日益增长的物质文化生活需要同落后的社会生产之间的矛盾"转变为"人民日益增长的美好生活需要和不平衡不充分的发展之间的矛盾"。

主要矛盾转变的信号，背后正是消费升级时代全面来袭的信号。

我对消费升级的整体理解是：消费思想和行动的升级，消费形式的分级。具体表现形式包括：中产品质消费升级、大众消费观念升级、小镇青年"消费降级"等形式，这方面分析文章很多，就不展开叙述。总结几种风格各异的消费特征，不同的表象背后都隐藏着把握消费升级的密钥：寻找感动人心的产品，同时具有令人惊喜的价格。小米之家、名创优品、拼多多的惊人爆发，就是"极致性价比"的力量。

中产消费是消费升级的主体，消费观念非常理性，每一分钱都超值，只为品质买单，为自己喜欢的产品买单，而不是盲目追求奢侈品；三四五线城市的消费群体，是个数量庞大的消费群体，有了手机，有了移动互联网，他们的认知水平接近一二线城市，山寨产品已经不能满足他们，他们会上网寻找自己心仪的品牌和高品质商品。所以，这个时代做产品，品质是最重要的标准。②

---

① 汐元：《小米会坚持把性价比做到极致》，https://www.ithome.com/html/it/296949.htm，2017年3月。

② 谷仓学院，洪华：《小米生态链战地笔记》，中信出版社，2017年4月。

联想到我们做的股权投资，何尝不是追求“极致性价比”的过程：最佳的成长，最优的估值。当然，这个比例点的把握是高度经验型的火候把握，过犹不及。也就是说，不论做企业，做产品，做投资，“极致性价比”是一种理念：把事情做到最好的决心，把成本控制到最优的信心。

“厚德载物”新解读

于是，终于回到了主题：“极致性价比”是一种我们非常看重的价值观。因为，“极致性价比”是一种尊重和信任。用“极致性价比”的产品，跟客户成为朋友，这不就是尊重和信任下的基业长青吗?

我想到一个词非常适合解读“极致性价比”：厚德载物。《周易·坤》：“君子以厚德载物。”《国语·晋语六》：“吾闻之，唯厚德者能受多福，无福而服者众，必自伤也。”

多么有趣的历史连线，用先圣大德的智慧来看现在的“极致性价比”：重视品德，要像大地一样能容养万物。“极致性价比”的产品不正是承载了一个创始人和团队的发心与德行吗?

“极致性价比”的投资不正是投资机构和投资人的信任与承诺吗?

我们在尽职调查持有“极致性价比”理念的企业，发现团队的德行、做产品的初心、对客户的尊重、对投资人的诚信都有较好的反馈，可能就如：道生一，一生二，二生三，三生万物。看似玄妙，追根溯源，其实反而更简单。

极致性价比，厚道的价值观

总结下来，极致性价比的价值观，就是厚道。

厚道就是不刻薄，待人好，实在，不夸张，不骗人，表里如一。（百度百科：厚道）

厚道就如冬日阳光、夏日清风，无论人品还是德行，都能打动人。厚道让人信赖，让人踏实，让人熨帖，让人感动。作为朋友，可交；作为同学，可信；作为老师，可敬；作为领导，可从；作为下属，可用。厚道人不算计你，厚道人不欺骗你，厚道人不出卖你，与厚道人打交道就像在洒满月光的湖面上泛舟，让人宁静而温馨。在人前不夸夸其谈说奉承话，人前人后一个样。

做个厚道的创业者，做个厚道的投资人，过“极致性价比”的人生！

3. 吃亏是福：攒人品很重要

吃亏是福，说的是格局和智慧的事

“扬州八怪”郑板桥，最为脍炙人口的是“难得糊涂”这幅书法作品和背后故事。其实，板桥另一个著名书法作品“吃亏是福”和其来由同样让人深思。

郑板桥的弟弟为了翻修老屋要拆一堵墙，产权纠纷，郑家有地契，邻居说是祖产。于是，弟弟觉得朝里有人，要告官。板桥听说，千里飞鸿寄语：“吃亏是福”，并附上打油诗“千里告状只为墙，让他一墙又何妨；万里长城今犹在，不见当年秦始皇”。弟弟撤诉，并继续共用一堵墙，邻居感念，睦邻更加友好。

郑板桥“吃亏是福”的逻辑是：满者损之机，亏者盈之渐。损于己则利于彼，外不得人情之平，内得我心之安，继平且安。福即是矣。

用现代的话讲，在这个趋利避害、人心叵测的复杂而又简单的世界，吃亏的时候，至少自己可以坦荡荡地面对自己，这就是福之所在。

用这个典故，我想表达“吃亏是福”，善良不代表傻，厚道不代表笨，是格局的事。

吃亏是福，更有甚者吃亏救命。春秋战国时期，范蠡帮助越王勾践灭吴，知道勾践长脖尖嘴，可同患难，不可同富贵。于是，范蠡想保命并全身而退。勾践不傻，不同意，并说：我要把国家分给你一半，不收我就杀了你。两人达成默契：1. 勾践现在不杀范蠡；2. 范蠡留下就是死路一条；3. 范蠡必须自愿离开，不能让人看出是勾践逼的。于是，范蠡放出风声：

不管大王怎么慰留，我反正走定了！于是，收拾细软带上家人连夜逃跑。皆大欢喜，勾践不但不追，还假惺惺给范蠡封地会稽（绍兴）方圆三百里土地，表示自己仁至义尽。范蠡貌似半个国家不要，只有封地，吃了大亏，却保了命。他的同僚文种，面对同样情况，算不过账来，最后落得引颈自刎。

用这个典故，我想表达"吃亏是福"，是吃亏占大便宜的智慧。

吃亏是福，说的是效率的事

我理解的"吃亏是福"应该还有下半句"公道自在人心"。也就是，"人心"是"吃亏"的正反馈。就像我们平时所说的"吃小亏占大便宜"。反向指标就是"捡了芝麻丢了西瓜"。在谷仓学院出品的《小米生态链战地笔记》这本书里，有一个章节：诚实定价。当你发现很多用户在电商平台上收藏了你的产品而没有直接下单，那就是定价过高的一个信号。大家也许都明白，传统代理商模式下，从出厂到经销商层层盘剥，导致消费者最终买到的每件产品价格较高。制作一件质量优良的衬衫，成本在110—120元，已经是高档衬衫了，这样的衬衫在市场上的大概定价在1 500元。小米及生态链企业提出来"极致性价比"，"拒绝暴利，不赚快钱"。有人就质疑，这样的企业还能赚钱吗？甚至也有人怀疑这么低的价格是不是有什么其他问题？因为人们认为无商不奸。

实际上，当你下单并使用过小米及米家产品，你只能相信：我该再购买一个，或者我该再买一个其他的米家产品，我该让我朋友也买一个。这就是我理解的小米及生态链企业的"吃亏是福"。①

---

① 洪华：《小米生态链战地笔记》，中信出版社，2017年4月。

其实，其中的道理很简单，高效率是小米诚实定价的前提。用效率解决传统供应链极商业流通的不合理环节，令成本大大降低。效率隐藏于运营的每一个环节，比如理念一致、执行力和战斗力强、机制合理、流程科学、产品定义精准，都可以提升效率。米家产品定位更高品质生活，追求诚实定价，产品毛利率20%—30%左右，降低毛利率用销售量撬动收入和利润。看似吃亏，因为诚实定价，福报和利润却很大。

所以，我认为“吃亏是福”也是在说效率的事。

吃亏是福，说的是价值观的事

先贤们留下的古训，人生三福：平安是福，健康是福，吃亏是福；人生三为：和为贵，善为本，诚为先。“福”是“果”，“吃亏”背后的“道”就是“德行”，是价值观。

我们要有吃亏是福的心态：若一个人处处不肯吃亏，则处处想占便宜，于是骄狂之心日盛，难免会侵害别人的利益，于是纷争四起，又怎能不吃亏呢？

“真材实料也是一种效率”“把可食用级的塑料戴在手腕上”“在看不见的地方下功夫”“选择一流供应商反而便宜”……这些吃亏的案例带来的都是小米及小米生态链企业惊人成长的福报。

同仁堂的百年古训：修合无人见，存心有天知。创业、投资，为人，处世，你吃过的亏、走过的路、踩过的坑、帮过的人、做过的梦，冥冥之中，都是未来的连线。

我坚信：吃亏有福。

4. 抱朴守拙：从低点开始没什么不好

最近朋友分享了一本书:《处世悬镜》。它是一本以传统观念教人如何为人处世的经典书籍。作者是大动乱的南北朝时期的傅昭。他的传奇经历与留下的处世“九字箴言”（识、行、止、藏、忍、信、曲、厚、舍）常常使后来者叹服不已。

识为先，行为上；藏者盛，舍者得；曲为聪，止为智，忍为要，厚者成；信者无敌。世事无常，先求退安而后致荣达。

有人评价说，这“九字箴言”每一字均意蕴深远，博大精深。如能修炼成其中十之二三，可保逢凶化吉、平安康泰；如能做到其中十之六七，可保心想事成、富贵荣华。

深以为然。

结合“抱朴守拙”的价值观探讨，说的角度不同，表达意思完全一致。

曾经，中国面临严峻的国内现实和国际环境时，邓小平战略性提出了“冷静观察，沉着应对，韬光养晦，善于守拙，不要当头”的时代韬略。

三国时的司马懿对付北伐的诸葛亮时，也是守拙，和长驱直入的蜀军死耗。诸葛亮远离蜀国，是异地作战，战线拉得长，军用物资不好保障，时间久了，军心也难以稳定。诸葛亮心急如火，就派人给司马懿送了一套女人的衣服羞辱他，激司马懿出战，司马懿知道诸葛亮是耗不起了，他就认定一个理：死守。结果，诸葛亮“出师未捷身先死”。司马懿看似没动刀枪，实际上他们是在斗心眼、拼心劲；他们的战法看似拙，实则上是大巧若拙；他们的战法看似愚，实际上是大智若愚。

文以拙进，道以拙成。做学问搞理论，要的是下笨功夫、苦功夫，要守拙；舞刀弄枪，打仗也要下笨功夫、苦功夫，有时候拙也胜于巧。

做最难的事，修匠心

日本冲绳，有位漆艺大师前田孝允，今年79岁，从事漆器制作已经超过58年，是日本的“人间国宝”。太太则师从于他。在摆满各种黑漆工具的操作台前，这对老夫妻有着说不完的话，一待就是一整天。从木胎到成品，前田需要耐心地反复上漆、涂刷，因为这样才能确保优良的形状和光泽。如果要带入“螺钿”技法，将冲绳的夜光贝镶嵌于漆器中，就更是复杂得多了。由于工艺耗时，客人又多，就算日本皇室前来订制时，也需要等待四五年才能得到成品。

前田和太太住在一栋80多岁的老房子里，养着一只慢悠悠的乌龟“儿子”。在自然简朴的家里，每天一起做着同样的两件事：通向马路的宅门上挂着一面写着“漆”字的布幔，朴素、自然，一如他的匠人身份；乌龟“儿子”每天被带出去散步，看够风景后，被前田太太捧在手心里高高兴兴地回家。

世上最难的事也是最容易的事。说难是因为对一件事持之以恒太难了；说容易是因为只要你愿意做，就能做到。抱朴守拙，做最难的事，从“工作就是修行”的角度看，其实是初心、匠心，进而禅心的进化。

联想到最近一直在通过项目尽职调查接触一个群体：工程师。以非著名的“西二旗码农”为代表，月入五万的西二旗人都活得像月薪五千，吃穿住行每个方面都遵循“反装×”定律。“工程师红利”时代的来临，让这个抱朴守拙的群体被激发出无尽的光和热。小米用工程师做投资，抢了好多出入国贸、陆家嘴精英的饭碗；“超级产品经理”式创始人快速进化迭代，让传统企业家群体焦虑重重；有产品思维优势，并拥有管理潜质的工程师们，目前在企业高管层面人才争夺中也特别抢手。

这些曾经被叫作“张江男”、“西二旗码农”的“弱势”群体，正是在逆境中不断决策进化，抱朴守拙，做最枯燥、最难的事。心怀梦想闯天涯的穷小子们，等到了智能生活、物联网创业的春天，小米谷仓学院以一套提高创业成功率的解决方案，输出价值观、方法论及孵化赋能，借助小米等优质的直接渠道，势起人成，真正实现事业和心灵的自由。

小米生态链选择智能硬件、智能家居这种最难、最苦逼的产品作为方向，很多人不理解，背后道理就是逆境决策，即“做最难的事，修匠心”，因为只有这样“小小米”才能成长起来。

做最笨的事，赚慢钱

历史上“笨”人不少。战国时期，赵国大将廉颇很会打仗，在长平之战，他坚壁清野，以逸待劳，与远道而来的秦军打消耗战。廉颇的战术就是不打，这也许是世界上最笨的战术。然而就是这最笨的战术，却让秦军进退两难，束手无策。而中了秦人反间计的赵王，用赵括接替廉颇，赵括自以为熟读兵法，富有军事才能，丢掉了廉颇的笨战法、拙战法，贸然率军出击，反而中了秦军的埋伏，全军覆没，自己也落了个被射杀身亡的下场。①

曾国藩一生打仗讲六个字，叫“结硬寨、打呆仗”，就是把军营扎得非常硬，打仗时要摆出一副坚若磐石的姿态。曾国藩带兵打仗有一个规矩，他到任何地方安营扎寨之后，不管当时是刮风、下雨，首先命令士兵们挖掘战壕。这壕要挖多深？大概两米，比一个人还要高。而且要筑墙，墙要筑到八尺高，墙外还要再挖一道沟，保证把这个营盘护住不失。曾国藩包围城池的时候用的也是这一招，动不动就挖几十里长的战壕。而且一

① 参考，渡尔玫：《守拙》，http://blog.sina.com.cn/s/blog_6289f99301011bog.html，2012年7月。

道不够，通常是六道，就像北京城一样，一环、二环、三环、四环、五环、六环。所以湘军简直就不像一支战斗部队，更像是一支工兵部队。一般打仗，讲究的是运动战，不争一城一池之得失。但湘军不是这样，就是一个城池一个城池往下打，这就导致行军速度特别慢，因为他们要挖沟、筑墙。这种打法显得特别笨，要不怎么叫“结硬寨、打呆仗”呢？左宗棠有的时候就说曾国藩用兵“每苦钝滞”，就是说他经常苦于迟钝和不灵活，明明有战机他不抓，就在那儿挖沟筑墙。曾国藩也有自己的道理：我承认我笨，我承认我不会用兵，但是我用这种方法也没有什么错误。把赢率建立在方法论基础上，而不是听天由命。

换个时空，先看看当下最热的小米及小米生态链。小米的价值观有一条：不赚快钱！

真“笨”啊！其实，不赚快钱不代表不赚钱，是换了种赚钱方式而已。极致性价比，口碑相传，销量撬动销售体量，而非原来的高毛利撬动销售体量。再看看，同样最热的区块链，特别是代币，本质只是区块链的一种要素，却成立被追逐的主流，面对巨额财富，谁能抗拒这种诱惑呢？其实，这种赚快钱的心态跟炒股票没有区别。炒股票这事最新的情况是：研发Alphagpod的Deepmind团队近期发布论文，公开其研发的人工智能交易系统在中国A股市场潜伏交易36个月，在经过不断自我学习自我进化后，最终净值亏损呈现不断扩大的趋势，且净值波动空间和换手率也呈现飙升趋势。该团队最终决定暂停该领域研究，将重新审视研究框架了。赚快钱是没有长期方法论指导的一种套利玩法而已，自嗨多了，伤身体。

种最好的因，结正果

抱朴守拙是一种态度，是一颗空杯的心，要求我们丢掉身份感、优越感、尊贵感。

抱朴守拙就是平和待人留余地，用平和的心态去对待人和事；

抱朴守拙就是懂得让步，低调做人，如玉君子，往往更容易获得帮助与合作。

抱朴守拙就是主动吃亏的风度：任何时候，情分不能践踏。主动吃亏，山不转水转，也许以后还有合作的机会，又走到一起。

顺应内心，修养品性，多为人着想，让自己拥有超脱欲望、淡泊名利的胸襟。

这就是抱朴守拙的因与果。

抱朴守拙，守正出奇

梁启超在《破坏主义》中写道："凡人之情，莫不恋旧，而此恋旧之性质，实阻阏进步之一大根源也。"这句话的意思是，人总是很容易沉湎于昔日的成功与辉煌中。而这种恋旧的满足心态，往往成为阻碍我们前进的根源。

本色守拙，同时保持进取心是一种极为难得的美德，它能驱使人去做未被吩咐但自己却应该做的事。胡巴特对"进取心"做了如下的说明："这个世界愿对一件事情赠予大奖，包括金钱与荣誉，那就是'进取心'。"有了进取心，我们才可以充分挖掘自己的潜能，实现人生的价值。真主都说："自愿行善者，必获更多的善报。"

没有进化，抱朴守拙也会变成一种偏执和愚蠢。一方面守拙，就是要守住自己的本色，老老实实做人，踏踏实实做事，不好高骛远也不妄自菲薄，抑制住躁动的心，每天进步一点点，日积月累必然大器晚（能）成；另一方面，无论是处世还是用兵，平时深藏锋芒，关键时果断出手，出手才能解决问题。真正的强者，总是喜欢藏锋守拙，待机而发，在别人面前表现出来的更多的是大智若愚、大巧若拙的一面。

这就是抱朴守拙，守正出奇。

光线传媒总裁刘同有一句话："我是把自己看得很低，但并不代表你就可以把我看得很低。"听起来极其嚣张的一句话，但是他确然有嚣张的资本，但当第二遍听的时候，就会感觉这句话中极富深意。

我们共勉。

5. 做自己的圣人和拯救自己的英雄

前几天，美国西南航空一架波音737客机发生重大险情，起飞不久，左侧发动机爆炸。机长塔米·舒尔茨（56岁女性）很好地操控了飞机，用一个发动机又飞40多分钟，成功迫降，把一场可能的惨烈空难降低到1死7伤的事故，创造了又一个美国英雄主义的“奇迹”。

为什么说“又一个”。因为大家更耳熟能详的是2016年上映过的汤姆·汉克斯领衔主演的《萨利机长》，这位曾经的“阿甘”把2009年全美航空1549号航班迫降事件机长萨利·萨伦伯格（58岁男性）的真实英雄事迹和英雄形象搬上了荧幕。萨利机长在发动机失效情况下，成功迫降在哈德逊河上，拯救了155名乘客和机组人员。电影中有个寓意强烈的镜头：在迫降事件结束很久之后，萨利机长站在酒店里面，看着外面灰蒙蒙的冬日，他在幻觉当中看到了自己当时驾驶的飞机，滑过一个区域坠毁了。汤姆·汉克斯饰演的萨利机长脸上没有什么明显的表情变化，一如他拯救飞机时的“钢铁般的神经”。

萨利和塔米正是美国个人英雄主义的真实演绎。

个人英雄主义背后的道理

分析美国的个人英雄主义情结、基因和文化，可以切分开来看：个人主义和英雄主义。个人主义是美国文化的重要部分，他们坚信个人的存在发展和自由舒展是最重要的核心；对于英雄主义来说，其根源是我们对于自身生存环境、人文理念的忧虑和恐惧，这是发自内心深处对于未知世界和生存危机的感应。而英雄总是具有我们所期望的所有好的品质，总能在最危险的关头给予最有力的支持和保护。“蜘蛛侠”“蝙蝠侠”就会来到我们身边，为保护我们而来。

个人英雄主义：这是美国人的一种价值观。这种价值观背后，为什么连“救飞机”这事都能从小概率事件变成了大概率事件？！在飞机发动机失效这种极小概率下，叠加机长救下飞机的极小概率，成就了美国机长“救飞机”的极高的成功概率。英雄，英雄，真心英雄！

万维钢老师作为美国科罗拉多大学物理系研究员，从他的视角写了篇文章《美国的中年人》，文章的结论让人反思：

……所以，美国是真没有“中年油腻”这个说法。美国的人口出生率大约是2.0，比中国大城市的人口出生率还高一点，但我的突出感受是，美国是一个由中年人运行的社会。这样的社会做事就是比较靠谱，老百姓情绪就比较理性。

他举了个例子：“有一次，我坐公共汽车，正好坐前排就跟司机聊了几句。司机问我是不是中国人，我说是啊。司机说，听说中国人抢走了很多美国的工作。结果，他刚说完这句话，还没等我回话，旁边一位中年女性马上就说：‘那是美国自己的原因’。”

萨利机长退役前是一位空军上尉，军旅生涯期间的过硬训练和情势反应判断铸就了他娴熟飞行技术的同时，还锻造了过硬的心理素质和临场反应能力。无论是在小飞机上获得的基本飞行知识，还是在空军驾驶喷气式战斗机所掌握的过硬技术，以及30年民航飞行生涯中对各种情况的研究、思考和训练，都为他在2009年1月15号这一天成功挽救155位乘员的生命打下了坚实的基础。

西南航空的塔米·舒尔茨，这位56岁的女性，曾经在空间服役多年，飞的是F/A-18战斗机，而在参军之前，她大学本科学的是生物学和综合农业。舒尔茨能做关键时刻镇定自若，也许是因为他经历过很多事情，她有不同领域的综合经验，她有能力处理复杂的问题。

美国有很多这样经验极其丰富的高水平中年人，而且他们都在第一线工作。他们不但能接受新事物，而且玩的比年轻人还好——他们本身就是新事物的创造者。他们是科学研究和各大企业技术研发的主力。（万维钢《美国的中年人》）这也许就是美国成就个人英雄主义背后的道理。

“人才银行”的中国势能

联想到中国的崛起，中国未来充满希望，但也不得不面对一个事实：相比而言，中国的现代化进程还比较……嫩。在美国，一个年轻人和一个中年人在一起讨论问题的时候，更多是看到年轻人向中年人请教。但在中国，更多的工作是由一帮敢想敢干的年轻人闯荡试错、破坏性实验，中年人的经验能提供的风控和指导出现了断层。

我个人认为，中国的新老企业家出现了认知和接力断层，背后的原因有三个：一是，中国的高房价确实扼杀了很多的创新和创业，变就意味着脱离舒适区，房奴戴着镣铐不敢跳舞，最优秀的一批中年人才还在观望；二是，互联网思维隔绝了两代企业家，传统制造业的互联网思维改造难度超乎想象，新生代企业家供应链整合能力还很稚嫩；三是“师徒制”的优势在目前的商业环境里显得跟不上节奏。

这就是我看到的，中国企业家稀缺，中国企业家精神稀缺背后的道理。

凡事皆有两面性。过去中国优秀企业家的稀缺，使得优秀企业成长更依赖于个人英雄主义的才华与势能；在40年改革开放的背景下，成长起来的优秀跨国企业高管、优秀国产独角兽的高管，连续创业者的批量产生，这些人才“复利”又成为中国可能在创新创业上弯道超车的宝贵财富。

按照小米谷仓学院“不择手段提高创业成功率”的目标，由运营基因的阿里离职人才库、产品基因的腾讯离职人才库、贸易基因的联想离职人才库等组成的“人才银行”模式，让“抢银行组团队”成为可能。几年后，有了足够样本数量的中国原创独角兽，我们的新经济企业家群体才真正壮大，中国才真正有了PK美国的基础、自信和力量。

圣人眼中皆是圣人

近期，我没有过多关注中美贸易战。通过硅谷的YC孵化器和小米谷仓生态链孵化器，我发现，人才战是更高纬的战争。最高维度的文化PK或融合，才是中美决战紫禁之巅的决定性要素：东方智慧与美国精神。

阳明先生说:“所以为圣者，在纯乎天理，而不在才力也。故虽凡人，而肯为学，使此心纯乎天理，则亦可为圣人。”这不正是文章开始提到的美国个人英雄主义背后的哲理吗，殊途同归。美国的普世价值观与东方智慧里的和合并没有冲突，而是在加速融合。连朝鲜和韩国都握手了，单边主义已经没有市场，闭关主义没有市场，机会主义没有市场，故步自封没有市场，只有加速进化、跨界整合的现实魔幻主义才有市场。……哈哈，你说得对。

阳明哲学提倡的“知行合一”，让日本明治维新后成为仅次于美国的第二强国；让我们个人“倾听自己内在的声音，有能力做一个统合的、发号施令的统领者”，成为自己的“圣人”。

安静下来，回归本我，摒除噪声，知行合一，做自己的圣人和拯救自己的英雄！

6. 远见与内敛：吃着碗里的，看着锅里的

远见以致激情、思考与先锋性

我不太喜欢三种人：装腔作势的人，装神弄鬼的人，还有以为真理就在他裤子口袋里的人。我觉得世界上所有的人没有哪个职业高人一等。我不就是写个小说吗？我的祖先是柳敬亭，脸上有麻子，是撂地摊的。我还特别不喜欢聪明人，聪明人就是特别爱占便宜的人。占便宜有两种：一种是物质的便宜，一种是精神的便宜。如果我比你聪明，你利用我情有可原；你比我聪明你还利用我这个笨人，情何以堪？

这个民族不缺人，不缺钱。全世界都知道中国人最有钱。我觉得这个说法是最欺负人的。

如果14个人有10块钱，另外2个人有9块钱，用我们国发院现代金融学的理论来衡量，到底谁有钱？我们的马路头一年修，第二年要拉开看一看；我们的大桥，寿命不会超过30年；一下雨，我们的城市就淹了。缺什么？我们这个民族缺远见。远见，对于这个民族，如大旱之望云霓，如雾霾之望大风。①

确实如此，世界上成功的人，80%走的都是近路和投机的路。联想到前段时间的安邦、宝能系开启疯狂买买买，把为稳健而生的保险行业变成了“麻烦的制造者”和“野蛮人”。国家表态绝不能让保险机构成为众皆

---

① 参考引用，刘震云：《刘震云：有远见的人走的一定是笨路》，http://www.sohu.com/a/231316409_100114735，2018年5月。

侧目的野蛮人，也不能让保险资金成为资本市场的“泥石流”。眼看他起高楼，眼看他宴宾客，眼看他楼塌了。为什么？因为他走的是近路，他太聪明了。这种野蛮行为传导的价值观是什么？钱是万能的，实业只能为资本打工和被利用。假设建立了这种资本生态，这种嗜血的资本用其贪婪教唆三观不正的企业家投机取巧、拔苗助长，从二级市场割韭菜，到一级市场割韭菜，割完留下一地鸡毛，资本空转实现短期套利，然后资本外逃，最终谁得益，谁收场？这个民族需要目光特别长远的人，有远见的人。我们与被投企业创始人沟通，听其言观其行。你的愿景是什么，同时你的使命是什么？我们也许会追根溯源，你背后的动机是什么：你小时候的梦想，还是你为了弥补你心里永远的痛？去形成一个逻辑链，看你的梦想有多大，同时，主要看你为了这个梦想是否愿意Allin。毕竟，眼高手低的人是大多数，愿景模糊的人是大多数，甚至价值观摇摆的人都是大多数。这个不怕，怕的是不自知，不行动。我们对标优秀的企业家、创业者，“远见”让其保持激情、思考与先锋性。正如北大人以思考民族的未来为使命，以民族灯塔为愿景，创业百年，始终保持新思想、新文化先驱者的先锋性。

刘震云老师提到，北大是什么人？一代一代的北大人认为，这是新文化运动的中心，

是“五四”运动的策源地，是德先生和赛先生的产生地。不但北大人这么认为，全世界的人也这么认为。这里产生了严复、蔡元培、李大钊、陈独秀、胡适和鲁迅。蔡先生办学方针是“思想自由，兼容并包”。这些人虽然所处的时代不同，高矮胖瘦不同，但有一点是相同的，他们是民族的先驱者。什么是先驱者？当几万万同胞生活在当下时，他们在思考民族的未来。为了自己的理想、不切实际的理想献出自己宝贵的生命。黑暗中没有火炬，我只有燃烧了我自己。我以我血荐轩辕。

为什么人类需要知识分子？他除了要考虑这个民族的过去、当下，最重要的是未来。每一个知识分子的眼睛应该像一盏探照灯，更多的知识分子像更多的探照灯聚焦一样，照亮我们民族的未来。如果这些探照灯全部都熄灭了，这个民族的前方是黑暗的。用孙中山先生的话说，这个民族会跌入万劫不复的深渊。

回到企业层面，有远见的思维，本质是就是一种“降维打击”思维。维度不一样，势能不一样。长远布局和短期的利益是可以取舍的，形成的打击势能会是一种竞争力，让竞争对手摸不着头脑。现在的企业比华为创立的时代多了两个“核武器”：一是互联网，二是资本。这两个因素助力加速下，创业跑出先锋势能。[①] 你以为遇上了不按逻辑出牌的对手，其实是白天不懂夜的黑啊。

再看看资本层面。野蛮套利的短视思维一定是锱铢必较，也许会因小失大，也许会互相挖坑，更像是互相博弈的房东与租客，是甲乙方关系，看谁谈判能力强；长情相伴的价值投资，企业方和资本方变成了买房过日子的两口子，为了以后更好的日子，“吃着碗里的，看着锅里的”，一起筹划过日子，都是自家的事，心是在一起的。

所以，远见是种价值观，带来激情、思考与先锋势能！

精神内敛，宁静致远

刘震云说，有远见的人一定走的是笨路。“上善若水”，水虽柔，但能

① 洪华：《小米生态链战地笔记》，中信出版社，2017 年 4 月。

包容万物。“夫唯不争，故无尤”。[①]随和内敛的人就像水，看上去柔软，却隐藏着无穷的力量。这样的人说话做事给别人留余地；这样的人能守住口，保持低调谦虚之心，不刻意炫耀；这样的人做人做事随和，不钻牛角尖，别人才会对你有好印象，有好印象自然有好人缘，人缘一好，路就宽了。

南怀瑾大师说，看花要将花的精神收到自己的眼神中来，看山水，要将山水的精神放入自己的眼神中来，不要把自己的精神放在山水上，这叫精神内敛。

“生而不有，为而不恃，功成而不居”。内敛，会让你成为一个从容、大气的人。用小米创始人雷军的话：朋友搞的多多的，敌人搞的少少的。我们共勉。

反过来，“持而盈之，不如其已；揣而锐之，不可长保”。锋芒太盛的人往往在言行上不注意，很容易伤害他人，而这种伤害也是一种树敌。三国时杨修锋芒太过，“一人一口酥”的小聪明让他招风树敌，最终被曹操干掉的故事大家都在课本上读到过。

另一个经典人物，光武帝刘秀如果活在现代，让他用一句话评价自己，估计他会说：“我只想当一个安静的美男子。”刘秀的处世之道也是这样，用他自己话来说，那就是“用柔”。

刘秀与他的哥哥刘縯，两人的性格一刚一柔。刘縯侠肝义胆，霸气侧漏；刘秀低调内敛，绵里藏针。但正是因为刘縯的锋芒毕露，功高震主，反遭盟友杀害。刘秀听到这个消息以后，跑到杀兄仇人面前，痛诉刘縯的缺点，但回到家中之后却抱着哥哥的牌位失声痛哭。匹夫见辱，拔剑而

① 老子：《道德经》，中华书局出版社，2013年。

起。君子报仇，十年不晚。刘秀以他的隐忍，换得了发展壮大的机会，最终成就一番伟业，还哥哥一个公道。还有一故事，也是刘秀用柔的最好证明：刘秀消灭王朗后，在他“微信朋友圈”里发现了自己部下通敌的秘密信息。所有人都建议把这些内容公布于众，刘秀却果断清除了“聊天记录的截图”，安稳了军心。熟读《三国》的同学会发现，这不是曹操官渡之战用的把戏吗？没错，但曹操不是原创，刘秀才是这项专利的发明者。“刚”能激发斗志，“柔”能化解缺点。刘秀就是用这种方法，以柔创业，以柔治国，开创了一个风化最美、儒学最盛的时代。

张方老师总结说：刘秀经历了传奇而又踏实，激烈而又温柔的一生，他的出现波澜不惊，却能以柔克刚。可能正是因为刘秀的低调内敛，使他的历史功绩与知名度不成正比。但这未必就是坏事，在这个喧嚣的世界中能保持一份恬静实属难得，我们不要打扰他，就给这位安静的美男子，在时空中留下一个宁静的空间吧。①

好的。静以修身，俭以养德，远见致先锋。

水，泽被万物，流向远方，成就汪洋大海，这大概是“上善若水”其中一层的智慧吧。

① 参考，记忆中的大槐树：《历史上的皇帝》，http://baijiahao.baidu.com/s?id=1601320312009031575&wfr=spider&for=pc，2018 年 4 月。

7. 工作即修行，现场有神灵：做一只跨界的狐狸

“工作即修行”，这类主题的文章被称为鸡汤文，被很多人嫌弃的原因，我想想可能有几种心态：一种认为这是老板给自己灌的鸡汤，持有这种观点的一定是打工心态，我挣得辛苦钱，别给我整虚的；一种认为这是激素，只是让自己兴奋起来的口号，持有这种观点的一定是只想要“修”的果，但不想种果的“因”，简单说，就是懒呗，懒得动还地命海心，只能呵呵了；还有一种认为，工作无法修行，修行要闭关，要出世，工作要入世，这是矛盾的。持有这种观点和心态的人，我分析下来，很有可能在做一份三观不正或者价值观摇摆的事业。同时，即使如此，有位僧迦摩比丘，曾经七返去降伏魔道，方成就道果，被称为“七返作道”（允许七次还俗，七次出家修道）。说人话，修行是过程，有修的心，就会种修的因，即使是个有三观瑕疵的工作，在修行中反省与校正，苦难和肮脏反而可能造就圣贤大德。这么说下来，工作和修行是矛盾吗?

我一直谨记混沌大学李善友老师的一句话：凡事背后皆有道理。只有搞清楚“工作即修行”这句话背后的道理，工作才可能成为最好的修行。

从“致良知”而“事上练”

中国历史上达到“立德、立功、立言”三不朽标准的只有两个半人：孔子、王阳明，曾国藩算半个。在明朝时，王阳明已经是绝对的网红。据说有个官员十分崇拜阳明先生“心学”哲学，但说很遗憾不能跟随修行。王阳明的回答很干脆：“我什么时候让你放弃工作去修行了？”

“心学不是悬空的，只有把它和实践相结合，才是它最好的归宿。我常说去事上磨炼就是因此。你要断案，就从断案这件事上学习心学。

例如，当你判案时，要有一颗无善无恶的心，不能因为对方的无礼而恼怒；不能因为对方言语委婉而高兴；不能因为厌恶对方的请托而存心整治他；不能因为同情对方的哀求而屈意宽容他；不能因为自己的事务烦冗而随意草率结案；如果抛开事务去修行，反而处处落空，得不到心学的真谛。”①

从“致良知”而“事上练”。这就是修行的真功夫。

“致良知”的“知”与“事上练”的“行”的和合，就是广为熟知的阳明哲学的“知行合一”。

互联网讲的“迭代与进化”就是那个基于正确价值观这个“良知”的“真知”;“撸起袖子加油干”“实干兴邦，空谈误国”就是那个事上磨炼的“践行”。

知为行之始，行为知之成。两者互为促进，在进化成长中实现修行与心灵自由。这也许就是“工作即修行”的第一层含义。

工作中“知行合一”的方法论是什么？认知层面，我想到了，跨界融合；践行层面，我觉得是去现场。

做一只跨界的狐狸，越跨界越精彩

公元前七世纪时，希腊诗人阿尔奇洛克斯曾这样描述两种小动物:“狐狸知道很多的事，刺猬则只知道一件大事。”当刺猬受到威胁时，它永远

① 听贤小馆：《工作才是最好的修行》，https://www.jianshu.com/p/2699658258de，2016年9月。

只会以一种方法来对应：卷成一个球。而狐狸受到威胁时表现得非常灵活，它想到一个聪明的办法，能灵活巧妙地去应对这件事情。后来，人们把这两种形象指代两种类型的人：刺猬是专家型人才，坚持一种普遍原则解决所有难题；而狐狸像个通才，追求跨界思维和多元知识，无论这些知识是矛盾的还是连接的。

在耶鲁大学的开学演讲上，耶鲁大学校长彼得·沙洛维向新生们分享了这个故事，并说道："我建议，大家应该多效仿狐狸，多学习不同人的思想、多考虑不同人的观点。"作为一名心理学家，沙洛维还引用了宾夕法尼亚大学的菲利普·泰特洛克教授的研究来说明，像狐狸一样学会思考有哪些好处。

泰特洛克曾研究过刺猬和狐狸两类人才的预测未来的能力。结果发现，那些训练有素且高薪酬的刺猬型专家并不比普通人更能准确地预测，因为他们往往过于固执，对自己原有的理论过于自信，不屑于了解与过去观点相悖的新信息。而那些对知识保持怀疑态度，更愿意学习多元的新知识、会批判性思考且思维灵活的思想家们，却能更准确地预测未来。也就是说，在这个纷繁复杂的时代，懂得跨界思维的狐狸是最好的预言家。①

我有个越来越清晰并被反复验证的观点：跨界有惊喜，越跨界越有价值。

大约一千年前，巴格达地区的三兄弟发明了"自己演奏的乐器"，音箱根据转筒柱上刻画的突起，在转动时敲击不同的琴弦构成音乐，从而演奏不同的曲目，想要换音乐，只要换一个转筒柱就可以了，这被认为是第一次实现软件和硬件的分离，是最早的可编程设备。后来人们应用跨界思

① 参考引用，湛庐文化：《在复杂的世界，如何成为跨界高手？》，http://www.sohu.com/a/229751790_166112，2018 年 4 月。

维，把这一想法应用在图案纺织、计算机等领域，创造出了更多颠覆性的发明。

Shaka总结说，跨界思维是一种高效的学习方式，它从一门学科中借用一种工具解决另一门学科中的问题，让人们能低成本高效率地诞生出伟大的创意。在生物学这个巨大的知识宝库中，就诞生出了仿生学这门学科，飞机、雷达、荧光灯等伟大的发明都是应用了跨界思维，用生物学视野帮助人们极大地拓展了思考的维度。

高度认可。

跨界思维实现迭代、进化与个人成长，“中年不油腻，90不佛系”，这种机会不正是来自工作的场景吗?

答案在现场，现场有神灵

古希腊神话中，安泰俄斯是大地女神盖亚和海神波塞冬的儿子，力大无穷，无人能敌，但只要他离开大地，神力倾间消失，不堪一击。

企业家都是苦行僧。

作为企业经营者，无论多么高明的战略，多么雄厚的资金，多么精良的设备，多么强大的产品，多么完美的网络，多么周密的制度……如果离开现场，这一切很快就会幻化成天上的云。一个企业家，只要他能牢牢把握现场，他的力量就会源源不断，不可战胜。稻盛和夫坦言，京瓷的成功源于共享高层次的经营哲学与阿米巴经营实学，而让哲学实学在企业发挥威武的，恰恰是现场管理。

对于我们投资人来讲，现场尽职调查，现场访谈，现场直觉，玄妙而又关键。我们团队过去十年实现了23个PE项目，7个实现IPO的佳绩，唯一一个失败案例，恰恰是投决委员没有亲自到现场，这成就了我们对于

“答案在现场，现场有神灵”的痛彻感悟。

“答案在现场，现场有神灵”，我们特别关注小米“超级产品经理”的知行合一——实践和小米谷仓“漏斗式孵化”实现一对一辅导，谨防空对空，靠现场，靠接地气的真金白银打出来的实战干货，不择手段提高创业成功率。小米和小米生态链超常规发展背后的道理，答案就在现场。

人创造力的衰减，精神世界的式微，是由于远离了大自然这个现场。延展开来，这个现场，可指工作现场，可指大自然，可指尘世间。

现场有神灵，我心即我佛；进而，工作即修行。

工作即修行

我们来到世间，并没有一个固定的标准去为自己的人生做盖棺定论。但是，人们都有一颗向上、向好的心驱动自己不断努力，完善自我，圆满人生。这就是修行的基础。如果人有且只能有一个身份，应该就是“修行者”。修行并没有一点神秘，就在我们的生活和工作中。

六祖慧能大师说：“佛法在世间，不离世间觉，离世觅菩提，恰如求兔角”，就是这个道理。很多人推崇这样一种态度：“以出世之心，行入世之事”，都是这个意思。[①]

“工作即修行”成就“禅定”与“智慧”。真正的定，不是坐着不动，也不是一念不生，而是一心不乱，即古德所谓“吃饭时吃饭，砍柴时砍柴，睡觉时睡觉”。这就是制心一处，是专注，是效率。“行住坐卧，无不是禅”，放在工作上亦然。

---

① 参考，听贤小馆：《工作才是最好的修行》，https://www.jianshu.com/p/2699658258de，2016 年 9 月。

从王阳明到稻盛和夫，历来诸多建立事功的大家都主张并躬身实践“工作即修行”。用一位曾经打造了3家世界500强企业的这位智者的话做结尾吧，献给你我的劳动节假期！

稻盛和夫说，工作中修行，是锻炼灵魂、提高心性、培养人格最重要、最有效的方法。我们用心去工作，就是用工作来磨炼我们的心，提升我们灵魂的层次，光明我们的良知。

8. 迭代进化，复利人生

2017年3月5日，最最普通的一天，发生了很多习以为常的事件，联系起来，这却是很有意义的一天。

这一天是第54个学雷锋日，人人为我，我为人人，体现了富强、民主、文明、和谐的国家气象；这一天在第十二届全国人民代表大会第五次会议上，国务院总理李克强代表国务院向大会报告政府工作，体现了自由、平等、公正、法治的政府治国理念；同样在这一天，猎豹移动创始人傅盛在其公众号“傅盛”上推出一篇重磅文章《傅盛认知三部曲之一：所谓成长就是认知升级》，分析企业成长背后的道理，寻找共享共赢的逻辑基础，体现了爱国、敬业、诚信、友善的商业理念。

2017年10月18日，十九大在北京召开，提出“倡导富强、民主、文明、和谐，倡导自由、平等、公正、法治，倡导爱国、敬业、诚信、友善，积极培育和践行社会主义核心价值观”。

看似没有关联的两个日子，就像量子纠缠，隔空呼应着“核心价值观”的心念。

认知其实是一种价值观？！

作为投资机构，我们更关注科技和商业世界的进化。就从傅盛的文章探讨认知与价值观的话题。

傅盛经典地总结了一个人认知的四种状态：“不知道自己不知道”，“知道自己不知道”，“知道自己知道”和“不知道自己知道”，也是人的四种境界。简单翻译为：不知道自己不知道——以为自己什么都知道，自以为是的认知状态；知道自己不知道——有敬畏之心，开始空杯心态，准备丰富自己的认知；知道自己知道——抓住了事情的规律，提升了自己的认知；不知道自己知道——永远保持空杯心态，认知的最高境界。

傅盛说，现在我终于意识到，人和人根本的区别就在于这四种状态。认知，几乎是人和人之间唯一的本质差别。①

所谓成长，并不来自所谓的位高权重，不来自所谓的财富积累，也不来自你掌握的某一个单项技能。比如史玉柱，最惨时欠了一屁股债，什么都没有；靠一个脑白金，重新崛起。因为他在整个营销上的认知水平，领先了一个时代。即便失去所有财富，甚至所有队伍，就凭他对营销的理解，也是那个时代无人可望其项背的。只要他活着，随时可翻身。绝境当中，他真正拥有的核心武器，根本不是资源，而是认知。

在这样的逻辑下，认知就是一种价值观。

想象两个场景：一种企业家，天天忙于应酬，积累资源，员工疲于应对，疏于精细化管理。人忙人，最后员工认知没有提高，原地打转，老板在“朋友圈”里陶醉，却与自己无益，道理都懂了，还是管不好这个企业，过不好这一生；另一种企业家，与员工共同提升认知，快速迭代进化，超级产品经理心态做企业、做产品，员工成长，企业发展，社会受益。从这个角度来看，认知不是一种价值观吗?

---

① 引用参考，傅盛：《认知三部曲》，http://36kr.com/p/5065824.html，2017 年 3 月。

企业竞争，进化！进化！唯有进化

我在前文《递弱代偿：不要做那只“独角兽”》提到：从25亿年前混沌初开的古元古界到2.05亿年前我们所熟知的侏罗纪，沿着达尔文进化论所描述的生态的演化路径，整个世界清晰了起来。我惊讶于一头身高8米，身形硕大的曾生活于中国北方的巨犀在早中新世轰然灭绝；又惊喜于大熊猫作为“活化石”超强的适应生存能力，却又卖萌般地存在，堪称生物界的洪七公，贪吃随性，武功盖世。达尔文的进化论相比于牛顿的机械决定论，最大的进化是其把生态的进化路径描绘成了一张拥有各种可能性的思维导图，就如追溯智人进化到现代人类，这个过程幸运又带有一些必然的因素。所以，达尔文仿佛找到了这个确定性世界中的不确定，又在看似混沌的地球生态中找到了进化论的方法论……“超级新物种”作为一种新经济，欣欣向荣，我们要为之鼓与呼。理性地思考时，要看到硬币的另一面。你知道独角兽在某个时代是爱情的象征吧。每只独角兽头上都只长了一只角，与此类似的，一生之中它们也只会爱一个对象。一只独角兽不仅可能会与另一只独角兽相爱，有时它们甚至会爱上别的生物，比如一匹白马、一个人或者一只鹿。一只独角兽爱慕的对象无论是死去或者根本就不愿意理睬它，独角兽都不会改变它们唯一的爱。独角兽的认知障碍决定了这个种群的未来。

于是，迭代与进化，就是认知升级的方法论。

那什么是进化呢？就是一种生物如果想要存活，就必须不断地进化自身。你为了生存下去，就要变成一个不是自己的自己。有时为了进化，你不得不挺身而出接受发生在自己身上的一切改变。独角兽灭亡了，因为这群家伙骄傲又固执地拒绝了进化。

总结一下，独角兽不迭代进化实现认知升级就会是恐龙的下场。2年时间成长起来的抖音，让快手恐惧；1年时间急速成长起来的拼多多，让电商行业如临大敌。生物界的故事会在商业世界不断重演！都是因为进化论。

股权投资，进化，进化，唯有进化

回到我们的股权投资领域，一篇被疯狂转载的文章《独角兽的狂欢，本质是股权投资行业的自杀》招来很多嘘声，也引发一些共鸣。标题党的套路被嘘，“股权投资的债权化，是全行业堕落的表现，也是在自取灭亡”一句话就像皇帝的新装，让投机套利的行业惯性一下子裸体在阳光下。什么才是投资独角兽的正确姿势？我们反思并总结目前在实践的“生态型投资”，庆幸欣慰的同时，也感到了小小的使命。我们在生态型独角兽里优选未来的独角兽，按图索骥，孵化和赋能。生态链企业获得了生态型独角兽企业价值观、方法论的辅导，在成长初期，获得了营养和庇护，经过1—2年的刻意练习，让企业快速成长为一个中型的成熟企业，跨过初生的危险期。有了独角兽师傅们的传习，这些生态链企业加入到市场的汪洋大海，海阔凭鱼跃，有机会成为独角兽，超级独角兽，甚至蓝鲸。回望我们做生态型投资的初心，我们曾经的认知是：这是个机械论决定的确定性世界，我们只需要计算和祈祷就可以实现投资的成功；直到总结复盘中我们的认知升级：这是个进化论主导的不确定世界，动态进化中才能看到真实的世界，才不会被时代抛弃。正如马化腾刚刚在IT峰会上的金句“进化力其实是一个组织的终极竞争力”。投资机构作为最敏感的经济系统神经末梢，必须用进化获得核心竞争力。我们要找到那个打开大门的密钥：变与不变。基于这样的认知，我们向最高级的军事理论《孙子兵法》

问道，对比复盘我们在尽职调查和投管的企业，发现求胜五计“道、天、地、将、法”（道：价值观；天：趋势；地：市场；将：团队；法：运营的一套方法论）已经内化为一批企业的基因，这些企业让人有似曾相识的感觉，追踪溯源，我们发现了其背后的生态链系统。芝麻开门后，我们梳理了盒马生态链、小米生态链、京东众创生态链等生态系统的价值观、方法论和执行力，总结了生态链企业效率背后的所以然，通过与小米谷仓漏斗式孵化的战略协同，结合我们所投生态链企业的实践，希望回归到商业本质，知行合一，实现生态链企投势起人成。这就是我们的进化。接下来，小米谷仓学院将在产品经理课上同步培训我们的投资经理，让我们变成“研究员+投资经理+产品经理”的复合型投资人，未来我们携手一起进化吧！

人的一生都在为认知买单。企业竞争如此：迭代进化、认知升级保障快速反应、精准决策，不变应万变，实现可持续发展；股权投资亦如此：迭代进化、认知升级保障快速反应、精准决策，不变应万变，实现可持续发展！这背后的逻辑又回到了商业竞争的本质：效率。人的一生都在为自己的效率买单，如何在80年左右有限的时间里实现生命复利？用做百年的老店的心态，自我认知革命吧！

9. 道德沦丧是经济下滑的主要原因

“敬天爱人”，开宗明义，出自明治维新三杰西乡隆盛的《西乡南洲翁遗训》，“天”就是道理，合乎道理即为“敬天”；而人都是自己的同胞，以仁慈之心关爱众人就是“爱人”。做人应该做的正确的事情，把员工放在首位，这就是稻盛先生对“敬天爱人”的诠释。稻盛先生相信，所谓经营只能是经营者人格的投影。因此，只要具备做人的正确的判断基准，就一定能在经营实践中有效发挥它的作用。不论在企业经营方面还是在人生中，只要心怀纯粹的愿望并不懈努力，就一定能迎来美好的未来。①

傲慢与偏见，价值观共鸣的痛点

我想从《傲慢与偏见》这本书说开去，简单情节就是主人公伊丽莎白和达西最初受门第世俗影响，相爱相杀，到最后彼此理解，一路扶持，终成眷属。这部经典名著通过主人翁的对白，各色配角命运的描写，那些家长里短的对话，甚至一些点睛的讽刺他人价值观的语言，描述的正是那个时代的英国乡绅最纯粹的生活，也是他们价值观最赤裸裸地展示，无论那上面披了多么华丽的外衣。这些价值观很现实，也很真实，与现状类似，因为这些都是人性里本质的需求，比如：母亲都希望女儿们能嫁个好老公，衣食无忧（如班纳特太太）；女孩子们都容易被小白脸欺骗（如伊丽莎白那个与人私奔的妹妹）；你会在意结婚对象到底有钱没钱（如伊

① 百度百科：《稻盛和夫》，https://baike.baidu.com/item/%E7%A8%BB%E7%9B%9B%E5%92%8C%E5%A4%AB/502?fr=aladdin，2018 年 2 月。

丽莎白的好友，牧师柯林斯太太）；即使你婚前不会在意“是在宝马中哭还是在自行车上笑的问题”，婚后你也无法回避（同上人物）；一个人在你面前展示的未必就是他（她）性格的全部，换言之，人是会变的（如达西先生和伊丽莎白）；什么是好的爱情，什么是瞎胡闹（如伊丽莎白与几个妹妹的对比）；女性要有趣要坚强，更重要的是，要自尊自爱（如伊丽莎白），[①] 伟大的作品一定是价值观的伟大：普适的智慧，济世的情怀！《傲慢与偏见》想表达的也许是，能找到同一阶层又灵魂相契的伴侣是一种大幸，背后本质是价值观的碰撞与纠偏，最终要实现同频与共鸣的圆满事业人生。

敬天爱人是最好的救赎

“傲慢与偏见”就像阳明先生说的心上蒙尘，我们可以从大历史观，掸尘静心，追根溯源，打磨和还原出价值观原来的样子。纵观文艺复兴以来的几百年的时光，哥伦布发现了新大陆，达伽马征服了亚细亚，佩里炮轰开了日本国门，全世界在欲望的武力下被整合到了一起，当太阳从地球的一端升起的时候，哪里不是不列颠帝国的版图？当太阳从西方落下的时候，哪里不是美利坚合众国的战场？当瓦特改良蒸汽机的时候，他绝不会料到蒸汽战舰成了殖民者征服世界的利刃；当戴姆勒发明内燃机的时候，他绝不会想到内燃机坦克成了希特勒横扫欧洲的战具；当费米设计出原子能的时候，他更不会知道原子弹价格成为两极冷战的恐吓全球的力量。当人类在土地面前刨食在自然面前求生的时候，敬畏自然是我们的本能，一

---

① 参考，yokoyoko：《为什么〈傲慢与偏见〉是经典》，https://www.zhihu.com/question/46266991/answer/100729014，2018 年 6 月。

旦破坏规律毁灭就会随之而来。

但是工业化之后，随着科学的发展人类仿佛拥有了征服一切的信心，因为科技拓展了我们的双手，技术增强了我们的力量，当我们沉溺于对科学崇拜的时候，欲望遮蔽了我们的双眼，人类忘却了对于自然该有的谦逊，更忘去了对于上苍该有敬畏，也许沉迷于现代科技无与匹敌力量的时候我们还意识不到，雾霾已经在我们的身边深沉的降临了，厄尔尼诺与拉尼娜更是接踵而至，大自然用一次又一次的地震、海啸、飓风像人类宣泄着自己的不满，但是人总是健忘的，灾难前脚过去，我们后脚就又陷入了傲慢。正如稻盛和夫先生在书中所说的："不管是帝王将相还是实业家，不管取得过怎样的丰功伟绩，一旦失却谦虚，傲慢起来，那就必然灭亡。但问题是，现在的人类不约而同地一齐傲慢起来。"是的，资本主义的兴起，让原先田园牧歌式的生活一去不复返了，人类告别了农耕文明进入了一往无前的工业文明，在大规模工业机械化生产面前，上苍对于人类生存的影响貌似减弱了，人们的欲望开始无限的扩张，而与资本主义相适应的"进步史观"更是适时出现，它披着达尔文进化论的外衣，认为资本主义的发展，建立富裕而又便利的国家不再是梦想，诚然，我们的生活越来越便利，我们的家庭越来越富足，但是我们的欲望又何时被填足过？越来越多的人变成了欲望的奴隶，被欲望鞭策着向着一个又一个的目标前进，经济增长由原来的客观描述变成了本身目的，既然经济增长都成了所有人的目标与价值观，那么牺牲伦理也不再被某些人在意，在这个笑贫不笑娼的时代，我们看到了扭曲如炼狱的华尔街，我们看到了被一切证券化的资产，没有什么不能打包出售的，所以2008年"次贷危机"就此爆发。也许多倍杠杆的金融机构可以破产，但缺乏伦理的金融学却已经贯穿了我们金融界的每一个角落，究其根源就是没有一个金融家能把自己的傲慢收起，将自己的谦逊展现出来。

在现在的社会，美国式的生活方式已经成为世界每个新兴经济体的追求；在中国，每一个中国人何尝不想象自己能够像美国一样有着自己的别墅，自己的汽车，闲时可以去夏威夷度假，去佛罗里达享受冬日的温暖。这种生活方式意味的是全世界最高的能源消耗，最大的资源浪费。那我们的追求该是什么？我们在看到美国的灯红酒绿，满目繁华，车水马龙，高楼林立的时候，看不到的却是阶层的固化，社会流动的滞后，美国政坛你方唱罢我登场的不过是少数的家族，庞大的贫困阶层在为了每天的衣食住行奔波，只有在占领华尔街的那些许运动中才能看到他们少许的面容。如同稻盛和夫先生所说的“如今美国的实力已达极限”。至今为止，支撑美国超级大国地位的，表面上是“自由”和“民主主义”，实际上是“世界第一的军事实力”和“世界第一的经济实力”，美国正从制造业抽手，开发了现代金融学这类有缺陷的学问，专门用它来赚钱，可以说，这是资本主义的末期现象。

当我们的大多数的高校毕业生都义无反顾地放弃自我所学的理工科专业奔向金融经济的大潮的时候，不该有点自我的反思吗？当中国经济陷入不可避免增速下降的新常态的时候，金融的一枝独秀该不该引起我们的重视？正如几百年前的王阳明所说的“破山中贼易，破心中贼难”，正如现今稻盛和夫先生所说的“心的管理”才是一切的根源。

世界经济的发展模式不是唯一的，我们不谈什么拯救人类的大道，每个人从自我做起，拯救自己的心，让我们心存良知，此心光明，敬畏自然就是最好的救赎。

（以上整段文字引用自知乎：江瀚从文明角度对“敬天爱人的理解”：敬畏自然是最好的救赎；修己达人是与自己的和解；敬天爱人是与世界的和解，由此实现了阳明先生讲的“心即理”，因和解而致良知，进而知行合一，吾心光明。这段文字评论太经典，太深刻，字字珠玑，一字未删，大段引用，原汁原味，致敬江瀚同学的认知高度！）

敬天爱人：敬畏之心，感恩之心，利他之心的价值观与方法论

所谓“敬天”，就是按事物的本性做事。这里的“天”是指客观规律，也就是事物的本性。稻盛和夫先生坚持以将正确的事情用正确的方式贯彻到底为准则，提出了十二条经营原则，即：① 明确事业的目的与意义，② 设立具体目标，③ 胸中怀有强烈愿望，④ 付出不逊于任何人的努力，⑤ 追求销售最大化和经费最小化，⑥ 定价为经营之本，⑦ 经营取决于坚强的意志，⑧ 燃起斗志，⑨ 拿出勇气做事，⑩ 不断从事创造性的工作，⑪ 要以关怀坦诚之心待人，⑫ 始终抱有乐观、向上的心态，抱有梦想和希望，以诚挚之心处世。这十二条都是事物的本性要求，按这些本性要求去做事，则无往而不胜。

所谓“爱人”，就是按人的本性做人。这里的“爱人”就是“利他”，“利他”是做人的基本出发点，利他者自利。要从“自我本位”转向“他人本位”，以“他人”为主体，自己是服务于他人，辅助于他人的。对于企业来说就是“利他经营”，这个“他”是指客户。广义的客户包括顾客、员工、社会和利益相关者。要从“企业本位”转向“客户本位”，全心全意为客户服务。当然首先要为顾客服务，一切从顾客的角度考虑问题，满足顾客的要求。只要为客户创造了价值，企业也就可以从中分享价值。①

---

① 参考360百科，《稻盛和夫思想》：xinxixue6, https://wenku.baidu.com/view/e1ee1bb143323968011c929c.html，2015年9月。

敬天爱人包含有敬畏之心，感恩之心，利他之心！

用心感受一下现在的社会现实吧，我们从来没有如此这般互相提防、人人自危，几乎人人都被束缚了手脚。于是社会运作的效率越来越低。与其说我们遇到了几十年一遇的经济危机，还不如说我们遇到了千年难逢的人性危机——信任危机。

我们之前的经济发展方式太野蛮和粗放了，都是以牺牲“诚信”为代价的，正是因为人与人之间不受契约精神的束缚，于是我们的经济像一匹脱缰的马，拼命狂奔，而一旦度过了兴奋期，就会迅速疲软。①

我们目前最迫切的不是如何保持经济的增长率，而是如何构建社会的诚信体系，只要使人与人之间建立起基本的“信任”关系，信任是一个社会结构的基石，它是社会运作的效率提高的根本保证。

敬天爱人，将是这个世界价值观同频的必然选择；敬天爱人，即是价值观也是方法论。

好人们赚钱的时代已经来临

中国下一个红利是“信任”。一旦中国建立一个强大的信任体系，这就意味着社会有了一个公共、公平、合理的游戏规则，人人都在遵守这个规则的前提下去创新和竞争。一旦人人遵守规则、互相信任，那么道德自然就会兴起！这才是中国复兴应该走的道路。回到企业层面，敬天爱人的同频共振，一定有不一样的效率，不一样的效益。有句话，人在一起叫聚会，心在一起叫团队。好心在一起干的就是正能量的好事业！记得谷仓学

① 参考，Pefa：《消费升级到底是升级什么？》，https://www.zhihu.com/question/54210045/answer/138373986，2016 年 12 月。

院CEO洪华博士打趣说要做“创业黑帮”，用“生态链战地笔记”的道理“敬天”，让创业循道而行；用“极致性价比”等方法论实现“爱人”。好人，好心，好事业！资本市场，浮夸、虚荣、伪善、焦虑、油腻等资本幻象和乱象始终都存在，硅谷天堂一直以来“包容、和谐、快乐”的企业文化成就团队之间彼此的尊重、默契的合作、心灵的成长、效率的人生。内部文化的强大，加上团队专业能力的训练，价值观同频前提下的同业合作，公司的业务团队正厚积薄发。硅谷天堂上海团队基于双轮驱动模式下，生态型投资异军突起。

我们对中国充满信心，我们对自己充满信心。因为我们坚信，敬天爱人，好人赚钱的时代已经来临！

10. 消费升级：与健康，丰盛，喜悦的自己相遇

消费升级，理念和行动的升级

说正事前先讲个段子。

某天，你来到Nike专卖店。“妹纸，来双Nike。”“先生，您是做什么用途呢？运动还是休闲？什么运动？足球还是篮球？高尔夫还是马球？跑步还是徒步？半马还是全马还是mini？野外还是城市穿越？……”你一脸懵逼，说：“妹啊，别跟我扯行不，我就要双Nike鞋，赶紧的，我还得回去加班呢！这个月好不容易抽两小时出来买鞋。艾玛丫，你这标签不对吧，咋这么贵尼？！淘宝上才99一双！”30年后，完成消费升级后的你，来到一家鞋店：“妹纸，帮大爷选一双门球鞋。刚从Nike过来，他们的门球鞋偏硬，这打一上午，伤脚。阿迪的也不行，那些款适合50岁穿。李宁做了这么多年还是不行啊，专业鞋差距太大了。还是你们这个牌子的门球鞋好，我一周休息三天，打两天球，一点都不累脚，也不臭脚……”“大爷，您看这双怎么样？防骨质疏松的，2 999元。那双能够检测足底血液状况的，3 999元。”你爽快下单，并暗自感叹“Nike还是那个Nike，妹纸已不是那个妹纸，我也不是那个我”①。

---

① 参考引用，Pefa：《消费升级到底是升级什么？》，https://www.zhihu.com/question/54210045/answer/138373986，2016年12月。

大家对于消费升级的理解是多种多样的。原有需求的更新换代（电饭煲出现了新功能，买个新的）、新品类的出现（从来没有用过洗碗机，买个新的）或者是消费结构的转变（肉还是那些肉，菜还是这些菜，但消费比例从1：2变成了2：1）、消费人群的分层（拼多多的爆发，抖音在三四线城市的急速成长）。叔本华曾提过一个问题，“如果一个音乐家已经知道，除了一两个人之外，所有的听众都是聋子，那么是否还会因这些听众发出的震耳欲聋的掌声而沾沾自喜呢?”当随大流、追求身份象征的消费大潮逐渐淡去，越来越多的中国人，特别是在互联网时代成长起来的年轻一代，开始意识到：说到底，我们还得为自己活着，适合自己的、让自己最快乐的才是值得消费的。这是互联网To C思维下，尊重个体，顺从内心的新消费时代。所以，我认为，消费升级其实是消费理念和行动的升级。消费升级和消费降级，都是不同群体和维度的“消费升级”。

早在2004年，阿兰·德波顿在《身份的焦虑》一书中借助于哲学、艺术、宗教的力量审视了对于身份焦虑的根源，教人们如何巧妙地去克服这种焦虑感。德波顿说，我们的“自我”就像一只漏气的气球，需要不断充入他人的爱戴才能保持形状，而经不起哪怕是针尖麦芒大的刺伤。

所谓“他人的爱戴”，其实是一种精神内核。凡有精神内核的东西就是“贵”的，就值得消费。“你消费了就会升级。”①

这就是消费升级的内涵。

① 阿兰·德波顿：《身份的焦虑》，上海译文出版社，2009年4月。

消费升级当信仰

消费升级是信仰，意思是所有的决策都要围绕它来干。未来10年甚至更久一段时间，对于企业发展来讲，消费升级的全球机会不容置疑；对于投资机构来讲，消费升级就是“风口上的猪”，关于从GDP角度、从人口角度、从消费心理学角度，从互联网人群成长历程角度等多角度分析消费升级背后道理的文章非常多而全面，这里不展开论述，投资确定性，消费升级这个方向必须得干。我有个强烈的认知：互联网思维本质就是回归人性的思维方式，一种To C思维方式：To自己这个C，一切决策都顺从自己的内心，回归对自己的尊重；同时，To对方的那个C，同理心，真正实现对对方的尊重。这一切借助互联网，甚至物联网、区块链这些工具，效率最大化，实现一个未来世界的“乌托邦”。

谷仓学院的创始合伙人洪华博士，提出过生态链的“母国市场”概念，印度、印尼这些处于中国改革开放早期状态的人口大国，未来必然重走中国消费升级的路，谷仓学院作为智慧生态链孵化器，不择手段提高创业成功率，为全球提供“极致性价比”的产品和服务，这是“把消费升级当信仰”的知行合一实践。99元功能盖过FITBIT的手环、599元效果堪比BLUEAIR的空气净化器让国内外消费者普大喜奔的时候，一把99元的电动牙刷、一件599元的羊绒大衣正击穿市场，继续颠覆行业，继续提高全球消费者生活品质。

信仰是需要行动证明的。消费升级的信仰，需要价值观、方法论、实践案例的综合呈现和证明。看到黄磊创办“黄小厨”，高圆圆开花店、设计女鞋，胡海泉的海泉基金、巨匠文化早已在新消费深度布局。

消费升级你也可以信仰一下。

消费升级是一种敬天爱人的价值观

消费升级的内心体：我消费的产品塑造了自我，我就是我所消费的……顺从内心，安心消费，就是消费升级的实现。消费升级，敬天爱人，愿你同健康、丰盛、喜悦的自己相遇……

任何伟大公司的胜利都是价值观的胜利

小米生态链战略规划师，原小米之家销售负责人　韩乾源

1996年在夏威夷的康娜度假村，乔布斯跟他的好朋友兼邻居甲骨文CEO埃利森边散步边讨论回归苹果的事宜。从1985年乔布斯离开苹果后到1996年，苹果的市场份额已经从80年代末的高达16%下降到4%，股票价格从1991年时的70美元暴跌到14美元，公司高层甚至有卖掉苹果的想法。埃利森对乔布斯说："我可以安排30亿美元的融资买下苹果，你作为CEO会立即获得25%的股份，我们可以重现它过去的辉煌。"但是乔布斯却表示反对："我认定我不是那种能做恶意收购的人，但他们请我回去，那就不一样了，我想如果我回到苹果，而我不持有苹果的股份，你也不持有苹果的股份，我就会占据道德高地。"埃利森最后无奈地说："史蒂夫，这块道德高地可真是世界上最昂贵的地产。"于是乔布斯拿了1元年薪回归苹果公司，开启了他职业生涯的崭新篇章。今天来看，这的确是世界上最贵的一块"高地"，但也正是这种伟大而无私的企业家精神让乔布斯带领苹果，重回巅峰。

这就是乔布斯的WHW（WHY、HOW、WHAT）黄金圈法则，即考虑问题永远从WHY开始，再到HOW，最后再考虑WHAT。先找到"为什么"，建立自己的核心价值理念的"制高点"，突出"为什么"，鲜明个性、极致追求，并始终用WHY来检验HOW与WHAT！世界上一般的公司和组织都知道自己是"做什么的"（WHAT），无论规模大小、行业如何，每个员工都能轻松地说出公司卖什么产品，提供什么服务，都知道自己是"做什么"（WHAT）的，少部分员工知道自己是"怎么做"（HOW）的，但几乎没有员工知道"为什么"（WHY）做。只有伟大企业才知道自

己“为什么”（WHY）要这么做，并给外界传递自己的价值观，产生巨大的精神感召力、让用户深深迷恋它的产品和服务，同时也能激励自己的员工，让员工认为在公司工作是件极自豪和有意义的事。也唯有那些明白“为什么”的人，才能成为真正的领导者，唯有那些明白“为什么”的企业，才能成为真正的领军企业。苹果公司的成功就是其一直在问自己：“The first thing we ask is what do we want people to feel.”所以，乔布斯的发布会从来都不是卖产品，而是一场关于价值观的发布会。

同样，雷军也是一个深深懂得“WHY”的优秀企业家。雷军说世界上没有任何一家手机公司销量下滑后能够逆转，而小米在2017年得以成功逆转的原因是小米价值观的胜利。他在公开信《小米是谁，小米为什么而奋斗》中写道：“小米是一家以手机、智能硬件和IoT平台为核心的互联网公司。我们的使命是，始终坚持做感动人心、价格厚道的好产品，让全球每个人都能享受科技带来的美好生活。8年来的每一天里，和用户交朋友，做用户心中最酷的公司的愿景都在驱动着我们努力创新，不断追求极致的产品和效率，成就了一个不断缔造成长奇迹的小米。”又对外界承诺小米永远坚持硬件综合净利率不超过5%，这种始终坚持性价比的模式需要一种莫大的勇气。所谓性价比，核心是什么？无非一面是对友商，侵掠如火之决绝；对自己，置之死地而后生；而另一面则是，对用户，恒一与之之诚意；对未来，沉默不语之温情。始终坚持性价比的背后，是对贪婪的克制，这正是小米商业模式的制高点。商业个体的本质需要谋求更多的利润，这在某种程度上与消费者的利益是对立的。而小米做感动人心的产品并接近成本价销售，用软件盈利保持正常运营的商业模式是与消费者站在一起的。从组织角度上看高毛利形成的“温室”也很容易让公司丧失斗志和创造力，而低毛利的“逆境”才可以不做“温水中的青蛙”。正所谓

“聪明的极致是厚道”，也真是这种“大智若愚”的商业理念让小米仁者无敌。

价值观是基于人的一定的思维感官之上而做出的认知、理解、判断或抉择，也就是人认定事物、辩定是非的一种思维或取向。所以，价值观一定是可以指导行为的原则才是价值观。很多企业不重视价值观，认为价值观是墙上的一张纸。可以确定的是，价值观落实好的企业不一定能成功，但没有落实好价值观的企业一定不能成功。因为价值观就是黑夜里的一盏灯，是指引员工统一目标和方向的，只有在这束光的指引下，员工才能保持步伐一致，砥砺前行。在中国，价值观做得比较好的企业屈指可数，比如小米、阿里和华为，因为随便问他们的每一个员工价值观是什么，员工都可以对答如流，只有理解了并融入血液里才会去践行，这也是为什么同样的员工在不同的企业体现出来的能力大相径庭的根本原因。小米员工正是抱着对同事和米粉“真诚和热爱”的心，才焕发出巨大的工作热情并建立了庞大的米粉群体。“真诚和热爱”背后是一种设身处地为用户着想的同理心，产品经理做产品不是谈功能参数，而是把产品当成一种对用户的服务去做；门店销售人员不是为了去卖货，而是根据客户家庭面积，为他推荐合适的家居；生态链公司的CEO不是谈管理和营销，而是每天去网上看用户对产品的评价再做优化和改进。这一切表象的背后都是价值观驱动的力量。

当小米每年举办米粉家宴的时候，会看到米粉不远万里赶去北京参加家宴聚会；会看到雷军每桌都去敬酒，亲自为米粉做菜；会看到不同地域、年龄的每个米粉脸上真实的微笑。因为这是一家为客户而存在的企业，因为只要有米粉在，小米就会存在，因为米粉，所以小米。

回归到投资，投资投的是产品、投的是团队、最终投的是价值观。当把时间轴拉长来看，一切暂时的成功和失败都不重要，最终商业的竞争是价值观维度的竞争。在竞争中有的企业功成名就、有的企业折戟沉沙，商业从来都是一个不确定的故事，拉长历史的镜头来看，每一段结尾还不是故事的全部，唯一可以确定的是任何伟大公司的胜利都是价值观的胜利。

下　篇

创新篇

生态链的威力：比尔·盖茨女婿的故事

一个一穷二白的父亲给他儿子说媒，想了个妙招。他去找比尔·盖茨说，你愿不愿意把你的女儿嫁给我儿子，我儿子是世界银行的副行长，比尔·盖茨说可以。然后这个父亲又去世界银行的行长那边对他说，你愿不愿意让比尔·盖茨的女婿来做你世界银行的副行长，世界银行行长想了想说，既然是世界首富的儿子，那就随便来挂个副行长的名头吧。

认知的威力：诺基亚的眼泪

“我们并没有做错什么，但不知为什么，我们输了。”当诺基亚现任CEO约玛·奥利拉在记者招待会上最后说出上面那句话时，连同他在内的几十名诺基亚高管不禁落泪。

思维模型的威力：莱特兄弟的第一性思维

在开始设计飞机时，很多工程师都觉得如果人类想要飞的话，就得像鸟一样扇动翅膀，结果全都失败了。但莱特兄弟想明白了一件事，从根本上讲，飞机压根不是鸟儿，应该寻找更底层的技术原理，最后受到帆船的启发，将飞机的机翼变更成帆形。飞行靠的是空气动力学（第一性原理），而不是仿生学（比较思维）。

复利的威力：世界第八大奇迹

爱因斯坦曾经说过：“复利是世界第八大奇迹，其威力比原子弹更大。”

许多人开始是不相信，然后是震惊居然会有这奇妙的事，绝大多数人也就到这里止步了，不过有少数聪明人就会进一步去想，如何利用复利赚钱，想通道理并付诸实践的人最终都会得到回报。

第四章　生态型投资

——逆向思考系列思维模型

投资是逆人性的。《少即是多》《慢即是快》《脱离舒适区》《反脆弱》《可复制的领导力》……都是逆着人性的词条。

少即是多：这个思考模型让你我轻松过一生。

慢即是快：这个思考模型让你我踏实过一生。

脱离舒适区：这个思考模型让你我带劲过一生。

反脆弱：这个思考模型让你我小强过一生……

我将结合投资实践中接触到的企业家、投资人的案例，把这几个逆向思考模型说得更鲜活，一切就明白起来了。

1. 少即是多，过轻松的一生

少即是多，人生的自我救赎

建筑大师路德维希·密斯·凡德罗提出的建筑哲学："Less is more。"主张技术与艺术相统一，提倡精确、完美的艺术效果，使现代主义达到一个高峰。

"少即是多"，"少"不是空白而是精简，"多"不是拥挤而是完美。

"说人话！"

"少即是多：爱我少一点，爱我久一点。"（知乎ID：教书的木村拓哉）

亚马逊畅销书《极简主义生活》的作者，日本大叔佐佐木，因为失恋和压力，一口气扔掉了家里98%的杂物，过上了不超过150件生活用品的极简生活。见证奇迹的时刻，精简生活，让佐佐木从每天喝酒颓废的状态突变，更专注地工作、读书……各方面的效率都大大提升，仅仅两年的时间，由一个无名小编，逆袭为副主编。佐佐木用自己的案例提醒我们两件事：一，我们进入一个全新的时代，从物质中获得幸福的时代已经结束；二，精简就是效率。

在地球另一边，北欧居民大都摈弃了旧有的物质至上主义价值观，崇尚物质简朴、精神丰盈的"Less is more"简单生活方式，更为珍视精神和体验带来的幸福感。

正如稻盛和夫用"知行合一"的大半生所总结出来的心声：不论你多么富有，多么有权势，当生命结束之时，所有的一切都只能留在世界上，唯有灵魂跟着你走下一段旅程。人生不是一场物质的盛宴，而是一次灵魂的修炼，使它在谢幕之时比开幕之初更为高尚。朋友圈曾疯传的一篇文章总结的，“郭靖、阿甘、巴菲特共同的品质：简单、正直、没有私心、坚忍不拔。”这就是灵魂修炼到最后的“少即是多”。

少即是多，效率最大化方法论

回到科技与商业的场景，现代企业竞争的本质是效率竞争。“少即是多”所主张的“技术与艺术相统一，提倡精确、完美的效果”正是互联网思维所倡导的价值观，正是效率最大化的方法论。

“专注、极致、口碑、快”的“互联网思维”下，以禅心和福斯化理念做产品：专注80%消费者刚需的功能，减少冗余设计降低成本，打造超高性价比、大众普适的爆款。这就是我在文章《“新黄金时代”需要更多To C思维》中所描述的以小米和小米生态链企业为代表的新“国民企业”正通过“To C”思维，和“福斯化理念”，用一个个极致性价比爆款产品感动用户、颠覆行业的背后逻辑。

引用一下知乎ID：教书的木村拓哉关于“少即是多”的理解：

生活中，少即是多。我们少些负担。舍弃对物质的迷恋，让自己处于宽敞舒适，自由自在的空间。

爱情中，少即是多。我们多点幸福。正如《从前慢》中的，“从前的日色变得慢，车马邮件都慢，一生只够爱一个人”。

我从投资、创业与企业经营角度补充几个：

做创业，少即是多。精益创业，小步快跑，慢即是快，更从容。

推产品，少即是多。爆品方法论，To C思维，活的更长久，更有价值。

小米谷仓学院洪华博士要革命性提高创业孵化成功率的绝招：无招胜有招。这有点像华山剑法中的“气宗”，由于内力深厚，轻易不出招，出招即制胜；其他各门派创业方法论，更近乎“剑宗”，强调一招一式不含糊。“少即是多”，从乱拳变成绝招。

做投资，少即是多。先有模型，再刻意练习，我们更加事半功倍。

于是，我想说，“少即是多”其实是一种思考模型，是一种有效率的工作和生活方式。心念纯粹，用好这些第一性原理的思考模型，过好这一生。

2. 慢即是快，过踏实的一生

思考，快与慢

丹尼尔·卡尼曼在《思考，快与慢》这本书中说，大脑中有两套系统，即系统1和系统2。系统1的运行是无意识且快速的，不怎么费脑力，没有感觉，完全处于自控状态。系统2将注意力转移到需要费脑力的大脑活动上来，例如复杂的计算。系统2的运行通常与行为、选择和专注等主观体验相关联。简单来说，系统1经常用于一些简单的、重复的动作，系统2经常用于比较费脑力的工作。混沌大学李善友老师特别强调过一种关于“一万小时定律”的误读：要成为某个领域的专家，需要10 000小时。不可否认，1万小时的锤炼是任何人从平凡变成世界级大师的必要条件，但实际需要的是拥有了思维模型的10 000小时刻意练习。这时候就有了用系统1还是系统2完成“一万小时定律”的区别。用系统1简单重复10 000小时的结果是让自己“假装很努力”；系统2模式下，10 000小时的练习可以让你不断进化，成为那个很厉害的人。这就是我理解的“思考，快与慢”。把这个模型放到现实中，我在投资尽职调查的企业中发现了惊人的不同效果。我们访谈过一家拟投企业的代工厂，老板拥有20多年跨国企业做代工的经历，我们从进入他办公室的第一刻就感觉到了一位“勤奋”的民营企业家的“风风火火”，由于是夫妻作坊式的传统经营模式，所有决策系于一身。由于我们拟投企业是他的最重要客户，老板高度重视，全程陪同。我们发现，一个半小时的访谈，他迎来送往了两拨外商，接了三四个电话，对我们的访谈有问必答。最后，我们的结论是：这个老板只能赚体力辛劳的钱。因为有个细节，从我们进入办公室，他招呼人给我们泡茶，到我们离开，我们没喝到。（脑补画面吧）整个公司在“代工思维”下，自上而下在用系统1思考和决策问题，20年如一日啊。下意识的决策，很可能就是很随意的决策，经过传导的结果就是“人忙人”，一杯茶暴露的“代工思维”下用系统1简单重复地实践伪“一万小时定律”，企业效率低下、效益低下是必然的。这家给某世界500强代工20年，400人的工厂，到2017年1.8亿左右的营收，300万左右的利润。一款精致的产品就来自这样的工厂，背后的故事让人唏嘘不已。我们投资的另一家企业，创始人做了15年外企高管，脱离舒适区（我下一篇文章探讨这个模型）顺势组队创业。团队及业务的优势自不必说，我非常认同他的是基于逻辑分析的思维模式：思维导图。思维导图是一种将思维形象化的方法，是一种逻辑正确前提下高效决策的思维模型和工作方式。基于思考模型下，用系统2在各个工作场景下进行持续多年的刻意练习，专家级的水平是必然的。更大的威力在于形成了一套认知力不断提升的方法论，公司自上而下地贯彻，一切看似慢了，但走下去会越来越快。我们曾亲身体会过一天内用思维导图协调三方起草投资协议到完成的高效，这种高效的背后是，我们前一天用系统2烧脑了一个下午构建模型。关于“思考，快与慢”，通过这两个例子，我想，我应该说明白了。[①]

成长，快与慢

改革开放的前30年是中国企业野蛮生长的三十年。那一代的企业家出身草莽，不无野蛮，性情漂移，坚韧而勇于博取……近10年，新经济

① 丹尼尔·卡尼曼：《思考，快与慢》，中信出版社，2012年7月。

背景下，商业格局巨变，呈现新一轮“野蛮成长”，睡觉都成了浪费时间。创业面临焦虑、投资也焦虑，也许正如那句话所说：我们走得太快，是该停下来等等自己的灵魂了。慢下来，想想“成长，快与慢”背后的思考模型。

我们又要讲竹子的故事，小米谷仓提出的“竹林生态”。“一棵竹子的成长周期分为竹笋期、地上幼竹期、成竹期、衰退期，地下竹笋期的竹子主要是根系的疯狂发育。而一旦钻出地面，就进入地上幼竹期，这个阶段的竹笋之所以能够快速疯长，所有的生长动力都来自地下四通八达的根系，发达的根系可以在很深广的地下，不断获取生长所需要的营养与水分。因为根系发达，从幼竹到成竹，是一个极短的过程。然后是漫长的成竹期，而后衰退。单棵竹子的生命周期结束了，可是根系却越来越发达，所以不断有新的竹笋钻出地面”。区别于传统“松树型”公司形态，竹林型“公司的扎根，看似慢，实则快。竹子用了4年时间才长了3厘米，其间都在地下默默地扎根，到了第5年，只用了6周时间就长了15米”。松树尾大不掉，外强中空，轰然倒掉常见；竹子根系蔓延，积竹成林。

小米生态链的明星产品小米扫地机器人，出品公司2014年7月成立，2016年底推出产品，期间的两年正是默默扎根，打磨产品的过程，2017年一款1 699元的小米扫地机器人实现12.8亿元销售，成为国内单品销售第一。

小米的无人机，为了达到ID设计的要求，废掉了两套模具，每一套的成本都高达几百万元，这种严苛的要求最终导致产品延迟一年才面市。慢下来是为了极致性价比的严格贯彻，最终帮助企业树立了品质的口碑，帮助小米守住了用户的信任和依赖，这样的慢即是下一步快的基础和保障。

投资，快与慢

2017年的“价值投资”主线让更多二级市场投资机构开始反思“投资，快与慢”；2018年的资管新规和A股发行规则变化让更多一级市场投资机构开始反思“投资，快与慢”。

先说二级市场“投资，快与慢”。我做投资之前做过券商研究员，后来也负责研究所的策划与管理，我的观点是，A股交易规则和基金排名规则，使“价值投资”成为很多投机思维机构的伪装，而投机思维下，长期收益率目标其实很难超过巴菲特25%，很辛苦的盯盘，很快的换手，貌似很快，其实很慢。而真正秉持“价值投资”的二级投资机构，在宏观和风格判断后，可以喝着咖啡赚钱。如果你曾经持有贵州茅台、云南白药，现在持有海康威视、爱尔眼科……看似很慢，其实很快。

再看一级市场“投资，快与慢”。目前股权投资市场大致分两类：精益投资、撒网投资。这两种方式都有其方法论，有与之匹配的资金周期、团队结构等特定要素，没有对错之分。我想说的是“投资，快与慢”的角度。

撒网投资，因为机构资金的投资压力，每年分配给各投资经理投资金额，使得短期投成率成为最重要的KPI，高效筛选，高效尽职调查，高效决策，前期的快将积累大量投资标的。如果投的初心是投成，等到投后环节，甚至退出环节，各种分歧、博弈、折磨、诉讼，所有效率都要慢下来。撒网投资对投后管理要求很高。

精益投资，把所有考察、博弈、折磨前置，达成同频道的认知、方法论认同，投后主要精力是服务、赋能。看似慢了，投后效率会高。硅谷天堂上海团队10年投资23个PE项目，实现7个IPO，并把上市公司继续深耕，“PE+产业基金”赋能并购整合，持续打造经典案例。10年的慢工细活，让我们陪被投企业走得更远更久。我们精益投资的初心是为找到好企业，慢即是快。

不忘初心，守拙坚毅，不傲慢也会提高效率。阿甘、郭靖、巴菲特就是这样的好榜样。慢即是快，这个思考模型让你我踏实过一生。

3. 脱离舒适区，过带劲的一生

“这事有劲！”

最近一期《欢乐中国人》，60多岁风采依旧的赵雅芝作为故事讲述人让我们认识了一位传奇奶奶。60多岁才开始识字的姜淑梅老人，摆脱文盲身份，75岁学习写作，并出版了她第一本代表作《乱时候，穷时候》，叙述了中国历史上绝无仅有的平民史，成为第一部草根小民、老百姓亲笔书写的乱穷中国史！这本书加印了9次，销售量7万多册。此后，老人每年都有新书问世，80多岁的姜淑梅奶奶已出版5部小说，让人无比钦佩，也让我等汗颜。励志故事，究其动因，用老人的话来说："这事有劲！"

反人性的“脱离舒适区”

心理学家把人的知识和技能分为层层嵌套的三个圆形区域：最内一层是“舒适区”，是我们已经熟练掌握的技能；最外一层是“恐慌区”是我们暂时无法学会的技能；二者之间则是“学习区”。人自有的惯性路径依赖和惰性使然，“脱离舒适区”变得极为反人性。

想一想自己是不是也说过这些话："某某工作并非我的强项”“我不想带团队，我带好自己就不错了”“活动你们去吧，我懒得见陌生人”“现场你们去就行了，回来跟我汇报”“我只是想做小池塘里的大鱼”……这些理由的表象背后，一言以蔽之：不想脱离舒适区。

我认同知乎ID：伯通对“舒适区”的认知：是掌控感、成就感和压力适应的结合。“脱离舒适区”需要至少打破以上其中一项：要么是在一个陌生行业或陌生环境下，面对未知毫无掌控感；要么是工作强度非常高或容错度非常低，导致压力陡增无法适应；要么就像是把张飞送去吃斋念佛，即使让他当少林寺CEO，他也不会有丝毫成就感。

说到“成就感”的不确定性，万向集团鲁冠球、鲁伟鼎两代企业家带领作坊起家的万向企业不断跨越非连续性成长为跨领域、跨国界的控股集团已成为商业佳话。从万向节到万向新能源，再到万向区块链的乾坤挪移，万向告诉我们：到底一个“铁匠”继续做万向节的“面子”重要还是用认知和敏行对抗不确定性的“里子”重要。舒适区里的成就感是“糖衣炮弹”，跨越雷区，跌得越狠，反弹越高，才有真正的成就感。这涉及另一个反人性模型：反脆弱。这个话题我们后续文章探讨。

再看“掌控感”的不确定性。小米生态链初期，用手机供应链人才库“抢银行模式组团队”：做手机的张峰用小米移动电源颠覆了这个行业；大学老师苏峻博士做成了小米净化器；富士康的谢冠宏让1MORE耳机成为行业新标杆……我们访谈过的一位企业家，曾经是国家级专利持有人，在精密加工行业桃李天下。50多岁切入小家电行业进行二次创业，面对陌生的行业，反而激发了他的学习动力和资源整合力。在高手云集的京东众创学院，这位看似大龄和落伍的传统企业家成了最优秀的毕业生。应对确定性，就更要开放心态做企业，蚂蚁市场找机会，抢银行模式组团队，逆向思维，降维精准打击，开辟蓝海，实现相对确定性成长。待进入下一个舒适区之前，重新归零，整装再出发。

最后谈谈“压力适应”的不确定性。处于舒适区时，貌似是“熟练工”，工作强度不高，犯错成本也低，温水煮青蛙，这种状态下，人必然受“堕落”的诱惑。一旦堕落下去，再刷几篇贩卖“焦虑”的鸡汤，人就很容易抑郁了。人无压力轻飘飘，不是吗？看似轻松，实则危险。再看看脱离舒适区的状态，武装好头脑，形成思考模型，找到自己的方法论，管理好时间，协调好生活，重点工作前置，给自己留足余量，余下的，“撸起袖子加油干”，在工作中修行，就是减压的最好方式。

小结一下，“脱离舒适区”意味着要面对掌控感、成就感、压力适应不确定性的恐惧、迷茫和焦虑。脱离舒适区就是要应对不确定性，拥抱变化。在到达下一个新的舒适区之前，积极看待这种迷茫和焦虑的必然性，做好心理建设和应对方案，不断刻意练习，不断脱离舒适区，跨界不断创造新的自己。

刻意练习，脱离舒适区

“刻意练习”（deliberate practice），由佛罗里达州立大学（Florida State University）心理学家K. Anders Ericsson提出。简单来说，所有人都以为“杰出”源于“天赋”，“天才”却说：我的成就源于“正确的练习”！国际象棋大师、顶尖小提琴家、运动明星、记忆高手、拼字冠军、杰出医生等。不论在什么行业或领域，提高技能与能力的最有效方法全都遵循一系列普遍原则，这种通用方法叫作“刻意练习”。①

1. 只在“学习区”有效练习

真正的练习并不是为了完成量。练习的精髓，是要持续地做自己做不好的事。只有在学习区里面练习，一个人才可能进步。有效的练习任务必须精确的在受训者的“学习区”内进行，具有高度的针对性。

2. 大量重复训练

正版的“10 000小时”定律正是来源于此。比如学习商业决策的最好

---

① 安德斯·艾利克森：《赋能：打造应对不确定性的敏捷团队》，机械工业出版社，2017年11月。

办法，不是观察老板每个月做两次决策，而是自己每周做20次模拟的决策；军事学院的模拟战，飞行员在计算机上模拟各种罕见的空中险情；甚至像丘吉尔对着镜子练习演讲，都是重复训练。

3. 持续获得有效的反馈

一个动作做得好与不好，最好有教练随时指出，本人能够随时了解练习结果。看不到结果的练习等于没有练习：如果只是应付了事，你不但不会更好，而且会对好坏不在关心。

在某种程度上，刻意练习是以错误为中心的练习。

4. 精神高度集中

刻意练习没有“寓教于乐”这个概念。曾经有个著名小提琴家说过，如果你是练习手指，你可以练习一整天；可是如果你是练习脑子，你每天能练两个小时就不错了。

我的理解是，刻意练习，精神集中是前提，效率和反馈互为促进。刻意练习也是我们必备的效率方法论。

赋能：打造应对不确定性的敏捷团队

脱离舒适区，应对不确定性。在错综复杂的新生态下，确定性预测已经成为不可能，作为团队如何有效组织，快速决策。一手打造了全球最强战斗力的美军特种作战司令部指挥官的斯坦利·麦克里斯特尔，摒弃掉存在了一个多世纪的常规思维，在一场残酷的战争中对特遣部队进行重塑，将其打造成新物种：一张在沟通上极度透明、在决策上去中心化的网络。“深井”间的壁垒被摧毁。领导者们看着运转最小团队的最佳操作方式，并且找到方法把这些操作方式推广到上成千上万的人身上，同时运用一些10年前还无法想象的技术将这些人捏合成一个整体。从控制—命令式转变为赋能—分布式，唯有如此才能在新生态下取得成功。[①]

确实，这个世界已经不同往日，变化快得让人措手不及。脱离舒适区，应对不确定。我们需要用一种柔性的方式与这个变化的世界和解。

良知和初心是你我心里最明亮的镜子，私欲和舒适感就如一点点蒙在镜子上的微尘，时间久了，就要弹弹尘，静静心，想一想我们成人处事的发心，整装再出发。此时此刻就是我们最年轻的时候。脱离舒适区，拥抱不确定，过带劲的人生！

① 斯坦利·麦克里斯特尔：《赋能：打造应对不确定性的敏捷团队》，中信出版社，2017 年 11 月。

4. 反脆弱，过小强的一生

脆弱的反面不是坚强，是反脆弱

网红书《黑天鹅》的作者塔勒布（Nassim Nicholas Taleb），2008年提出“黑天鹅的存在预示着不可预测的重大稀有事件，它在意料之外，却又改变一切，但人们总是对它视而不见，并习惯于以自己有限的生活经验和不堪一击的信念来解释这些意料之外的重大冲击，最终被现实击溃”。塔勒布告诉了我们世界不可预测的真相，同时让我们有机会重新认知和反思“不确定性”。尼采说：杀不死我的，使我更强大。“既然黑天鹅事件无法避免，那就想办法从中获取最大利益”。2014年，塔勒布用《反脆弱》这本书告诉我们：脆弱的反面是坚强吗？不是，是反脆弱。

反脆弱是生物进化必备的基因，用生活中的很多例子更容易理解。我们从小接种的各种疫苗，就是在身体内种入安全小剂量的病毒，身体产生抗体后形成对该病毒的免疫。免疫就是典型的身体反脆弱。

反脆弱的本质是越挫越勇，这是反人性的，但所有“人性的光辉”恰恰是来自反脆弱，不然哪里来的进步？哪里来的创新？哪里来的做空收益？哪里来的硬汉强森式的偶像？心向往之，却又迟迟不行动，这将是我们讨论的下一个逆向思维模型：知行合一。

“当你脆弱的时候往往倾向于墨守成规，尽量减少变化。相反，如果你想做出改变，并且不在意未来的结果，那么你就具有反脆弱性”。①

---

① 纳西姆·尼古拉斯·塔勒布：《反脆弱》，中信出版社，2014年1月。

反脆弱，快速迭代的创业基因

大家有没听过一个著名的“布里丹之驴”思想实验：布里丹教授养的一头又饿又渴的小毛驴，面对等距离的草料和水的选择时，结果小毛驴饿死了。也就是在确定性均衡点上，贪婪的生理性弱点导致决策困难，产生了让人啼笑皆非的结果。改变这个结果的方法特别简单，随机推动一下这头毛驴，结束等距离带来的确定性困境，不论先吃草后喝水，还是先喝水后吃草，只需要根据需求的优先级在不确定中做出决策。这个均衡点我把它叫作“毛驴均衡点”。

对一个习惯了确定性的创业者，创业初期能否认知这个均衡点，并设法找到推动毛驴的那一下，在决策困境中至关重要。我联想到我们曾经尽职调查过的一家企业，我们与创始人在各方面认知和方法论高度共鸣，投资进入近似确定性状态。在这种状态下，其实是决策前最脆弱的时候。一个小小的推手就会决定合作与否。这个时候，我们发觉了创始人确定性思维模式的短板：为了利益最大化，他用我们不希望的方式打破了“毛驴均衡点”。即使仍然是个优秀标的，我们的投资价值观和方法论告诉我们，需要对项目进行重新评估并继续跟踪。现场工作大半年，花费不少时间金钱后，我们用“不确定性”思维决策“不确定性”项目，并选择合适时机再次启动，这就是我们的反脆弱。

从创业者角度，具备反脆弱性显得更加重要。创业本就是反人性的：撇家舍业，风餐露宿，被友商说三道四，过周末却要为了浪费了一天的房租成本而感觉到亚历山大……创业是一种更高境界的修行，没有反脆弱的心理准备，别异想天开。正是这种反人性，我们在任正非、褚时健等企业家精神的代表身上看到了“人性的光辉”。就像王石评价褚时健“衡量一个人的成色，不是看这个人站在顶峰的时候，而是看这个人从顶峰跌落谷底之后的反弹力”。这正是褚老的反脆弱。

尼采说的：杀不死我的，使我更强大。我想补充下半句：杀不死我的，会杀死其他人。新经济下的创业与守业，快速迭代的能力已经到了让人焦虑的程度。软件的持续迭代自不必说，苹果IOS都迭代11版了，码农们夜以继日，腾讯大厦永远灯火通明；连智能硬件的开模周期都变得越来越短，客户的反馈就是产品“反脆弱”的动因，公司“反脆弱”的契机。小米生态链企业特别重视作为产品体验官的“米粉”的意见和反馈，从绝望中找到弯道超车的希望。“米粉”文化正是小米想颠覆“蚂蚁市场”，从不确定性中收益的信心所在。我们投资的一家智能硬件企业，早期在为众筹产品选择代工企业时，过多强调了交货周期，出现了传感器的小瑕疵，在出厂前通过人工筛出了存在隐患的产品。通过这次合作，检验了这家韩国代工厂的“脆弱性”，并创新和改进了之前瑕疵带来的小bug，在迭代中不断接近完善。所以说，“创新是对挫折的过度反应”，因为“任何试错都可以视为一种选择权。只有你能够识别有利的结果并利用它就可以了”。这是我们对备投企业的创新能力和反脆弱能力的理解和要求。

卖空脆弱，加码反脆弱

《反脆弱》的作者塔勒布（Nassim Nicholas Taleb），曾是经营避险基金的安皮里卡资本公司（Empirica Capital）的创办人，也是纽约大学库朗数学研究所的研究员。他在“9·11”之前大量买入行权价格很低，看似毫无价值的认沽权证，用一种独特的方式做空美国股市，一直到恐怖分子劫持飞机撞向纽约世贸大楼，由此获利丰厚，一举成名。

从投资角度来说，因为二级市场（包括期货市场）存在沽空交易，要求投资人思考模型更加全面，甚至要求是分裂型人格，这又是对金融从业者“反脆弱”的高要求；一级股权投资周期相对较长，价值投资理念下，需要我们在股权投资的路上试错中精进，实现“反脆弱”；我们要求备投企业：创新、迭代、脱离舒适区……我们将加码“反脆弱”。

孙宏斌说：人有时候要“敢教日月换新天”，有时候也要愿赌服输。我想加一句：愿赌服输是我的潜伏。内心强大，在挫折中精进，就将成为那只打不死的小强，进化、挫折、进化、挫折、进化……

反脆弱，无论对于创业者、守业者还是投资人，用好这个逆向思考模型，去过硬汉强森的人生！

5. 知行合一，过光明的一生

心即理，不忘初心

历史上有个著名的对话：

告子："食、色，性也。"

孟子（不同意告子观点）：白墙是白色的，白色的牛、马、鹅、狗也是白色的，这些白色一样不一样?

告子：一样。

孟子：既然如此，是不是人的性就等同于牛的性，牛的性就等同于马的性?

孟子的意思是，如果把食、色作为人性，显而易见把人之性等同于牛、狗、马之性，这是很严重的。

在孟子看来，人性只能是人身上才有的某种特性，凭借这种特性才能实现人和自然界的完全分离，而这只能是"仁义礼智"。

每个人的本源，也就是"性"或者"心"，等同于"道"，也就是"心即理"。①

通俗来说，我们的"初心"就是指导我们一切行动的"道理"。

我们经常会说：不忘初心，方得始终。从逆向思考的角度看，如果我们停止了进化，遇到的"成长的烦恼"、"油腻的中年"，必然是我们忘记了"初心"。创业者的初心是什么，企业家的初心是什么，投资家的初心

① 董平：《王阳明：无限扩大的生命境界》，《光明日报》，2013 年 11 月 26 日第 14 版。

是什么，延伸开来，你来到这个世界的意义是什么？

稻盛和夫先生说人活着的意义就是修炼灵魂。稻盛和夫给出的最好的活法就是，人活着就要不屈不挠，勤勤恳恳工作，专心致志，一心扑在日常最重要的岗位上，孜孜不倦工作，坚持劳动，扎根于内心，陶冶人格、砥砺精神，才能达到更高境界，人生自然而然得到磨炼。

雷军也许正奔袭在IPO全球路演的征途上，他读过稻盛和夫的《六项精进》才明白他的"死磕"与"经营之圣"默契地形成了同频共振。"这次来的飞机上，我看了一本稻盛和夫的书《六项精进》。这本书里三分之二的内容就是在讲这三句话：1. 付出不亚于任何人的努力；2. 认真拼命地工作；3. 除了拼命工作之外，世界上不存在更高明的经营诀窍。""看完这本书我挺感动。我可能无意之中使用了世界上最高明的经营诀窍，就是拼命地认真地工作。"

雷军在《小米生态链战地笔记》序言里提到：小米，就是要做中国制造业的鲇鱼。"我的梦想有点儿夸张，推动中国制造业金保，让消费者用很便宜的价格享受到科技的乐趣。不管你们是否认同，我就是要一条路走到黑，就是要做感动人心但价格公道的产品。全球最伟大的公司都是把好东西做得越来越便宜"。

念念不忘，必有回响。

知行合一，则历久弥新

"不忘初心，方得始终"。明明白白，好有道理。

如稻盛和夫所言，人类行动指南的伦理道德其实非常简洁明了，连小孩子都懂。

方法论是什么？

阳明先生提出了“知行合一”。不要小看这个理论，蒋中正说过“中日之间就差了一个王阳明”，“日本自立国以来，举国上下，普遍学我们中国的是什么？就是中国的儒道。儒道中最得力的，就是中国王阳明知行合一‘致良知’的哲学。日本窃取‘致良知’哲学的唾余，便改造了衰弱萎靡的日本，统一了支离破碎的封建国家，竟成功了一个今日称霸的民族。”南怀瑾先生言：“日本人采用了他知行合一这个原则，融合了西方、东方文化，才有了明治维新，开创了一个新的时代。”

关于“知”，我个人的认识分两层，认知的进化升级为第一层。“人的一生都在为自己的认知买单”，没有思维模型的碎片化知识不叫认知，没有刻意练习的认知也不会进化升级。认知与刻意练习的交替升维就是“知行合一”的第一层。

在此基础上，致良知为第二层。

稻盛和夫多次提到过“利他”精神。在当今世界，不管是国与国、公司与公司之间，还是个人与个人之间，都被围困在利我的狭隘范围，因此也出现了众多纷争，每个人都极力维护自己的利益。从长久发展看，只有利他才能最终利我。尤其在企业经营中，能做到利他的就更少了，大多公司都追求利润的达成，利润决定着是否能够生存，但过分地追求利润，甚至不考虑员工的幸福，就走向了另一个极端。没有幸福的员工，就没有幸福的企业。那些发展良好的企业，大多是有社会责任感、关爱员工的企业，自私自利的企业很难发展得长久。利他，看似是为别人着想，其实最终是自己获利。雷军“利他即利己”的小米生态链价值观与稻盛和夫又一次实现同频共振。

当我们过多执拗地关注自身利益，眼界就越来越窄，被束缚在自我小圈子内，很难获得更高远的心胸与见识。关注自己多了，世界就关注少了。

致良知，就像是在打扫我们“初心”上的灰尘，保持本心的清亮。良知是有思维模型构成的价值观体系，致知则是价值观的方法论实践。“知行合一”在这个层面实现了价值观与方法论的互为验证和进化。

“知行合一”听起来又好有道理。明明如曾国藩、梁启超、稻盛和夫等一大批阳明心学的实践者，大概率用这个道理过好了有意义的一生。到了我们自己，为啥我们看似懂得了这个道理，还是不能摆脱焦虑。

反问自己，我们每日精进了吗，知行合一了吗？每天都需要问，需要做，否则只会在原地打转，甚至不进则退，这对于目前市场环境下的企业来讲可是致命的。知行合一，知难行也难，因为这是反人性的，我们身体的生物算法，不希望我们每日精进，知行合一，因为这需要耗费能量。看似“大道至简”，实则“大道”最难。

阳明先生告诉我们，日常生活中每一个正常的人，原本都是知行合一的，一旦我们有了私心杂念，就无法做到知行合一，就会背离生命存在的真实状态。

阳明先生在《教条示龙场诸生》中提出了“立志、勤学、责善、改过”的“知行合一”方法论，告诉我们成为一个“知行合一”的“圣人”如何实现。同时启示企业经营按照初心确立愿景、使命感、价值观，通过不断学习和试错的精益创业方法论持续迭代和快速升级，就能历久弥新，立于不败。

诚品书店董事长吴清友先生说，他经营的诚品书店经历了十五年的赔钱期，以心换心，将心比心，“上善若水”的经营之道让企业慢慢转入盈利的轨道。十五年，不管是对普通人、还是对经营者，都是一个漫长的时间，在时间面前，不是所有人都经得住等待。诚品书店的品牌和吴清友先生光明的一生，让我们再次“不忘初心，方得始终”的真意。

“知行合一”：提高效率的法宝，与自己和解的武器

“知是行之始，行是知之成。”只有把“知”和“行”统一起来，才能称得上“善”。

对于企业经营，“上善若水”，以滋养万物的德行，使万物得到它的利益，而不与万物发生矛盾、冲突，沟通、经营成本都将最小化，效率必然最大化；

对于我们个人，原本，人就是与天下万物为一体，与日月一般光芒，与天地一般悠久，上善若水，还归生命真相，实现无限扩大的生命境界。

知行合一，与这个世界和解，与自己和解；知行合一，用这个思考模型过光明的一生。

6. 同理心，过共赢的一生

锤子和钉子

同理心，接近于我们常说的换位思考，将心比心。从人性“利己”角度，同理心是挑战人性的，就像比喻说：你的心如果是一把锤子，那么你看到的对方都是钉子。锤子和钉子是无法包容共生的，是作用力与反作用力的甲方乙方。

我们先进入一个面试的场景：一位25岁的小伙子正在接受微软面试，各种专业考核和训练过后，面试官问他一个看似无关的问题：“如果你今天在来面试的路上，发现一个婴儿躺在马路上哭，你怎么办？”他坦率而直接，用常识本能地回答：“我会立即打电话报警叫救护车。”考官摇摇头：“这个答案我们不满意。你没有说错，只能说我们不满意。”“有何不满意？”面试官说：“你应该把他抱起来呀！”……

这位印度小伙后来被微软留用，直到2014年，他被任命为微软CEO，他叫萨提亚·纳德拉。每当他提起这次面试，都愿意分享这次缺乏“同理心”的惭愧决策，和经历了婚后的人生苦难后，如何让微软“同理心”基因开枝散叶，并开花结果。

上帝要考验萨提亚·纳德拉。他的婚后生活非常不幸：结婚不久有了儿子，但儿子患有严重的疾病，需要不停地治疗。在给儿子治病时间，他再接再厉又有了个女儿，不幸的是这个女儿也有疾病。儿子的病要在西雅图治，姑娘的病，在加拿大治。（脑补崩溃画面）他和老婆每天飞来飞去，往复奔波，照顾完儿子照顾女儿，照顾完女儿照顾儿子。他们心里的承受的那种压力负荷是超出常人的。这让他们变得异乎寻常的敏感，异乎寻常的能够感知不被别人理解的痛苦。这时的萨提亚·纳德拉是在与命运抗争，因为苦难。但这位印度人的“反脆弱”让人叹服，他很快与自己和解了，进而与世界和解了。也许就因为那颗“同理心”的种子。

我们都知道，微软自移动互联网时代之后，开始落伍了。当命运再次选择萨提亚·纳德拉出任微软CEO时，经过磨炼的“同理心”种子发芽了，他用“同理心”把陷入“微而软”的公司救了过来。自萨提亚·纳德拉2014年接任首席执行官以来，微软的市值翻番，超过了互联网泡沫以来的高点。①

“同理心”是镜子

“同理心”应该是一面镜子，镜中的自己，与镜前的自己，心心相印，和谐共生。甚至动态看，“同理心”应该是多面镜子，互相映照，开启心智，包容和谐。

网上有个非著名段子：你有《时间简史》吗？回答：你有病呀！我有时间也不去捡屎。霍金的《时间简史》试图与读者沟通那些复杂深奥的物理学理论。这时，编辑告诉他，你多一个公式就少一半读者。最后，霍金在写这本书的时候，整本书只用了一个故事。所以当《时间简史》出版后，他自豪地说：我的书比花花公子都好卖。

这位继爱因斯坦之后影响力最大的物理学家，他悲观的地球毁灭理论让我们细思极恐，同时，他乐观的跟全世界开玩笑，因为他知道每个人需要什么。他打开了自己的心智模式，借助同理心的力量，把自己的价值体观传播到各个角落。“假如有天世界末日，你会做什么？”我们应该站在霍

① 萨提亚·纳德拉：《刷新：重新发现商业与未来》，中信出版社，2017年9月。

金的“同理心”角度，面对自己思考并回答这个问题。

“同理心”是效率、共赢的代币

“同理心”是有不同LEVEL的。

A-1：很少从他人的角度思考问题，做事情很少考虑到他人的感受；沟通时讲客套话，无法引起对方的共鸣，对方也不愿意将自己的真实想法说出来；不愿意倾听；安排事务几乎不考虑下属的需要。

A-0：能够从别人的角度思考问题，做事情会考虑到他人的感受；与人沟通比较真诚，愿意将自己的一部分想法表露出来；能让人觉得被理解被包容；学会倾听，工作中尽量考虑对方的需要。

A+1：能够站在对方的角度考虑问题，想对方之所想，急对方之所急；能够使人不知不觉地将内心的想法，感受说出来；能够让人觉得被理解，被包容；能够用心倾听；在安排事务时，尽量照顾到对方的需要，并愿意做出调整。

A+2：将心比心，设身处地去感受和体谅别人，并以此作为工作依据。有优秀的洞察力与心理分析能力，能从别人的表情、语气判断他人的情绪。投其所好，真诚，说到听者想听，听到说者想说；以对方适应的形式沟通。①

其实，我们大多数人并不知道自己其实是分裂型人格的人，就像心里始终住着两个小人，两个小人自己还经常打架的时候，你会用哪个小人跟

---

① 参考，360百科：《同理心》，https://baike.so.com/doc/6384343-6597996.html，2018年5月。

对方同理心？首先与自己和解，才有同理心的存在。所以，同理心，对自己来说，让心里的两个小人，包容共生，自己和解；再站在对方角度看，两个与自己和解的小人，再与对方将心比心，一切和谐了，沟通效率极大提高。其实，我们大部分人还处在分裂型人格的LEVEL，不信问问你心中的两个小人。

当创业者、投资人真正用“自己要什么，对方要什么；自己有什么，对方给什么”的“同理心”，从第一性原理角度思考时，一切都简单了。“第一性原理”逆向思考模型后续文章探讨。

同理心等级，让我们再次聚焦到了逆向思考模型系列文章的主题：效率。

同理心其实是人类的本性，因为“利他即利己”的认知水平不足，很多人的同理心被内在的私欲和外在的迷雾所蒙尘。当今的时代，“交换价值”将被“共享价值”所取代。当人类意识到这一天性，人性随之翻开了崭新的篇章，“进化”成为“同理人”，降低沟通障碍提升执行效率，更快实现共享共赢。

同理心，用这个思考模型让你我共赢过一生。

7. 可复制的领导力，过高效的一生

员工执行力等于领导的领导力

说起领导力，第一反应，“领导力”是一种“感觉”，是些空洞的管理理论，可意会不可言传。其实，领导力是种方法论，可学，可复制。首先，澄清个认知，领导和管理是有区别的，管理的核心驱动力是“怕”；领导的核心驱动力是尊敬和信任。管理理论盛行的年代，流程再造是效率提升的重要工具；到了共享经济时代，高人效的精益化创业使得自组织、自赋能的超级个人出现成为大趋势，90后、00后的“不怕”，必然需要对组织领导力的逆向思考。

面对创业守业，你有没有遇到过一类创业者、企业家总感觉自己分身乏术，还有一类企业家却能从容应对，游刃有余。时间对每个人是公平的，但单位时间创造的人效坪效的差别，决定了企业的竞争能力差异。从管理和领导的差异两个角度看，效率差别背后的道理是什么?

从管理者角度分析，先定义下“管理者”：通过别人来完成工作的人。这个定义看似简单，实则本质，因为这个是“第一性原理”思考的结论。（“第一性原理”逆向思考模型我们后续文章讨论）那么，上面提到了两类企业家就代表了两种层次的“管理者”：如何分配领导、管理、执行的时间和角色。领导者角色：负责营造氛围的；管理者角色：避免“事必躬亲”的；执行者角色：负责给出结果的。在一个公司，每个人都应该三重身份合一。①

① 樊登：《可复制的领导力》，中信出版社，2017 年 12 月。

于是，员工的执行力就是领导的领导力，每个人都可以具备领导力，领导力通过工具化，实现可复制。很多日本企业是可复制领导力的优秀实践者。我们一起进入一个日企主管安排工作的场景：主管对下属说：麻烦你去做件事（A），下属说：嗨！主管马上第二句：你重复一遍任务。等下属重复完成，主管第三句会反问：你觉得我让你做件事的目的是什么。下属回复后，主管进行第四句的嘱咐：做这件事情可能遇到几种情况，哪种情况你可以做决定，哪种你做不了决定。讨论完这句话，下属渡边君还没被放走（升起自杀心），主管第五句话才完成任务布置：你自己做这件事你有什么想法和建议。五步下来，下属基本明白了做事需要解决的所有假设要素，结果一定接近于主管要求。

我们再脑补一下另一个国内某企业场景：主管对员工说：你去做件事（B）。任务布置完成。过几天的对话内容变成这样：

“我让你干这个了吗”，员工：“我以为你让我干这个”；

“任务布置了几天了，怎么没信了”，员工：“我干完了，你没说让我给你信啊”；

员工：“主管，请示你，这个事情怎么弄”，主管：“啥事都问我，要你有啥用”，遇到问题员工不再敢问，自己干，某天主管：你做这事跟我说过吗，你敢自作主张啊！

员工做什么都是错。

日企布置工作要说五遍，我们的企业家经常会说：不要让我说第二遍。

一个例子对比下来，企业效率高低自然分出胜负。

于是，樊登老师说：领导力不是天生的，是可学习的，是可复制的。逆向思考背后的逻辑是：员工的执行力就是领导的领导力，这种领导力方法论里面包括员工执行力，每个员工领导者角色、管理者角色、执行者角色三位一体，是那个思考和回答了五遍任务的员工，复制这个“三位一体”

的员工，就是“可复制的领导力”的含义。逻辑听懂后，我深以为然。

我们在投资企业尽职调查过程中，会观察“可复制领导力”的实践情况，会场景化感知上下级的沟通方式和沟通效率，这是新经济下企业运营的“流程再造”。

减少盲点象限，激发潜能象限，则效率最大化

如果把人际沟通比作是个窗户，沟通视窗分为四种：1. 自己知道，他人知道的公开象限；2. 自己知道，他人不知道的隐私象限；3. 自己不知道，他人知道的盲点象限；4. 自己、他人都不知道的潜能象限。那么，要沟通效率最大化，扩大公开象限，激发潜能象限。这就是我们在投资过程中特别强调的一点：保持同步认知，并互助最大化实现扫除盲维和盲点。

对于我们的投资经理、被投企业、合作投资机构，我们要求“三观一”：认知在一个频道；方法论互相认同；帮忙不添乱。通过及时反馈，同步认知；通过不断学习，同步方法论升级；通过价值观统一，共同赋能企业，减少内耗。“三统一”是我们解决沟通成本最小化，效率最大化的方法论。

我们内部定期分享学习会，学方法论学技能，团队同步同频；我们与合作方，不断分享升级的方法论，在认知同频的情况下，互相扫盲维、盲区、盲点，加速进化；价值观这个需要锚定的核心因素，我们始终不渝地重复、加深、烙印。

领导力的逆向思考，是一种修行方式

不管是投资机构还是创业守业，一个有野心的管理者，需要将每名员

工变成团队的战略合作者。可复制的领导力，通过不断扩大公开象限，提供领导、管理、执行三个层面的信息点对点对称，这个过程也正是工作修行的过程，这个思考模型可以让我们高效过一生。

8. 第一性原理，过通透的一生

戳中本质思考问题

“钢铁侠”埃隆·马斯克曾在采访中提到自己特别推崇“第一性原理”思考法：“通过第一性原理，我把事情升华到最根本的真理，然后从最核心处开始推理……”

第一性原理（First principle thinking）其实是古希腊哲学家亚里士多德提出的一个哲学术语：每个系统中存在一个最基本的命题，它不能被违背或删除。

说人话，就像几何学中的“第一性原理”如：两点之间直线最短。经济学中的“第一性原理”如：供求理论。供不应求时价格上涨，当供过于求时价格下降；企业竞争的“第一性原理”：效率。企业整体竞争优势是以其生产、运营、市场等各环节的效率为根本考量的；延伸开去，投资的“第一性原理”应该是，找到有效率、有愿景、价值观同频、方法论认可的标的企业，服务最大化，实现价值增长，增量分享。

“第一性原理”逆向思考实现颠覆式创新

马斯克在一次公开访谈中谈到他创新的思维时说道“第一性原理”（First Principles）：“第一性原理的思考方式是用物理学的角度看待世界的方法，也就是说一层层剥开事物的表象，看到里面的本质，然后再从本质一层层往上走。”当马斯克从NASA招来的助手在研制猎鹰回收式火箭时，提出来这做不到的时候，马斯克问他：哪条物理学原理说做不到。只是之前没人做到而已。本着简单朴素与坚忍顽强，猎鹰火箭成功回收的奇迹发生了，颠覆了认知，创造了历史。

“第一性原理的思维方式强调独立思考，不是人云亦云”。那就需要高度的自信和强大的内心，另外同步的“知行合一”。爱因斯坦说过：自信是向成功迈出的第一步；爱迪生接力说“天才是百分之一的灵感加百分之九十九的汗水”，其实据说还有后半句“但那1%的灵感是最重要的，甚至比那99%的汗水都要重要”。于是有了，爱迪生“买来灯丝专利”改良灯泡、与马斯克的偶像尼古拉·特斯拉“电流战争”等“黑历史”，但不妨碍他是一个伟大的发明家和实践者，因为他对“1%的灵感”，也就是那个“第一性原理”的认知是超前的。我想说的是，“第一性原理”是种有效的思维方式和思考模型，不论颠覆式创新还是商业运营都是一种先进的方法论。

现在就检验一下你的“第一性原理”思维：你难道不认为1875年爱迪生“买来灯泡专利”改良这事很鸡贼，但很有深远意义吗?！他就是电灯之父。

今天的创业者都要“把所有生意重做一遍”，雷军也正在用小米生态链颠覆传统制造业，倒逼传统制造业升级。我们尽职调查的很多优秀企业创始人都是独立思考的逻辑思维高手，经常被开脑洞。在消费升级的大背景下，之前一篇《“新黄金时代需”要更多To C思维》其实要说明的意思就是：适应新经济、新时代背景下，“第一性原理”所需要的基于消费者刚需、反馈的思维方式，互联网思维的底层都是“第一性原理”的思维模型。

变与不变，人性将是投资“第一性原理”最重要的考量

回到我们投资领域，如何适应“第一性原理”的变与不变。“第一

性原理”讲的事戳中本质考虑问题，但本质毕竟不是真理，本质也一样是在迭代升级的。投资的本质是寻找效率标的。但从宏观、中观、微观三个层面看不同时代、不同阶级、不同生命周期的角度下，我们要找的企业和匹配的资金都是不同的。比如，10年前，生命周期5—8年长成一个5亿规模企业已经算很快了，这就是当时的效率标准，我们的匹配投资资金也就是这样的收益效率，因为时间周期长，年化后收益却一般。10年后的今天，小米生态链企业：北京石头科技，做小米扫地机器人，2014年成立到2017年实现15亿收入用了3年，匹配投资资金效率完全不同。小米的纳恩博平衡车，海泉基金3年实现800倍收益，让我们觉得那个一直持有腾讯的神人的故事可以不断重复上演。说明一下，我以传统制造举例，而不是以成长更快更惊人的抖音来分析，怕犯以偏概全的冒进错误。

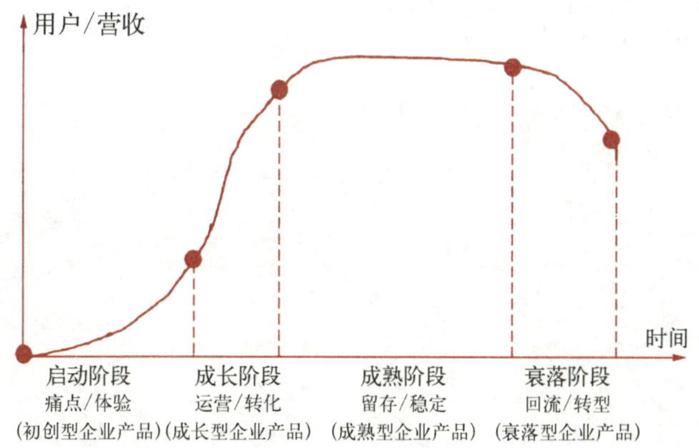

我想说的是，即使效率这么一个本原问题的含义都是在进化的，“第一性原理”必须不断迭代进化。那么，“第一性原理”本原思考不变的是什么？人性。做产品要顺着人性，做投资要逆着人性。人性将是做投资“第一性原理”最重要的考量。“人性”的系列文章我们后续分享。

“第一性原理”的思考模型让我们穿越迷雾

当遇到困难，身心焦虑的时候，我们经常说“回归初心”。我们的心里有最宝贵的“良知”，顺着我们的心就能找到事物的本原，就是“致良知”。“第一性原理”思考模型就是随时提醒自己，我做这件事是为什么。

为了财务自由？背后得问自己财务自由为了什么。进一步问自己，为了享受生活？背后得问自己享受生活为了什么。进一步问自己，为了精神自由？背后得问自己精神自由为了什么。心灵自由！

为了财务和心灵自由，这才是我们个体的价值和存在意义。第一性原理：用好这个模型让你我通透过一生。

9. 降维打击，过智慧的一生

商业世界的“降维打击”同样精彩

《三体》的刘慈欣创造了“降维打击”这个名词，并在时间、空间维度上进行了推理和科幻，精彩出奇，又细思极恐。其逆向“降维思维”和宏大通透的宇宙观让我受益更多。

具有高维度思维的企业，主动将竞争对手的某一核心维度的竞争力降为零，并跟对手在自己更具竞争优势的维度内进行竞争，从而实现以小博大、以弱灭强的商业竞争结果，这就是企业竞争中的“降维打击”。①

以传统的BAT举例，腾讯，阿里，百度各有各的基因、擅长领域及产品。阿里自然是电商基因，支付宝和淘宝两款产品、两个生态，让阿里占据了巨头一席；腾讯是社交、游戏基因，微信和QQ已经变成了现代人生活的刚需，目前流量把所有平台都远远甩在后面。

反观百度，没有社交、游戏基因无法直面腾讯，电商也干不过阿里，但作为PC时代曾经的最大流量入口，当年只要PC端上网，必须逃不过用搜索引擎，使其有着巨大的技术优势以及数据资源，百度搜索量、数据量价值也不可小觑；然而到了移动互联网时代，搜索引擎变得不那么必须时，百度的核心搜索业务在不知不觉中岌岌可危，再加上整个企业价值观的偏差，这个“骄傲”的小子正不断地被其他领域的“新物种”降维打击。我们看到了小米从IOT时间和空间维度的刁钻切入，避开BAT，悄悄

① 杨健：《降维打击》，北京时代华文出版，2016年10月。

生长；我们看到了美团“超限组合”[1]式降维打击，滴滴疲于应对；我们看到了拼多多用“反向定制”彻底打通消费的和生产端界限，降维打击，守正出奇，2年成长为“独角兽”。

与《小米生态链战地笔记》的作者洪华博士交流，小米谷仓学院用“反向孵化”“漏斗率”“人才银行”等“超限战”理论，通过“超领域组合”“超手段组合”“超台阶组合”，实现多维协作、全程调控，打赢“最大程度提高创业成功率”的超限组合战！

我们在所投企业身上都看到了小米谷仓学院作为小米“指导员”的理论身影，比如典型的“小站练兵”“抢银行模式组团队”“烤红薯生意”“首战即决战”，等等。小米生态链企业正是通过“降维思维”在传统制造中不断开辟蓝海，降维打击红海中搏杀的“大象”们，纳恩博平衡车3年实现“蛇吞象”，华米手环降维打击FITBIT，一切都在悄悄地发生，就像黎明前的斩首行动。当然，不说是传统企业没有机会，如果能真正在传统制造中用上互联网思维，在竞争上用上降维思维，机会不光有而且很大。红领集团、韩都衣舍……

独角兽投资本质是降维投资

作为投资机构，降维思维能带来什么？我们总结为：降维投资。并提出独角兽投资本质是降维投资。

最近一篇关于独角兽的冷思考文章《独角兽的狂欢，本质是股权投资行业的自杀》招来诸多白眼，却引发我们团队的共鸣。虽说标题党被白眼了，但“股权投资的债权化，是全行业堕落的表现，也是在自取灭亡”一

---

① 乔良：《超限战》，长江文艺出版社，2014年10月。

句话就像皇帝的新装中那个小男孩，让投机套利的行业惯性一下子裸体在阳光下。

什么才是投资独角兽的正确姿势？我们反思并总结，目前在践行的“生态型投资”被越来越多“降维思维”的同仁所认可，让我们在庆幸欣慰的同时，也感到了小小的使命感。

我们在生态型独角兽里优选未来的独角兽，按图索骥，孵化和赋能。生态链企业获得了生态型独角兽企业价值观、方法论的辅导，在成长初期，获得了营养和庇护，经过1—2年的刻意练习，让企业快速成长为一个中型的成熟企业，跨过初生的危险期。有了独角兽师傅们的传习，这些生态链企业加入到市场的汪洋大海，海阔凭鱼跃，有机会成为独角兽，超级独角兽，甚至蓝鲸。

回望我们做生态链投资的起点和初心，我们曾经的认知是：这是个机械论决定的确定性世界，我们只需要通过计算和祈祷就可以实现投资的成功；直到复盘、总结、学习后，我们才认知到：这是个进化论主导的不确定世界，动态进化中才能看到真实的世界，才不会被时代抛弃。正如马化腾刚刚在IT峰会上的金句“进化力其实是一个组织的终极竞争力”。投资机构作为最敏感的经济系统神经末梢，必须用进化获得核心竞争力。我们要找到那个打开大门的密钥：变与不变。基于这样的认知，我们向最高级的军事理论《孙子兵法》问道，对比复盘我们在尽职调查和投管的企业，发现求胜五计“道、天、地、将、法”（道：价值观；天：趋势；地：市场；将：团队；法：运营的一套方法论）已经内化为一批企业的基因，这些企业让人有似曾相识的感觉，追踪溯源，我们发现了其背后的生态链系统。

降维思考让芝麻开门，我们梳理了盒马生态链、小米生态链、京东众创生态链等生态系统的价值观、方法论和执行力，总结了生态链企业效率背后的所以然。结合我们所投生态链企业的实践，希望回归到效率的本质，知行合一，实现生态链企投势起人成。

未来已来，“一种思维，两项工具，三项打法”

未来竞争力企业会是什么样？我们“生态型投资”总结的要素：需要具备一种思维，降维思维；两项工具，物联网+区块链；三项方法，降维打击+自组织+可复制。未来已来，所有系统正在加速进化，拥抱多维宇宙，拥抱降维思维方式，知行合一，光明、智慧过这一生。

10. 超级产品经理，过极致的一生

超级产品经理，是种思考方式和生活方式

行家们评价互联网巨头BAT的时候，有种说法：百度重技术，阿里重运营，腾讯重产品。拨开现象迷雾看本质，无论从平台的特性，还是创始人的背景及优势，都体现了这一特色。

比如重产品的腾讯，创始人马化腾就一向以产品经理身份自居。

产品经理是个狠角色，愿意做超级产品经理的老大，肯定是个更狠的角色！对自己狠，对产品狠！

一位腾讯员工曾在公司群里问：《三体》里说，智子锁死了地球科技。其具体实现机制是什么？是能量场吗？

马化腾回复了：不是能量场，是智能控制的能微观到基础粒子层面干扰地球基础科学家的实验结果而无从进一步发展基础科学。一口气念了三遍，发现小马哥的神回复里，每个字都认识，逻辑表达非常清晰，但因为认知问题，理解起来似懂非懂。

这就是一个高段位的产品经理必须具备雄厚的技术背景，能说出“%…*&#@”这样的高逼格、让人深度蒙圈的技术话语。超级产品经理一定是非常喜欢学习的人，所以一定要设计一个体制，我说的可能是错的，他们要敢反驳。反驳之后我可能有30%收回，40%修改，30%最后落地，那就是最好的。这种学习的思考模型，和做产品迭代的思考模型如出一辙。

当然，小鹏汽车何小鹏说，好的创业者一定要有商人的调调和商人的味道，如果没有商业的气息，想把一家创业的公司做得非常大和好，非

常困难。超级产品经理就需要在高段位的产品经理基础上再结合商人的调调，这个要求就更高了。

雷军作为超级产品经理的故事更加跌宕精彩。2010年至今把小米从0到1，从1到100，在刘德协助下2014年开始把小米生态链从0到10，三年做出4家独角兽。雷军一共用了7年做到格力电器30多年才达到的营收体量。董小姐遇到雷布斯，10亿赌约惨败买回的教训应该是：超级产品经理是个狠角色。马化腾、雷军等这一批互联网老兵加新经济新锐，他们用自己的言行，证明了“超级产品经理”思维在事业发展上的巨大价值。

作为一个资深产品经理（超级产品经理），多年的职业思维和习惯，会不自觉影响到日常行事方式。反过来，通过一个人的日常生活化行为，可以反射出此人的职业和思维模式。

还是举例马化腾。最近，有个知名IT记者曝光了马化腾在自己朋友圈与投资人、员工、媒体人互动的几段文字，比如：

一个腾讯总监级的员工发了几张少年时的家庭照。马化腾说：你跟你妈好像，你的手好长。这个留言看出，马化腾的观察力超强，一般人通常只看到面相长得像，他能看到手比普通人长一点。

观察力强的人，不仅一眼就能识别、总结出主图的核心特征，而且能注意到细节的不寻常，以及视线之外容易忽视的部位特征。

做到这点，马化腾这个产品经理已经可以打80分了。但Pony岂是80分的中庸之辈！厉害的在后面！

一个投资人贴了一张自己孩子在船上钓海鱼的照片。马化腾说：孩子太轻，小心安全。

这个留言，把小马哥的产品经理水平嗖一下提高到90分！为何？因为他心思太缜密了！

普通人从照片里看到的是美景、美好，他看到的是潜在的bug和威胁。

虽然显得挑剔、吹毛求疵，但这的确是一个很大的纰漏和风险。

有一个上市公司CEO说：晚上12点刚开完会，还是要锻炼，决定跑步回家。

马化腾就问：你是换了衣服再背着背包跑吗？那人说，办公室备了衣服，让司机把包送回家。

马化腾又问：路上的人和车那么多，让司机送你到体育场或者室内跑，会更安全吧？

看到这里，知道马化腾为什么得101分了吧？

原本人家是个励志炫耀贴，发帖人期望值是收到一堆点赞，结果，小马哥火眼金睛快速一扫就发现两个大bug：1. 上班穿那身装备如何能跑？2. 大路上跑步，车多人多不安全。3. 解决方案：办公室换装，然后司机开车送到室内跑。

看出来没有，马化腾不仅观察力强、心思缜密，而且习惯将自己置身对方（用户）场景，推演整个行动过程，从中发现哪个环节可能出现bug、风险，最后，还能给出合理的、建设性解决方案！

妈呀，这是一种什么境界？这就是产品经理的最高境界：强迫症！

马化腾这个产品经理真不是吃素的，他太锐利了。（引用自“蓝魅先锋新媒体观察”，2017年8月10日）

我认为，超级产品经理就是观察力强、心思缜密、场景推演、强迫症、技术控的工作和生活思维方式。任何公司的跨界融合，老大们一定要冲到一线去做超级产品经理；一切品牌价值须回归产品本身，企业品牌需要超级产品经理思维；超级产品经理思维又让生活更加极致美好，和谐高效！

“超级产品经理”思考方式是逆人性的。因为大脑为了节省能量，从生理上是排斥思考和行动的。但被贩卖了焦虑和油腻后，是该问问自己，是不是该随时提醒自己用“超级产品经理”思维工作和生活！

超级产品经理，成大事不纠结

有一则禅宗故事：

有个小和尚问老和尚：“师父，你年轻的时候都干些什么呀？”

师父说：“我就是砍柴、挑水、做饭。”

小和尚问：“那你得道开悟之后，你都干些什么呀？”

师父说：“我还是挑水、砍柴、做饭。”

小和尚问：“那有什么区别呢？你活了一辈子也没什么进步啊？”

老和尚说：“不对，有进步。我年轻的时候是砍柴的时候想着挑水，挑水的时候想着做饭。现在呢，我开悟了，我现在砍柴的时候就砍柴，挑水的时候就挑水，做饭的时候就做饭。”

人的境界差距就是这么一点儿。

新经济时代，海量的信息与机会，貌似效率提升很快，沟通成本很低，实则选择成本极大，沉没成本极高。

如何应对跨界融合的需要并保持超级产品经理的“禅心”，这是生存还是毁灭的重大问题。

近代，曾国藩和他“结硬寨打呆仗”的湘军被传为佳话，作为王阳明之后的半个“完人”，曾国藩用的正是这样一套心法：古代儒家修身当中最重要的一个字，就是诚恳的“诚”字。李鸿章在晚年回顾自己一生的时候，就说我的老师曾国藩，教我最重要的就是这个“诚”字，这真的是让我受益无穷。

曾国藩曾经问李鸿章：“你跟外国人打交道，打算用什么方法？”李鸿章说：“我跟他们打痞子腔，跟他们耍无赖。”曾国藩说：“不好，你要跟他们用一个‘诚’字，不管是外国人还是中国人都是人，人都讲道理。只要你用一个‘诚’字，该怎样就怎样，对方就不会欺负你；即使他欺负你，那也只是实力差距带来的正常结果，总比你要无赖、使巧计，最后吃一个大大的暗亏要好得多，对谁我们都应该秉承一个‘诚’字。”这就是曾国藩作为超级产品经理的“禅心”。

曾国藩:“未来不迎，当时不杂，过往不恋。”未来发生的事情，我根本就不迎上去想它；当下正在做的事情，不让它杂乱，要做什么就专心做什么；当这件事情过去了，我绝不留恋它。这就是超级产品经理思维方式，简约而不简单，专注又有包容，成大事不纠结。

超级产品经理，是空杯守拙的价值观

阿甘的空杯守拙，看似智商低下，一辈子做好了跑步、当兵、开公司三件聪明人都没做好的事，最后还娶回了自己心仪的姑娘；曾国藩是一个崇尚“守拙”的人，他不喜欢灵巧的东西，他不相信任何一种能够四两拨千斤的取巧的事情。

我们要点赞、推广并践行“超级产品经理”的空杯守拙的价值观，并正加速把自己和团队成员变成研究员+产品经理+投资经理，以适应跨界融合时代下对投资人的要求，并持续践行“生态型投资”的打法。

第五章　生态型投资

——商业实践方法论系列思考模型

“花繁柳密处能拨开方见手段，风狂雨骤时可立定才是脚跟。”

在生活节奏日益快捷、社会分工日趋多元的现代社会，创业、生活如何做才能如此从容？生态型投资—商业方法论系列，通过经典案例、投资项目的复盘，总结方法论，提升认知，实现知行合一，在创业、投资的事业中不断修行，持续精进。

1. 游戏化与反控制：有趣比有用更重要

游戏化是未来的趋势

网红图书《游戏改变世界》的作者简·麦戈尼格尔说：游戏化，可以重塑人类积极的未来。

对大多数人来说，现实实在是个设计得太糟糕的游戏，游戏的真正目的是让我们在这个世界中生存下来。但问题是，现在的游戏都在引导我们忘掉现实，可现实是无法逃避的。所以，更加明智的办法是用游戏中学到的经验改造世界，即“游戏化”，从而使我们的世界和游戏一样引人入胜！①

简明扼要地说，**游戏具有四大特征**：目标，规则，反馈系统和自愿参与；**四个目标**：更满意的工作，更有把握的成功，更强的社会联系，更宏大的意义；**游戏的运作机制**：参与，奖励，团队，三机制（游戏持续性）；**游戏的现实价值**：参与式经济，人人时代，盈余红利，合作；**游戏七大艰苦之乐**：1. 高风险工作（求生之路）；2. 重复工作（农场收菜）；3. 脑力工作（益智游戏）；4. 体力工作（跳舞游戏）；5. 探索性工作（密室逃脱）；6. 团队工作（LOL）；7. 创造性工作（mc我的世界）。在游戏的艰苦之中，我们能感到“自豪”。这是很多事情无法达到的，你可以想象很多时候你玩某个游戏达成了某项成就时，自豪地向朋友炫耀的场景。**游戏中特殊的幸福形式**：心流（创造性成就和能力的提高带来的满足感和愉快感）。这种感觉相信很多玩过游戏的人都有过，在某个游戏中虚拟的自己，

① 参考，樊登读书会，2018年5月。

伴随着自己升级带来的能力的提高，各项数值的成长，感觉自己又强大了的感觉。这种感觉，我现在也经常导入到现实生活中，尽管很多情况下没有游戏来得那么实际。但是在现实之中，我们也可以想象自己拥有隐形的数值。①

清楚了游戏在这个时代背景下的价值所在，联系到创业、守业、投资、融资的实务，游戏化显得更加有实际意义。举个创业的例子，我们投资的一家生态链企业，生产面向C端各场景下的物联网打印机，第一款爆款产品是具有AR动态照片功能的随身掌上照片打印机。他们的应用场景和照片展现形式都遵循游戏化原则，为的是在用户心智中播下"有趣的场景打印机"的种子。口碑相传，加上不断地推出爆款产品，以及有趣+有用的场景打印机，他们实现了更清晰的企业发展路径。我们目前在推进的"生态型投资"，把我们的投资经理打造成研究员+投资经理+产品经理，变成了多栖多能的特种兵，小团队变成了特战小组，每个小组负责一个生态链。我们把生态型投资过程游戏化，变成了投资的CS对决，很精彩，很过瘾，正逐步接近心流的效应，未来对个人成长和团队业绩的益处巨大！谷仓学院的爆款产品课程，以孵化营，加速营，创业赛，师徒聚会，拓展活动，展销推介等多样化形式，以游戏化提高交互频率，强化场景式孵化效果，最终通过价值观/方法论保障，最大程度提供创业成功率！

我对"有趣比有用更有意义"是极为赞同的。因为有趣，我们生命才丰盛优雅，我们才不会成为生活的奴隶。

正如把坎坷一生过得趣味盎然的苏东坡所说："惟江上之清风，与山间之明月，耳得之而为声，目遇之而成色，取之无禁，用之不竭，是造物者之无尽藏也，而吾与子之所共适。"

---

① 简·麦格尼格尔：《游戏改变世界》，浙江人民出版社，2012年8月。

创业和投资，有趣才有生命力！

多样化实现反控制

游戏化创业/投资，实现了沉浸式地激励成长，副作用就是“只在此山中，云深不知处”。

于是，我们需要反控制。作为军事学上的反控制，是指以兵力或火力在一定区域的机动，来打破敌方对己的限制，以保持军事行动的主动权。战略上的反控制是指在政治、军事、经济、外交、文化诸方面进行全方位的主动行为，以打破敌方在以上诸方面的限制或要挟，避免受制于人，随时保持己方在政治、军事、经济、外交、文化诸方面的独立自主。[①]

蒂姆·哈福德的经典著作《混乱：如何成为失控时代的掌控者》，被尊为是21世纪的社会学。实现反控制，书中总结了两个主要的方法论来实现反控制：线性思维到网状思维；从“我”VS“外部”，到共同进化的超紧密联系，“无内外之别”。

传统的团体合作方式是确定目标，全身心地投入，将分裂、干扰和阻碍最小化，争取以最高效率实现这一目标。反控制，通过故意引入“随机因素”，实现认知的多样性，多样性才是提升创造力的秘方，它比个体能力更重要。[②]

---

① 百度百科：《反控制》，https://baike.baidu.com/item/%E5%8F%8D%E6%8E%A7%E5%88%B6/16016074，2016年1月17日。

② 蒂姆·哈福德：《混乱：如何成为失控时代的掌控者》，中信出版集团，2018年1月。

美国心理学家欧文·贾尼斯曾提出一个概念叫“团体迷思”，意思是团体在决策过程中，为了维持团体的和谐，成员会倾向于和团体观点保持一致，于是不愿意提出一些争议观点，因此很可能导致团体做出不合理甚至很糟糕的决定。

每个人都觉得团队里聪明的人多得是，于是每个人都懒得进行批判性思考，反正天塌下来有高个子顶着。

面对一个极其复杂的问题，聪明绝顶的人也可能束手无策，而新鲜血液的注入则可能帮助我们打破僵局。不管那个点子靠不靠谱，新的就是新的。

打个比方，如果一个团队已经有四个出色的统计学家在研究一项政策，那么哪怕一位水平一般的社会学家或经济学家的加入，都比再来一位统计学家有帮助。

好比你想提高自己的网球技巧，最好请一位教练、一位营养师和一位健身教练，而不是一下子找三位网球教练。

同样的道理，一个城市的多样性决定了这个城市的生产力，一个董事会的多样性决定了董事会做决策的水平，一家公司的多样性决定了这家公司的创造力。

认知的多样性可以增加团队的成功率，接受这一结论并不难，但是如果要将结论投入实践，人们便打起退堂鼓来。这是因为多样化团队的成员会彼此怀疑、争论不休，把讨论变成辩论。这是低效吗？绝对不是。

社会学家布鲁克·哈林顿观察了20世纪90年代位于美国加州的投资俱乐部，那个年代的股市一片繁荣，很多股民开始抱团分析股票，一起投资赚钱。经过细致的跟踪研究，哈林顿发现，由朋友组成的俱乐部做出的投资选择往往很糟糕。原因是，为了维护成员之间的友谊，社交型俱乐部对分歧和争议避而不谈，以免伤害任何人；相反，成员关系更疏远的俱乐部能及时否决糟糕的投资方案。

大多数团队在进行团队建设的时候，受到本能的驱使，偏爱有条不紊、井然有序的合作方式，这样真的正确吗？在同质化和多样化之间，我们每次都选择前者，因为它能带来安全感。我们不喜欢被打扰，错误地以为多样性会阻碍合作。

现实社会充满了结识新朋友的机会，而我们却不善于利用。

美国两位心理学研究者在纽约举办了一场社交聚会，邀请一大批有影响力的高级顾问、企业家、银行家和生意人。他们来自各行各业，有男有女，总数约100人，目标是扩大交际圈。然而，他们的言行却自相矛盾。结果显示，参会者见到熟人便径直上前叙旧，尽管偶然也和陌生人交流，但都是老朋友引荐的，是朋友的朋友，是一个圈子的人。这些所谓的陌生人，往往也来自同一个行业。

今天世界的交通比任何时代都便捷，沟通比任何时代都容易，给了我们更多机会去认识长得不一样、做得不一样、想得不一样的人。而我们却试图让自己的人际交往不要太复杂，尽量靠近和自己类似的人。

我们总是被相似的人吸引，喜欢和自己的朋友在一起，每一个人都愈发只关注自己的圈子和世界。经济学家把这种现象称为“同型相配”。这种模式还在无休止地重复。其实我们有很多机会听听不同的声音，见见不同的人，建立新的信任，但做出的选择却只是巩固旧有的社会关系。社会学家霍华德·奥尔德里奇最近得出一个结论：大多数企业家并非像公众认为的那样富有创造力，其中一个原因是大多数企业家与其他人完全一样，只和同一个圈子的人一起活动。

走出社交的舒适区，勇于结交另一个世界的朋友，有效扩大社交圈。必须意识到只选择“和我是一个世界的人”的交友心态十分消极。生态越复杂，进化出来的物种就会越多，越复杂。对于一个个人来说，你每天面对的人，复杂性和异质性能有多高，决定了你的进化速度。如果我们每天面对的都是同样的人，一套方法，就能应对和解决所有的问题，则成长速度必定很慢。如果你天天只跟熟悉的人打交道，日复一日的重复原先的工作，那说明，你处在一个相当简单的生态里，缺乏进化的生命力量。走出去，投石问路，参与进化。①

90、95后人群，游戏力与反控制的矛盾统一体

时代是进步的，世界是多样的，学习和进化是不变的。70后是善于隐忍和吃苦的一代人，80后是通过努力达到安稳的一代人，90后和95后是追求兴趣和自我表达的一代人。虽然用标签形容一代人的共性并不一定合理，但是每代人成长环境不同，他们的特征和喜好也不同，作为70后和80后要了解90后，学习他们的自我迭代和进化能力，95后也要试着了解前辈们的优秀品质，不然就会“后人哀之而不鉴之，亦使后人而复哀后人也”。**无论代际，无论年龄，始终保持对边界的突破的信心，保持对世界的感知和学习，是每一代人都需要的品质。**

他们的成长环境适逢中国经济高速增长期，居民消费水平明显提高，

---

① 学霸猫：《失控》这本书为什么如此之火？https://www.zhihu.com/question/19560062，2015 年 12 月 17 日。

优越的经济条件和丰富的物质生活，让95后一代人更注重精神层面上的需求和享受，“虚拟”网络世界成为他们追求精神生活的载体。95后成长阶段是中国互联网高速发展的十年。初中开始使用手机上网，高中接触网络视频、微博，大学开始使用微信、移动支付、社交网游。互联网的变化渗透在95后的生活之中，他们是互联网时代名副其实的原住民。95后注重娱乐精神，但并非“娱乐至死”。95后同样喜欢三观端正，思想丰富的优质内容，用幽默、吐槽的娱乐外衣包裹较为严肃的话题的内容形式，更能够被95后所接受。社交对于95后的意义不仅限于使用即时通信工具和自媒体平台，而是形式更加多样（如弹幕、开黑、面基）的情感表达和思想交流，并从中获得自我认同。从兴趣领域出发，融合社交元素，将会广受欢迎。随着第一批95后走出高校、走向职场，在人生历程中的重大转折阶段，通过多样化的学习方式和网络渠道获取知识，进行独立思考，获得自我成长，也成为95后的核心诉求。

当物质条件得到满足以后，必将驱动95后精神层面的追求。需要表达兴趣和情感找到同类的归属感，需要有独创性精品内容获得尊重和社会地位。他们会为独特的趣味和审美买单，也会为了减少时间的“懒人需求”买单，更会为了身份认同买单，从小优越的生活让他们对价格的敏感度越来越低。这些原因决定了95后独特的自我表达。他们认为“做人最重要的是开心”，因为一切皆可玩；他们认为“存在即被感知”，因为哪里都要社交；他们认为“我要的现在就要”，因为他们喜欢碎片化、轻量化、即时化。

追求个性和自我是90后人群最突出的特征，90后有独立的兴趣阵地、有基于兴趣丰富多元的社交、也有对个性和思想的追求。90后热爱学习，寻求自我认同和自我成长。而提起95后不得不提的就是“标签”。用兴趣、社交、个性和成长来概括他们最为贴切。

95后高度互联网化的生长环境也让他们丧失了许多现实社交，走向社会后相对较难处理人际关系，这让他们内心世界极端丰富，潜意识的“本我”被压抑，需要多种释放渠道出口，来抒发自己丰富的内心世界。所以很多95后开始饲养“萌宠”，通过与天真无邪的宠物每天的交互，让自己内心得到舒缓。他们用行为建构了自己的“小世界”。“‘二次元’黑话”是他们特有的沟通界面和思维方式。

而他们自己的小世界与外部世界实际上存在着某种隔离，这让他们感知周围世界的能力会出现下降。年轻人只关心自己半径三米以内的事情，虽然他们在网上跟人无话不谈，但在现实生活中，却不懂得与人面对面敞开心扉。所以现在的很多职业中，尤其是像保险、超市等服务行业，95后人员感知别人情绪、快速做出回应的服务能力出现下滑。

而类似“青蛙旅行”和“小猪佩奇”的“佛性”价值观的流行让他们没有成功的追求，学习能力低下但丝毫不以为然，出现“差不多就好”的心理。类似“头条”“O2O”等各种新服务滋生了“懒”和“宅”等生活态度的出现，让他们的生存度逐步下降，让蓝领工种等动手能力很强的人群出现下滑，让他们看到网上视频即冲动购买，让他们遇到困难，懒于思考就立即放弃。这些现象和价值观，可能会酝酿出“低智商社会”和“低欲望社会”的社会风气。①

人想要长久的幸福源自内在奖励。如满意的工作、成功、社会联系、超越自我。然而这些通过游戏都可以带来。游戏的4条永恒真理：第一，优秀的游戏可以发挥重要的作用，改善真实生活的品质；第二，优秀的游

① 韩乾源：95后是怎样一代人？从产品经理角度帮你看看，http://www.yidianzixun.com/article/0J3hHIti，2018年5月6日。

戏支持大规模的社会合作与公民参与；第三，优秀的游戏帮助我们过上可持续的生活，变成更具适应性的物种；第四，优秀的游戏引导我们为人类面临的最迫切挑战和创造新的解决方案。

90后人群已成为社会生活最鲜活的生力军，无论创业还是投资，他们身上所特有的时代烙印，使这代人将承担不同寻常的历史使命。如果90后群体逐步融入社会大熔炉，游戏化与反控制结合更完美的话，这一代群体将有颠覆世界的时机和能力！我们拭目以待。

《孙子兵法》曰："凡战者，以正合，以奇胜。"守正出奇的意思是说按着常规发展，却又不固守常规，能突破思维、出奇制胜。

游戏化与反控制，就是科技与商业的"守正出奇"兵法：小胜靠智，大胜靠德。

2. 清单革命：让复杂工作变简单

“巧克力豆条款”的背后道理

凡是背后都有道理。

探讨今天的方法论，先讲个故事。著名摇滚乐手大卫·李·罗斯（David Lee Roth），他是范·海伦（Van Halen）乐队的主唱之一。每次签订巡演合同的时候，罗斯都会坚持在合同中包含这样一个条款：后台化妆间里必须摆放一碗M&M’s巧克力豆，而且里面不能有一粒棕色巧克力豆，如果主办方没有做到的话，演唱会将被取消，而且主办方还要对乐队进行全额赔偿。至少有那么一次，范·海伦乐队因为上述原因霸道地取消了科罗拉多的一场演唱会，因为罗斯在化妆间里找到了棕色的巧克力豆。

有人或许会认为大明星总是喜欢摆谱，提出不近人情的苛刻要求。但其实不然，这是罗斯用来保障演唱会安全的一块试金石。

罗斯在其自传《来自热浪的疯狂》（Crazy from the Heat）一书中写道：“范·海伦是一支将演唱会开到偏远城市的乐队。我们的设备足足装了9辆18轮卡车，而一般的演唱会只需要3辆卡车就行了。工作人员一不留神就会犯技术错误，比如横梁因为无法负重而倒塌，地板也会因为不堪重负而塌陷，还有舞台的门不够大，舞台置景无法通过。演出的合同附文读起来就像是看黄页一样，因为设备实在是太多了，调试安装工作需要大量人手。”所以，他们设计了一个小测试，也就是合同附文的第126条那个关于巧克力豆的条款。罗斯写道：“如果在后台放置巧克力的碗里发现了棕色巧克力豆，我们就会对各项装配工作逐一进行检查。我保证会发现技术错误，会碰到各种各样的问题。”这些可不是鸡毛蒜皮的小事，一些错误会威胁到人们的生命安全。就拿那次被取消的科罗拉多演唱会来说吧，乐队发现当地主办方没有仔细阅读有关舞台重量的要求。如果演出如期进行的话，舞台完全有可能在演出中坍塌。原来如此！

实际上，大卫·李·罗斯不经意间，非常智慧地使用了一个方法论工具—清单检查！①

制作不同清单避免无能之错

人为什么会犯错？

《清单革命》（阿图·葛文德，中信出版集团）的回答是，人的错误可以分为两大类型：

第一类是“无知之错”：我们犯错是因为没有掌握正确的知识。无知之错，无法避免，可以被原谅；第二类是“无能之错”：我们掌握了正确的知识，但是犯错的原因是没有正确使用这些知识。无能之错，可以避免，无法被原谅。

避免“无能之错”的解决方案，就是制作清单。

那么，清单如何避免无能之错的发生？

第一步，把遇到的问题分为三类：简单问题、复杂问题、和不确定的极端复杂问题；

第二步，对不同类型的问题采取不同的清单策略：

1. 简单问题，采用执行清单。

简单问题的核心是避免忘记，执行清单有明确的步骤，照着执行

---

① 大卫·李·罗斯：《来自热浪的疯狂》（Crazy from the Heat），London，Ebury，2000年6月。

就ok。

2. 复杂问题，采用核查清单。

复杂问题的程序多、专业性强，核心是避免遗漏重要环节。核查清单，能确保每个基础而重要的环节不被遗漏。查理芒格非常推崇在金融投资过程中使用核查清单。

3. 极端复杂问题，采用核查清单和沟通清单。

核查清单，确保极端复杂问题的各个环节能够顺利完成；沟通清单，确保极端复杂问题的隐患能够及时地发现和排除。①

清单检查，重在刻意练习

其实，清单最初的由来是飞机的检查单。1935年10月30日，美国军方在俄亥俄州代顿市莱特机场进行了一次试飞招标。波音公司研制的299型铝合金机身轰炸机在性能方面遥遥领先于马丁与道格拉斯公司研制的飞机，其载弹量是军方招标要求的5倍，飞行速度几乎是早先轰炸机的2倍。这架叫“空中堡垒”的飞机机身光滑，外形抢眼，翼展有31米，机翼下吊挂了4台发动机（以前的轰炸机通常只有2台发动机）。

在试飞过程中，只见“空中堡垒”呼啸着冲向跑道的尽头，稍一抬头便腾空而起，以大仰角迅速爬升至近100米的高度。但突然之间，飞机就像醉汉一样倒向一侧，随即失速坠地，发生了巨大的爆炸。5人机组中有2人不幸遇难，其中就包括试飞员普洛耶尔·希尔少校。

调查结果显示，这起事故并不是机械故障引起的，而是人为失误造成

① 百度百科：《清单革命》，https://baike.baidu.com/item/%E6%B8%85%E5%8D%95%E9%9D%A9%E5%91%BD/5440429?fr=aladdin，2017年11月16日。

的。这架飞机比以往的飞机复杂许多，飞行员要管理4台发动机，而且每台发动机的燃油混合比都不同。此外，飞行员还要操控起落架、襟翼、电动配平调整片和恒速液压变距螺旋桨等。因为忙于各种操作，希尔少校忘记了一项简单却很重要的工作。研发人员为飞机设计了一套全新的控制面锁定机制，但希尔少校在起飞前忘记对升降舵和方向舵实施解锁了。

然而，飞行专家依然坚信这一型号的飞机是可以操控的。所以，一群试飞员聚到一起出谋划策。他们没有要求驾驶该轰炸机的飞行员接受更长时间的培训，因为作为美国陆军航空兵首席试飞员，希尔少校的经验和技术已经是一流的了。他们想出了一个非常巧妙的办法，即编制一份飞行检查单，将起飞、巡航、着陆和滑行各阶段的重要步骤写在一张索引卡片上。对于卡片上列出的事项，飞行员都知道该如何操作。他们会根据检查单的提示检查刹车是否松开，飞行仪表是否准确设定，机舱门窗是否完全关闭，升降舵等控制面是否已经解锁。

于是，第一张飞行检查单就这样诞生了。

飞机操作流程复杂，机组工作负担往往很重，而人本身又有着局限性，这些都是影响检查单设计和使用的重要因素。在日常飞行中，许多程序要求飞行员必须依靠没有经过主动思考而做出的固有反应来完成。但是，人对重复、单调刺激的兴趣和反应会逐渐降低。飞行员也可能出现忘记、忽略或遗漏检查单项目的情况。

从某种意义上说，检查单是机组团队的核心。良好的机组资源管理进一步要求将“做检查单”变成“真正的检查单”，而真正的检查单要用心，其核心是“证实”。因此，飞行检查单，执行是关键。①

① 姚永强：从《清单革命》看飞行检查单，http://news.carnoc.com/list/409/409763.html，2017年7月4日。

2018年5月14日上午，发生在国内的川藏线客机成功迫降事件，让我们看到一位如萨利机长般刚毅决绝的英雄代表。通过相关披露信息进行复盘，飞行检查和刻意练习是这次成功处置险情的最关键因素。

川航3U8633机长刘传健是重庆九龙坡陶家人，渝西中学（巴一中）90级4班学生，曾经是解放军空军轰五战机飞行员。轰五是空军老轰炸机型，没有升温空调，更没有自动驾驶。况且低温训练是家常便饭，因为投弹，开炸弹箱时候，驾驶室温度通常是零下。在模拟战斗中经常驾驶舱会被击中，盲航甚至单发动力情况下，都要手动操控把飞机开回家，是一个优秀轰炸机飞行员的基本功。和平时期，刘传健转业到川航。这次因为严格遵守飞机纪律和飞行清单程序，加上技术功底了得，危难之处显身手，避免了一次重大灾难的发生，国民之幸，国家之福。

印在心上的清单革命

阿图·葛文德著作的《清单革命》，据称是“全球思想家正在读的20本书之一”，横扫美国7大畅销书排行榜，造就了北美畅销30万册的神话。作者通过自己在医疗领域的实践，掀起了一场“清单革命”，并将革命风潮推广到建筑、飞行、金融、行政等与我们生活息息相关的领域。作者本人是白宫年轻的健康政策顾问、影响奥巴马医改政策的关键人物，也是《时代周刊》评出的全球100位影响力人物榜单中唯一的医生。

一张手术清单，让原本经常发生的手术感染比例从11%下降到0，被全球2 000多家医院奉为圭臬；一张建筑清单，让每年建筑事故的发生率不到0.000 02%；一张投资清单，让一个投资组合的市值竟然增长了160%……

一个医生提出了适用多行业的提升效率和安全的方法论，我认为，本质上是一场捍卫安全与正确的清单革命，一次心灵变革。玩笑地说，国内的医生只有冯唐可以与其PK。

清单革命，不是一场写在纸上的革命，而是一场印在心上的革命。

每个人都会犯错，别再让相同的错误一再发生，别再让我们为那些错误付出沉痛的代价。清单不是写在纸上的，而是印在心上的。清单，正在一步步变革我们的生活，变革这个复杂的世界……

3．突破“深井病”：打造超级组织，链接超级个人

应对不确定性，“生存还是毁灭”的问题

从“黑天鹅”到“灰犀牛”，不确定性正在成为这个时代最重要标志。

以前成功的经验，在未来有可能成为我们的羁绊；在商业竞技场上，今天我们正在与能看得见的竞争对手厮杀，明天就有可能被不知道从哪儿来的对手打败。异军突起的拼多多用“乡下包围农村包围城市”的创新战法，把曾经无法撼动的淘宝打得找不到北；抖音等短视频的即时创作和即时互动属性把传统视频网站的商业模式彻底颠覆，整合营销加产品思维让超级个人成为流量中心，继而用流量产品实现盈利。

商业竞争正从模式竞争变成超级个人，进而超级组织的竞争。降维打击成为商业竞争的标配后，升级到盲维歼灭，让你都不知道怎么死的。

应对不确定性，组织需要更多的灵活性，而不是传统的直线模式。面对灭霸，超级个人需要联合起来。

全世界超级个人联合起来，我们首先要克服的就是深井病。

传统的“深井”式组织架构，小团队各自为政，互不关联，只听从最上面的领导者，层层传递信息和指令。正如一口一口深井，我们很多人都如井底之蛙，盲目地重复着每天的工作。对信息的垄断，是形成深井病的重要原因。如何解决?

“深井病”需要调理成“深井衰弱”

美国在伊拉克战争期间，美军装备精良很快击败了独裁者萨达姆。但是后面美国部队吃尽了苦头，美国的军队伤亡每天都在增加，恐怖分子，游击部队隐藏在街头巷尾，他们不需要有人指挥，随时可以发起进攻。在这种情况下美军部队指挥官不得不重新反思和调整他们的指挥系统。

每个国家军队和组织机构的组织系统都是类似的。美军有严密的层级组织，有指挥官、情报人员、后勤人员等。行动的时候需要层层传命令。恐怖分子不需要，他们很松散，甚至不需要指挥官。他们是网状的结构。因此这个时候吃亏的就是美军士兵了，他们的一切行动几乎都要听上面的指挥，命令下来之前还需要情报部门的情况，指挥部讨论，然后一层层下命令。

这个管理思想的根源在“还原论”。在还原论发展出的“科学管理”理论体系下，工作细化到每个小的环节或者部分，每个人只负责具体的事情，大大提高了工作效率。然后随着时代的发展，这个理论已经有些不适应瞬息万变的现实了。

我们应对不确定性的、复杂的、非线性的环境，必须打造一支高度灵活的团队。

在这个体系中，不存在深井，而是由灵活的小团队构建灵活的大团队。组织中的每个人没有必要了解其他的所有人，只要和其他团队中的某个人取得联系即可。

从“深井病”到“深井衰弱”，成就中心化与去中心化的未来组织架构，符合区块链应用特征和区块链精神，必然是最有生命力的组织形态。

调理五药方：共同目标、灵活深井、共享信息、共享利益、赋能

治疗“深井病”，五副科学药方，超级组织和超级个人共同实践知行合一，就有希望摆脱这个未来能让超级组织致命的重疾。

突破深井方法一：打造超级团队，要有明确共同目标

打造超级团队，需要这个团队要满足这样的条件：互信、有明确目标。

举个例子：海豹突击队：不要英雄，要泳伴！我们在电视电影里经常看到海豹突击队的身影，可能很多人觉得这是一个他们是培养超级战士的地方，其实我们错了。突击队不欢迎超级英雄，而是更加注重团队精神，突出团队成功高于个人表现。海豹突击队规定每个队员都要有自己的亲密伙伴，队员之间要一起生活、一起训练、一起战斗，游泳也要在一起，所以被称作“泳伴”，这样做的目的不仅是为了培养团队精神，更是在打造一种互信的氛围。如果谁一个人行动，比如单独吃饭，那么两个人都要受到惩罚。有了这个共同目标他们拥有当下的卓越战斗力。

突破深井方法二：改进结构，打造灵活强大的团队

想要突破深井，就要提升团队的灵活性。于是我们经常可以看到一种改进式的团队架构：灵活的深井。在这个体系中，不存在深井，而是由灵活的小团队构建灵活的大团队，上层只有一个总指挥部门，下层为小团队结构，他们有很大的灵活性和自己的权力。深井就变成了“浅井”，每个团队就可以独自作战。这也是美军在战场中的终极形态，得以借此与恐怖分子抗衡。对于企业来讲，需要增强组织架构上的灵活性。可多采用“借

调”模式，即抽调不同部门、不同地区的工作人员到其他部门或地区，以外来者的身份加入团队。战地案例中，一位海豹突击队的军官被借调到大使馆担任联络官。大使馆工作人员对他的态度由不屑到信任，促成了军队和政府部门之间的深入理解与协同。这样既可以激发原有团队的活力，也方便不同团队之间的沟通，打破壁垒。

突破深井方法三：信息共享

在传统的组织架构里面，每个部门是有竞争关系的，彼此之间缺乏有效信息交流，开会的时候往往不同部门不能互相参加，讳莫如深。2001年9·11事件中，开飞机的恐怖分子早就进入了联邦调查局的调查名单，但是在调查中联邦调查局因为部门之间的壁垒却得不到中情局的配合。最后导致悲剧发生。由此可见在深井结构中有很多“信息空隙”，才让恐怖分子有机可乘。现实生活也是，往往由于信息沟通不变，会出现“三不管”的局面。

现实生活中有时候做一件事情因为得不到另外一个部门的配合，让你痛苦不堪。公司某个部门的开会，如果能够让其他部门的人去旁听，这样在解决问题的时候就不会出现各种不信任不合作了。突破深井要尽量打破团队间、个人间的物理阻隔，让团队成员能够更顺畅地互相沟通、达成共享。

经解密后，我们才知道，美国的登月计划之所以能够成功，也是因为他们做到了信息共享，而欧洲各国虽然也想做，但是他们信息共享无法做到美国宇航局这么透明，美国宇航局发明了一个耳机，可以随时听其他部门的开会，甚至可以做到7 000个人可以同时在线开会，最终实现了登月多次。日本著名企业家稻盛和夫说过一句话，京瓷公司是透明的，没有秘密的。这就是信息共享的强大力量。

突破深井方法四：利益共享

围绕共同的目标，通过激励与约束机制使团队成员都从团队的利益出发，思考如何让团队利益最大化，而不是自身利益最大化。以利和义，义利相济，这是超级组织和超级个人长期共同战斗必须要的价值观。

突破深井方法五：赋能，中心化与去中心化的平衡。

要让正确的人在正确的时间用正确的方式做正确的事。打破深井并不是不需要领导，是不需要英雄式的、时时处处发号施令的领导。而应该像园丁，负责缔造组织环境、维系组织氛围，这才是现代领导者的两大任务和首要职责。①

未来年轻人的需求有两个重要的变化趋势：一是宁愿失业也不能容忍自己的价值被忽略；二是崇尚参与，而不是自外而内的服从于命令。这是自我实现的趋势所在，是一个不可逆的潮流。

未来的组织必须有超越传统的运作方式，对外必须能够对复杂多变的外部环境做出更快速的反应，对内又必须能够持续激发精英员工的内在动力并在工作中持续为他们赋能。

打造突破深井的超级组织，锻造超级敏捷个人，企业价值观、团队价值观、个人价值观必须高度同频共振，极大化提高效率。超级敏捷文化，从个人文化入手，（参考我们《生态型投资——商业价值观系列1—10》文

---

① 斯坦利·麦克里斯特尔，坦吐姆·科林斯，戴维·西尔弗曼，克里斯·富塞尔：《赋能：打造应对不确定性的敏捷团队》，中信出版社，2017年11月。

章）实现认知同频，则团队文化落实融入，企业文化持续营造，真正实现“心流”的超级组织。(《心流，打造同频共振的超级组织》，我们另一篇方法论系列文章）

突破深井，超级组织与超级敏捷个人实现紧密连接，心心相印，携手战斗，用共享思维武器和方法论，无往而不胜！

4. 保持专注，体验心流，幸福翻倍

保持专注，用心流使效率和幸福感翻倍

30年前，心流理论之父、积极心理学奠基人米哈里·契克森米哈依据大量案例研究提出了开创性的“心流”理论，借用量子力学、相对论等理科概念，揭示了“保持专注，效率和幸福感翻倍”的科学依据。

如何确切地描述“心流”（flow）的感受？契克森米哈引用了通俗生动的例子——跳舞。走进舞池，我就觉得像漂浮了起来；好像喝醉的感觉，当舞到尽兴，我浑身发热、欣喜若狂，仿佛借着身体语言与他人沟通。“心流”的另一面是让人沉浸思维之乐中。牛顿把手表放进沸水里，手上却捏着鸡蛋计算时间，因为他已沉浸在抽象的思考当中；迈克尔逊是第一位赢得诺贝尔奖的美国科学家，有人问他何以花那么多时间测量光速，他答道：“因为太好玩了！”这也体现了契克森米哈的人生态度，即我们对自己的观感、从生活中得到的快乐，归根结底直接取决于心灵如何过滤与阐释日常体验。①

回到自己，回忆一下我们初中时解答某道难题时的场景：物理老师教了多种思考角度和多种答题方法，某道题的解题思路必然是多种答题方法和答题套路的选择和验证，需要巧妙地搭配使用这些套路，于是经常为了一道题目忘记了吃饭和睡觉，也听不见周围的噪声，直到获得正确答案后，你才缓过神来，感觉一阵轻松，开始感觉肚子有点饿。

---

① 参考消息网：《“心流”告诉你：保持专注，幸福感翻倍》，http://www.cankaoxiaoxi. com/culture/20171210/2245594.shtml，2017 年 12 月 10 日。

这样的体验，说明当时的场景下，我们进入了“心流”状态。

“心流”（flow）是这样一种沉浸的状态：

无须使用什么自控力，你就高度集中了注意力，外界根本干扰不了你；

感觉毫不费力，但是有特别高的效率；

完全被所做的事情吸引，以至于忘了自我；

而且忽略了时间的流逝；

还有强烈的愉悦感。

稻盛和夫在其著作《干法》中，从头到尾强调工作的唯一技巧就是把心放在工作本身，全身心地投入工作中，高效精进，恍如现场有神灵，实现心流的效率和愉悦感。

不要老想着如何获得，如果想就一定无法获得，只有真正地投入到工作本身，才会获得心流这种感受，想一想你玩一个游戏入迷的感觉。如果一个人不爱他的工作，那么怎样的技巧都无法帮助你获得心流体验。

万维刚老师在“得到”APP《精英日课》第一季专栏里，解读了一本名为《盗火：硅谷、海豹突击队和疯狂科学家正在给我们的工作和生活带来一场革命》的书，介绍快速进入“心流”状态的几个重要思路和方法。如何通过操控大脑让自己进入心流状态？《盗火》告知我们，关掉头脑中的几个声音就够啦。

脑科学研究发现，人并非只有一个单一的自我，我们的头脑中其实有各种声音。比如，你正在干一项高难度的脑力工作，你头脑中一个声音说今天晚上吃什么，一个声音说昨天那场比赛输了真遗憾，一个声音说这个工作干好了会取得什么评价，一个声音说我一个人留在公司干活真了不起……人脑是一场争论，我们有多个自我，他们开讨论会决定下一步怎么办。

要想专注做某一件具有创造性的事情，你必须关闭掉一些声音。具体来说，你要关闭掉负责意识的前额叶皮层主管的两个声音：一个是“自我批评”，另一个是“时间感”。

我们大脑中有一个自己评价自己的声音。比如现在面对一大屋子人，让你上台唱首歌，你可能就会很紧张，因为你担心别人怎么看你，万一唱得不好听、动作不自然，怎么办？结果你越想越紧张，表演就越不自然。所有专业演员都追求在表演的时候要全面投入到角色之中，忘掉自己，也就是学会关闭这个自我评价的声音。

我们大脑中没有一个专门区域负责计时，时间感分布在前额叶皮层的各个部分中，来自随时的计算。忘记时间，意味你专注做事的时候不要考虑过去，也别担心未来，要专注于眼前，这样可以释放出一些宝贵的计算带宽。当你有了更多的计算带宽，就可以接收和处理更多的信息。

当大脑进入潜意识状态，会分泌“血清素”和“催产素”，这两种激素让我们感到和平、幸福、充满信任感，正好有利于把信息综合起来处理。这就是我们为什么有些白天百思不得其解的难题，会在梦中寻到答案的原因。

心流可以来自生活都各个方面，由内获取或者由外获取。其实想想，追求心流状态很像佛教里的一个流派——追求正念，都是想在日常工作生活中获得幸福感。

实际上，在超过两千五百年的时间里，中国的佛教家及道教家，运用心流技法为其发展精神力的重要技法；日本禅宗使用心流来决定其表现形式。东方智慧的实践者与西方积极心理学大师们在“心流”层面实现会合，“心流”有了其科学的分析和道理。

“精神熵”：心流背后的道理

“心流”的实现，逻辑上的原论理则是“精神熵”。精神熵越低，能量越高。简单地讲，熵是指一个系统的混乱程度。越混乱，熵值越高。比如在冰里面，水分子相对固定在一个位置附近振动，系统比较稳定，熵值就比较低。变成液态水后，分子开始流动，熵值变大。成为水蒸气后，分子四处乱窜，熵值就更大了。反过来，一个系统内部越有规律，结构越清晰，熵值就越低。

人的大脑里的念头就跟分子一样，时刻万马奔腾。佛家打比方说，一个人从外表看是在静坐，但内心却如同瀑布一般，无数念头蜂拥而来。如果没有节制、训练，你的心就会经常处在这样的混乱状态，虽然你意识到的可能只有少数几个念头，但在潜意识里，却有多得多的念头在相互冲突，在争夺你的注意力，在抢夺你大脑的控制权，在试图引导、影响你往南辕北辙的方向走。这个时候，你的大脑就像热锅里的气体一样，各个念头之间没有什么束缚和联系，各自撒开脚丫欢快地狂奔，你的内心一片混乱，熵值非常高。

书中契克森米哈伊用液体的水流来比喻这个过程，但这时你的大脑，更像熵值最低的晶体，结构井然，同时又充满能量。当你自审内心时，你发现你的心像冰一样晶莹剔透，一切都处在最佳、最合理的位置上，所有念头都相互支持、相互关联，齐心协力、步调一致地往同一个方向前进。这是一个混乱程度最低、秩序最高的心理状态。

契克森米哈的“心流”理论遇上东方智慧代表的王阳明，如出一辙。阳明先生有诗曰:“人人自有定盘针，万化根源总在心。”阳明先生告诫我们，用“心外无物”唤醒内心的强大。当王守仁二十五岁第二次参考科举，再次落第时，他的状元父亲开导他说，此次不中，下次努力就能中了，但他笑道:“世以不得第为耻，吾以不得第动心为耻。”显出了其心不为物役的力量。而想要心不为物役，首先就要遵循王阳明所提出的“心外无物，心外无理”。“心外无物”是说，心与物同体，物不能离开心而存在，心也不能离开物存在。离却灵明的心，便没有天地鬼神万物；离却天地鬼神万物，也没有灵明的心。从一方面说，灵明的心是天地万物的主宰。从另一方面说，心无体，以天地万物感应之是非为体。客观的事物没有被心知觉，就处于虚寂的状态。

“心流”就是人与人、人与物、人与宇宙之间的唯一接口。

心中有天地，不为外物欺

今天，心为物役似乎已是常态，外界的物左右了内在的心，以至于人们普遍感觉是，物与幸福的增长不成比例。其实，我们的心并非如此的脆弱，只不过是我们在追逐外物的过程中，将其迷失了。

“心流”让我们回归内心，关注当下，保持专注，不仅可以提升工作效率，也可以提高愉悦感和幸福指数。

心流的方法论，即创造“涌流”，很大程度上，获得幸福生活的秘密在于，学会尽可能地从我们必须做的事情中得到涌流的状态。如果工作和生活变得自身具有目的，那么生命就不会虚度，我们所做的一切本身就值得我们去做。

于是，创造涌流的状态，实现心流。

1. 每一步都有明确的目标。

2. 对行动有迅速的反馈。行动自然得到矫正。

3. 在挑战和技巧之间有一种平衡。日常生活中，如果能力相对于挑战弱，我们会沮丧和焦虑；如果潜能大大高于表现机会，我们会乏味。恰好处在乏味和焦虑二者之中，才能真正地愉悦。

4. 行动和意识相融合。注意力集中在我们的行动上。由于挑战和技巧相匹配，因而要求一门心思。由于目标很明确，又能不断得到反馈，就能够做到这一点。

5. 摒除杂念。由于高度集中注意力，使我们摆脱了日常生活中导致压抑和焦虑的害怕。

6. 根本不担心失败。集中心思工作，根本想不到失败。内在的原因是：涌流状态下，我们很清楚该干什么，而我们的技巧又正好足以迎接挑战。

7. 自我意识消失。太在意自己在别人眼中的形象，往往是日常生活中的负担。涌流中，我们太专注于所做的事，根本没有心思来关心自我。但当一个阶段的涌流状态过去之后，我们一般会以一种更强烈的自我概念出现，知道已超越了自我，甚至会觉得自己摆脱了自我的界限，至少暂时地成了一个更大实体的一部分。（这种状态很多人都应该体验过）自我通过遗忘自我的行动得到了扩展。

8. 时间感被扭曲。一般会忘掉时间。

9. 行动具有自身的目的。一旦上述情况出现，我们就开始享受由此产生的这种体验。我们的行动变成一种autotelic（希腊词，意思是本身具有目的）：从事活动的理由在于能感觉到由这些活动提供的体验。①

忘记自己，以心成心

在事业、生活的困顿、徘徊、犹豫、迷失中，我们如何构建自我和谐的目标？

① TED：《米哈里·契克森米哈：涌流、创造力与成就感》，http://www.psychspace.com/psych/viewnews-4565，2011年4月25日。

我们如何获得内心的平静和和谐?

我们如何从容而冷静地应对生活赋予我们的挑战?

答案是:从我们前人的智慧中。

《传习录》中曾记录:阳明先生游南镇,一友指岩中花树问曰:“天下无心外之物,如此花树,在深山中自开自落,于我心亦何相关?”先生曰:“你未看此花时,此花与汝心同归于寂。你来看此花时,则此花颜色一时明白起来。便知此花不在你的心外。”

按照唯物论,此花是存在的,可是在我们的心里它是不存在的,也就说说此刻它是没有价值的,只有当我们了解它的属性和价值之后,它才是我们个人世界里的真实存在,要不然它永远就是心外之存在,对于个人来说它就是不存在的。

心外无物,终归讲求的是追求自我内心的宽广,拓宽自己能够掌握的世界。我们的心能容纳万物,我们的世界就是天下,心中存在的真实事物越多,眼界就越开阔,所能看透的道理就越深刻,道理看透了通了,世界自然就通了。

有时候,忘记自己,就跟看见自己一样重要。

用心流感应的事业、生活、人生,无不如此。

5. 爆款策略与非暴力沟通：用心做产品，用心沟通

非暴力沟通，本质是品质联系

著名的马歇尔·卢森堡博士发现了一种沟通方式，依照它来谈话和聆听，能使人们情意相通，和谐相处，这就是“非暴力沟通”，也称作“爱的语言”（No n-Violent Communication）。它旨在帮助人们建立一定品质的联系。

生活中，有些话确实伤人！言语上的指责、嘲讽、否定、说教等常常带给我们情感和精神上的创伤，但是那并不是我们的本意，甚至我们内心明明是爱着对方，语言暴力却使我们变得冷漠、隔阂、敌视！“非暴力沟通”的方法告诉我们，在交流的过程中，关注自己和他人当下的观察、感受、需要和请求，并借助这四个要素表达自己，而不是批评、指责或要求他人。

“非暴力沟通”突破了我们惯常的思维方式，让我们全身心倾听。遭遇他人痛苦时，我们常常急于提建议，安慰或表达我们的态度和感受。为了倾听他人，我们需要先放下已有的想法和判断，全心全意地体会对方，这为他人充分表达痛苦创造了条件，我们越是倾听他人语言背后的感受和需要，就越不怕与他们坦诚地沟通。①

非暴力沟通，强调感受的根源在于我们自身。我们的需要和期待，以及对他人言行的看法，导致了我们的感受。

① 马歇尔·卢森堡博士：《非暴力沟通》，华夏出版社，2009 年 1 月。

百家号ID：青蛙的忏悔，总结了个体成长需要经历的三个阶段：

“情感的奴隶”——我们认为自己有义务使他人快乐；

“面目可憎”时期——此时，我们拒绝考虑他人的感受和需要；

“生活的主人”——我们意识到，虽然我们对自己的意愿、感受和行动负有完全的责任，但无法为他人负责。与此同时，我们还认识到，我们无法牺牲他人来满足自己的需要。

深以为然。这正是阳明哲学里提到的“致良知”的过程，回归本心，内圣外王。

于是，听到不中听的话，我们就因为阶段的不同会有四种选择：1. 责备自己；2. 指责他人；3. 体会自己的感受和需要；4. 体会他人的感受和需要。

非暴力沟通构建了良好的方式方法，极大提高了沟通效率和效果，从这个意义上看，非暴力沟通的本质和效果等同于爆款策略的本质和效果。

爆款策略，本质是品质策略

爆品，原本是个言简意赅的好词，顾名思义，就是产品做得好，以至于口碑爆棚、带来海量销售。“爆”是结果，“品”才是根本，太渴望“爆”了，就容易忘了“品”，也就很有可能跑偏，成为成功学的把戏。

一个好产品的诞生，用十月怀胎来形容是不为过的，有些产品甚至要做2年、3年才能面市，不断地迭代，不断地优化，改改、改改、再改改，非但没有想象中的那般轻松愉快，有时候甚至很痛苦，比如为了让最终的产品更完美，废掉已经完工的几百万的模具。即便如此，产品也不见得会爆。

一个产品能不能爆，除了产品本身要做得好之外，决定的因素还有很多，拼的是企业综合实力：决策者要有好眼光，能选对产品方向；然后还能沉下心来、耐得住寂寞打磨好产品，研发要给力、ID要给力、供应链也要给力，每个环节都要到位；然后还有好的渠道和海量用户积累。这些因素叠加在一起，然后加上点好运气，才能出爆品。米家空气净化器、小米手环、小米移动电源、米家扫地机器人，之所以能成为爆品，除了团队本身的努力和能力之外，小米七八年积累的用户、渠道、供应链资源、经验教训，也都是不可或缺的因素，完全是厚积薄发。

成功没有“方便法门”，成功只能靠“方法论”和运气。谷仓学院通过爆款产品经理课堂上讨论，以及孵化项目的思考整理，希望能引起创业者对于爆品的理性思考，回归到潜心做好产品的正确轨道上来。①

在这个角度上，爆款策略与非暴力沟通要达到的效果类似，都是追求品质的策略。

品质与价值观，爆款产品与非暴力沟通有机联系的基础

把产品做好，首先要理解究竟什么是激动人心的好产品。博朗前设计总监迪特·兰姆斯（Dieter Rams）曾经讨论过好的产品设计的10个原则，平实朴素却能切中要害：

1. 好设计是创新的（Good design is innovative）;
2. 好设计让产品更实用（Good design makes a product useful）;
3. 好设计是美的（Good design is aesthetic）;
4. 好设计是低调、不炫耀的（Good design is unobtrusive）;

① 谷仓研究院，洪华：《被滥用的小米爆品》，http://36kr.com/p/5119198.html，2018年2月11日。

5. 好设计是便于用户理解的（Good design makes a product understandable）；

6. 好设计是诚实的（Good design is honest）；

7. 好设计是持久的、不易过时的（Good design is long-lasting）；

8. 好设计是环境友好的（Good design is environmentall-friendly）；

9. 好设计要用尽量少的设计（Good design is as little design a spossible）；

10. 好设计是彻底的、细节到位的（Good design is thorough，down to the last detail）

小米生态链做产品的路子，在很多方面与兰姆斯的观点相仿。之所以能横扫各种国际设计大奖，又能受到国内消费者青睐，都源自朴素的产品价值观：做高品质、高性价比的产品，注意首先是高品质，然后才是高性价比，为了做到高性价比，就要有极致的效率。雷军常强调：要做感动人心、价格厚道的好产品。当众人都在讨论用科技来让产品溢价的时候，小米却提出“让每个人享受科技的乐趣”的口号，反而更接地气、却也更有一种“技术民主化”的理想主义色彩——最大的理想主义者，首先要做最大的现实主义者。

在消费升级的当下，产业发展与爆款产品的推出，需要结合四个“新”，分别为：新用户、新国货、新零售、新制造，这四个环节是制造升级的关键，缺一不可，同等重要。如何实现四个环节的无缝连接：小米爆品逻辑背后的价值观才是最要紧的。因为离开价值观谈爆品，就容易变成一种投机行为。

从非暴力沟通的角度看，我们中的大多数只会表达想法但不懂得表达感受。比如感觉到很生气的时候，我只会选择大吼质疑对方：“你怎么能这样做！”而几乎不会告诉对方说：“我很生气，因为你这样做让我感觉我为你付出的努力白费了。”

非暴力沟通模型的方法论在于四要素，观察、感受、需要、请求。指导我们转变谈话和聆听的方式，不再条件反射式地反应，而是去明了自己的观察、感受和愿望，有意识地使用语言。具体的，可以在心中先询问自己以下四个问题：

1. 什么是我的观察?

2. 我的感受如何?

3. 哪些需要（或价值、愿望等）导致那样的感受?

4. 为了改善生活，我的请求是什么?

对于这四个要素，分别需要注意的是：

对于观察：需要注意的是区分观察和评论，很多时候我们下意识地想要评论别人，但是这样很容易带上自我的情绪，让别人觉得在批评他而产生逆反心理。观察需要具体的客观描述事实，而非简单地给行为定性。比如“你脾气很暴躁”是评论，而“你今天发了三次脾气了”就是比较具体的观察。

对于感受：需要注意的是区分感受和想法，要能够真实地表达自己的内心情感，而非一些想法，比如“我觉得你不爱我了”只是想法，而“我感觉很难过”才是感受。

对于需要：需要注意的是能够想清楚，是自己的什么需要导致了前面的感受。个人觉得应该算是非暴力四要素中最重要的一点。很多时候我们虽然能够表达自己的感受，紧接着会想要指责对方什么地方做得不好而导致了我们的不高兴等感受。却不能够从自己的需要角度去思考导致感受的真正原因。实际中可以采用“我感到……因为我需要……”的句式来表达自己的感受和需要之间的关系。

对于请求：这点需要能够区分请求和命令，一个简单的判断方式，就是如果你的请求未能得到满足，你是否会批评和指责对方，或者说让对方觉得被指责了或是感到内疚，如果这样，那就不是请求而是命令。对于请求还需要做到的是清晰明确，使用一些具体的行为，让对方知道可以怎么做。当然这一点应该对于四要素都很重要。

所以整个四要素组合之后完整的沟通模式应该是这样的："你今天晚上批评了我三次（观察），我感到很难过（感受），因为我想要得到你的肯定（需要）。下次在指出我的错误之前，可不可以先肯定我对你的爱，告诉我你知道我这样做不是存心的，然后才告诉我哪里做得不好？（请求）"①

非暴力沟通，除了对自己，对他人也是作用极大。谁都知道要学会倾听，但要怎样倾听呢？运用非暴力沟通的方法，首先是用心去观察或者是请对方说出他的观察，然后用心去体会他的感受，以及产生这种感受是因为他的何种需要，接着引导他说出自己的请求并对其给予回应。

爆款策略，回归到用心做产品；非暴力沟通，回归到用心沟通。品质和价值观是两者有机联系的基础。

创业本身就是个系统工程，每项工作都要下笨功夫的：好产品很重要，高效率的渠道不可或缺，要有好的商业模式和战略，有团队要足够强还要有合适的激励机制，要有强大的供应链等，每个业务板块都很重要、都不可或缺。非暴力沟通，正是在协调整个系统工程中发挥"深喉"作用的最重要环节。好产品，好沟通，就能有高效率，就回到了创业成功的本质：效率。

阳明哲学的"致良知"不断提醒我们回归本心，擦亮心的明镜，然后，从"心"再出发，用最好的产品和最好的沟通，与用户交朋友，进而实现最好的效率，最好的效益。周而复始，健康的商业生态和投资生态构

---

① 杨文强：《非暴力沟通的四个步骤》，https://www.jianshu.com/p/03f48f8feb3e，2015年9月29日。

建，产融融合真正意义地启动，产融生态一时明白鲜活起来。

阳明先生《泛海》小诗中写道："险夷原不滞胸中，何异浮云过太空？夜静海涛三万里，月明飞锡下天风。"这首诗意态潇洒，阳明先生把惊涛骇浪中命悬一线的惊险航程变成了如此富有诗意的一次旅行，章太炎评价其四个字"自尊无畏"。正如我们的谷仓创业孵化和生态型投资，爆款产品策略和非暴力沟通正是让惊险航程变成诗意旅行的价值观和方法论。

愿：同舟共济，一帆风顺；望：知行合一，只争朝夕！

6. 灭霸一个响指后，什么人能活下来？

漫威宇宙世界，产业共创生态

现在，不看《复仇者联盟3：无限战争》(以下简称《复联3》)，似乎就没有社交话题了。13天20亿票房！ 5月23日21时27分，漫威影业宣布《复仇者联盟3：无限战争》内地票房突破20亿。

影片的主题深度、超级英雄“团战”模式、接地气的人设，都促使它成为全球影史上最卖座的超级英雄电影。从2008年的《钢铁侠》开始，中间经历无数坎坷，布局十年的漫威电影，终于结出丰硕果实。这条成功的路，别人无法轻易复制。

漫威出手，必属爆款。漫威英雄们，尤其是对大反派灭霸的刻画，更体现出了一种人性深度，背后是漫威价值观与爆款产品方法论的成功复制。漫威宇宙世界，厚积薄发！

开脑洞，被代入圈粉的同时，回到现实世界，关照一下我们所处的真实科技与商业世界，惊奇地发现，漫威所创造的灭霸和漫威英雄们，就像在无穷多个平行宇宙中都一模一样的你，他们做了每一件你做过的和你没有做过的事。我是说，生态型创业和投资。

仔细想想，很有意思。漫威公司是超级英雄孵化器，漫威英雄们(包括灭霸，超爆款)正是被孵化的成长为独角兽的创业企业。漫威宇宙世界的漫威英雄批量复制，背后是价值观的可复制，爆款产品理论的可复制。

漫威，本质是个IP孵化器。

在美国硅谷，全球著名的YC孵化器，是另一个真正有可复制的方法论的智慧孵化器。

最近，7位来自YC孵化企业的创始人来到谷仓学院，在感受国内一线创业者创业氛围的同时，一起来探讨革命性提高创业成功率的方式。

YC模式的核心点在于领域前瞻、批量生产、迅速验证，更看重快速迭代与快速成长，自己孵化的数量也会比较多，自然跑出来优秀的项目也会相应变多。同时在YC体系内的创始人之间还会相互扶持，整体创业氛围非常好。

谷仓擅长的是硬件创业领域的孵化，虽然硬件创业的成功率不到1%，虽然硬件创业整个周期很长，但谷仓恰恰认为这是个机会，因为越难的事情可能会越有壁垒。

同时谷仓还提出了可以革命性的提高创业成功率孵化模式，即反向孵化模式：

先有方向，再有团队；

先有供应链，再有方案；

先有渠道，再有产品；

先有资本思维，再有项目。

在三年的孵化探索中，谷仓也在不断地进行迭代与创新，从1.0版的一对一孵化模式提升到效率更高的2.0版的集体孵化模式，在今年的3.0版本中，谷仓将扩大漏斗口，提升漏斗率，优中选优、赛马机制，根据不同阶段提供相应的服务，如果某个项目跑得更远的时候，谷仓投入的资源、精力就更多，提升孵化项目的质量。

在未来的4.0版本中，谷仓将用系统的力量来提高整个创业的胜率，即产业共创生态。谷仓将从创业大学到孵化器，再到加速器，再到PreIPO、并购，到市值管理全程参与，因为创业创新这个事情首先必须是一个资本的闭环，倡导全生命周期来考量。

谷仓提出的“产业共创生态”正是为面向新经济/新用户开展的“新

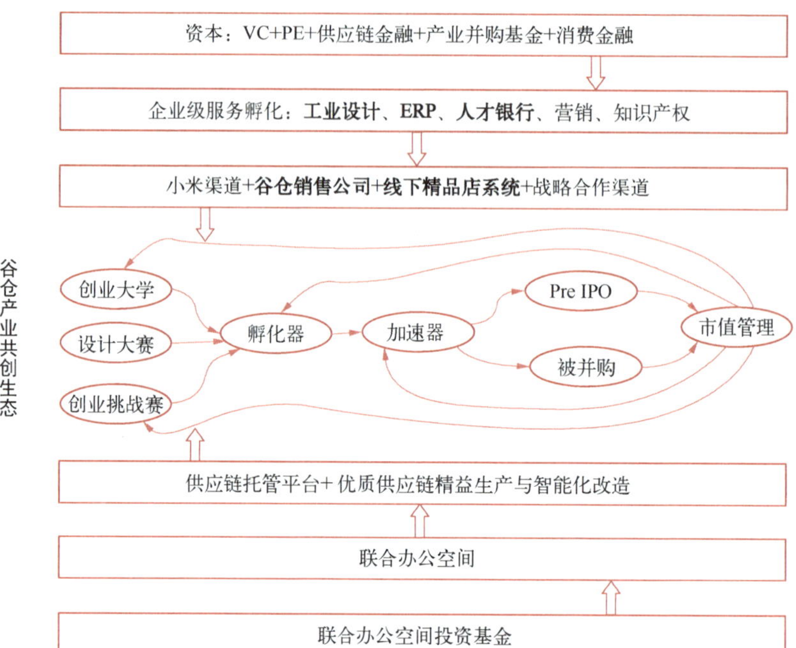
资本：VC+PE+供应链金融+产业并购基金+消费金融
企业级服务孵化：工业设计、ERP、人才银行、营销、知识产权
小米渠道+谷仓销售公司+线下精品店系统+战略合作渠道
谷仓产业共创生态
创业大学
设计大赛
创业挑战赛
孵化器
加速器
Pre IPO
被并购
市值管理
供应链托管平台+优质供应链精益生产与智能化改造
联合办公空间
联合办公空间投资基金

国货”创业所构建的共享创业平台。

“产业共创生态”构成了生态型创业和投资的闭环，因为“师徒制”的强信任关系，因为设计资源共享，渠道共享，供应链共享，方法论共享，通过“利他即利己”“极致性价比”等核心价值观的连接，形成了强大生命力和战斗力的共享经济平台，实现共享创业，共享投资，共享生态。①

智能硬件创业，共享经济与漫威宇宙

再回到《复联3》。漫威电影经过摔打总结，开始懂得守正出奇，独辟蹊径，经常凭借不完美的人设逆袭，引起观众共鸣，从而收割海量票房。

① 谷仓学院，洪华：《小米生态链战地笔记》，中信出版社，2017年4月。

《复联3》中，骄横的花花公子斯塔克，守旧呆板的美国队长，毁坏一切的浩克，唠唠叨叨的奇异博士，冲动鲁莽的雷神，无知懵懂的小蜘蛛都有血有肉。观众看到这些桥段，都会发出笑声，是因为大家在他们身上既能看到奇魅的想象，又能找到自我身份认同感，代入感。直到灭霸出场，秩序重构。戴上镶嵌了宝石的无限手套，灭霸只需要一个响指，便可以抹杀掉半个宇宙的生灵。

在成为灭霸之前，他叫萨诺斯，出生于泰坦星，是土星最大的一颗行星。泰坦族属于永恒族人，生命力极强，几乎不可摧毁，所有族人都有超人的力量，并可以用意念控制周围重力环境而实现漂浮，还能创造出精神幻象，以及从眼睛或手发射宇宙强能。

泰坦人实行君主制，拥有高度进化的科技水平。而萨诺斯的父亲是泰坦人的领袖。

在他刚出生时，母亲看到他的第一眼，就拿起了手术刀试图结束这个小生命，因为她看到了死亡。

但萨诺斯却在父亲的保护下开心快乐地成长了起来，他并没有因为自己不同寻常的肤色而受到歧视，反而因为继承了来自父亲的聪明才智和同龄人打成一片。

但少年的灭霸一直被一个噩梦所困扰，在襁褓中的他被人嘶吼着拿刀刺去，这个噩梦的直接影响就是他对杀戮的厌恶，在第一次解剖课上吐了出来。

在他呕吐时，路旁出现了一个女孩子，她声称可以帮助萨诺斯克服这种软弱，并劝诱他带着自己的小伙伴去到了一个神秘洞穴。在他们进去后，洞穴却突发塌方，所有人被困，萨诺斯在挖了几天后，却只看见被蜥蜴啃食过的尸体。

所有人都死了，除了萨诺斯，他不明白为什么只有自己活了下来，一直以来被隐藏的异类感再一次席卷而来，而那个女孩再次出现，她告诉灭霸，你是萨诺斯，你是不会让任何人阻挡你的。

生来注定不同，不是你的错，是你终将成为人人畏惧之神的宿命。

此后的萨诺斯，12岁探索了自己居住的整个星球，13岁时他便能行走在土星之上，进行太空旅行，15岁时，他绘制了数千个银河系的行星，但是宇宙并没有给他想要的答案，所以他决定另寻他途。这一切都将被他颠覆。

在他看来，这个宇宙的资源有限，而生命却在无节制地膨胀，所以就要消灭宇宙中一半的生命，以实现宇宙和谐。

灭霸解决问题的方法非常简单粗暴，他的清除标准是不分种族、性别、年龄、学历，不问高低贵贱，无论是王侯将相还是平头百姓，犯罪分子还是超级英雄，都绝对平等地享有50%的生存概率。甚至他还带头做出“牺牲”：即便他挚爱的养女卡魔拉，但为了他宏大的目标，也是可以牺牲的，甚至他不在乎自己的生命。影片最后一幕中，完成目标的灭霸，静静看着美丽的日出，却显得无比悲情。

为了阻止灭霸毁灭性的行动，钢铁侠、蜘蛛侠、绿巨人、黑寡妇、美国队长、奇异博士等超级英雄再次集结而来。他们都使出了各自的招牌动作，在观众中间引发了一波“回忆杀”，但在无比强大的灭霸面前，他们的能力不值得一提。

在《复联3》里，灭霸对于集齐宝石这件事颇具执念。漫威宇宙中有亿万年来散落于茫茫星海的六颗“无限原石”，分别是能够打开时空虫洞的空间原石（《美国队长》2011）、可以控制人思想的心灵原石（《复仇者联盟》2012）、可以改变现实、操控物质的现实原石（《雷神2：黑暗世界》2013）、可以产生毁灭效应的力量原石（《银河护卫队》2014）、可以控制时间、实现无限可能的时间原石（《奇异博士》2016）以及首次出现于《复联3》里的最后一颗可用于窃取、修改以及操纵灵魂的灵魂宝石。

灭霸，不为名，不图利，为了颠覆，为了实现宇宙和谐。最后，他一个响指后，宇宙一半生命消失。

我忍不住思考这样一个问题：灭霸一个响指后，什么人能活下来？

灭霸的宇宙清除计划是随机消灭一半生命，也就是说，每一个都有50%的生存率，但如何能提高必然生存率呢？

答案是：get到六种宝石能力的人。

为了提升效率，提高创业成功率，实现弯道超车，行业颠覆，拥有物联网和区块链精神和共享经济价值观的创业者们，谁能找到掌握六种宝石能力的方法论，谁就是“灭霸”。

虽然硬件创业的成功率不到1%，虽然硬件创业整个周期很长，但谷仓恰恰认为这是个机会，因为越难的事情可能会越有壁垒。

谷仓在小米生态链企业创业成长和成功的案例中，总结价值观方法论，出品了《小米生态链战地笔记》，革命性地提高智能硬件创业的成功率，积攒了颠覆式创业的“六种宝石”：

空间原石：硬件创业的降维打击，行业外的人颠覆行业；

心灵原石：利他即利己是价值观，极致性价比是人性，消费升级是信仰；

现实原石：蚂蚁市场找机会/福斯化理论做爆款等；

力量原石：“十八罗汉模式组团队”等军事理论做商业；

时间原石：遥控器电商是未来；

灵魂原石：商业终局与人性回归。

我们坚定地认为，没有智能硬件就没有物联网，没有智能硬件就没有区块链世界，进而智能硬件将成为我们进入“漫威平行宇宙”的工具。

智能硬件世界，通过共享经济理念和物联网技术链接成区块链世界，实现中心化与去中心化的和谐世界，心灵和谐的世界，进而实现和谐宇宙。

共享创业，共享投资，共享生态

生态型创业即是共享创业；生态型投资即是共享投资。

共享生态，我们期待，未来与漫威英雄们在平行宇宙的握手！

7. 利他即利己：从自卑，自尊到自性觉醒

从自卑到超越

最近在复盘和思考，如何认知企业家精神，从内心层面触动企业贯彻知行合一的理念，最大化提高效率。于是，发心想弄清东方智慧阳明心学与国外精神分析学派的观点差异和相互关系。因为从智慧、理论到落地实施，中间缺不了方法论的链接。

心理学与精神分析方面，找到了两本书：阿德勒《自卑与超越》，还有一本法国作家克里斯托夫·安德烈的《恰如其分的自尊》。

作为精神分析学派的代表人物——阿德勒，学生中第一个勇敢反对老师弗洛伊德的观点的人，用实际行动践行了“自卑到超越”的理念，创办了个体心理学。《自卑与超越》这本书就是在与弗洛伊德决裂后所写的，也是个体心理学的代表著作。

另一个自卑到超越的例子，是亚里士多德与柏拉图。亚里士多德17岁开始入师门，跟随柏拉图达20年之久。亚里士多德对老师是很崇敬的，师徒二人也是很好的朋友。然而在追求真理的征程中，亚里士多德非常勇敢、坚决地批评老师的错误和缺点，在哲学思想的内容和方法上都同柏拉图存在着严重的分歧。于是有些人就指责他背叛了老师，亚里士多德对此回敬了一句流传至今的名言：吾爱吾师，吾更爱真理！

个体心理学认为人类的所有问题都可归于职业、交际和两性这三个问题。每个人对于这三个问题的反应，都明了地显现出他对生命意义的深层次诠释。

当一个人遇到无法解决的问题却深信自己不能够解决时就会表现出自

卑情节。

我们每个人都有不同程度的自卑感，因为我们都想让自己更优秀，让自己过更好的生活。

如果一个人已经没有任何做不到的事情，那么他的生活一定是索然无味的。当一个人生命中所有的事情都已预知，那么我们的生活还有什么意义呢。生活的不确定性正是我们希望的来源。

面对不确定性，只是想逃避困难的人，必然会落后于他人。

当意识到自己在自卑着，就是超越的时刻。

我们生活在与他人的联系之中，假如因自卑而将自己孤立，我们必将自取灭亡。我们必须超越自卑。

我们只要留心观察个人的行为举止就能了解这个人。行为举止是永远受到人生意义的制约的。[①] 从自卑的认知到行为举止的变化，知行合一，才可能有超越时刻。

阿德勒书中的精句简单深刻，力透纸背。如果用更通俗一点的话来解读，我们活在这个世界上，就是为了不断地获得优越感而存在的，每个人都无法逃避，因为这是人类本能。

每个人想要的优越感目标都不相同，但都覆盖在这三个方面里：职业，社会和性。

职业都好理解，就是你想要努力奋斗到何种地位，有的是获得多少金钱；也有的是达到公司的何种岗位。

社会，我的理解就是社交，人与人之间的沟通，可以是父母、朋友和

① 阿弗雷德·阿德勒：《自卑与超越》，吉林出版社，2015 年 7 月。

陌生人。你和这些人聊天，是想让你的朋友和你聊天感到快乐呢？还是想让你的周围人都觉得自己最厉害呢？

性，更多的意义是对待异性的爱情观。你和女孩聊天是想和她谈恋爱，结婚生孩子，还是单纯的撩妹子？

当你自己对应的这三个方面的目标任意一个达到时，就能获得优越感，接着选择下一个目标去完成，这就是我们生活的意义所在。①

于是，小时候的梦想与目标，自己无力完成，或者没有完成时，就会产生失落感，这种失落感其实就是自卑感！通过拜师求学，躬身实践，积累经验，广聚人才，总结复盘，最终实现创业，超越梦想。

自卑，通过“知行合一”的方法论，最终实现超越。创业者是苦行僧，践行价值观，拥有方法论的创业过程，就是从自卑到超越的自我修行过程。

谷仓学院以“利他即利己”“极致性价比是人性”等价值观和《小米生态链：战地笔记》总结的方法论，输出认知，并结合一对一辅导，知与行合二为一，创业成功率大幅提升，助力创业梦想一个个落地，批量实现了超越！

恰如其分的自尊

自尊就是你怎么看待自己，你喜不喜欢你眼中的自己。

自尊不能解释一切现象，但可以廓清人的很多行为动机和某些行为偏差：不喜欢自己的样子；看不起自己的出身；不满意自己的表现；不接纳

① 大海luke：解读《自卑与超越》——每个人都会自卑，到底该怎么办？https://www.jianshu.com/p/198219df06ec，2017年3月13日。

自己的现状。曾经我们，从小到大一直有要模仿的榜样，追到吐血却忽略了自己的独一无二。

于是，各种情绪病、抑郁症、酗酒、心理创伤纷纷找上门来，日子在缓缓流逝，不开心却从来不肯远离……

相信自己（自信）、喜爱自己（自爱）、信赖自己（自我观），这些方面统一构成了我们人格中最为基础的维度之一：自尊感。当一个人没有自尊心，幸福无从谈起。当一个人总是怀疑自己，很难做出好决定。相反，自尊心太强，又会经常感到受伤。好在，这一切都是可以调整：恰如其分的自尊。①

正如《简·爱》中那句话：我们的精神是平等的，就如你我绕过坟墓，平等地站在上帝面前。这句话让我们真切地感受到自尊的意义。

如何在生态型创业和投资过程中，培养一个人、一个组织独立完整的自尊体系，是值得总结的方法论。

从生态型创业和投资的角度分析，在认知同频的象限下，挖掘隐藏区，扩大开放区，排除盲区，共同面向未知的未来，把客户的钱当成自己的钱用，让生态型基金的投资人分享生态型项目的颠覆性高成长。恰如其分的自尊，成为生态型创业/投资的方法论之一。

“开放区”：即自己知道，周围人也知道的部分。例“人们说我是一个忠于朋友、乐于助人的人。是这样的，我同意”。“开放区”“盲区”：关于自己，别人知道，自己却没有清楚地意识到的部分。比如，人们可能会这样说你：“这是一个聪明的女孩，但太容易生气了”，而你却觉得自己是一个和蔼可亲但不那么聪颖的人。

---

① 克里斯托夫·安德烈：《恰如其分的自尊》，三联书店出版社，2015 年 8 月。

“隐藏区”：关于自己，别人不知道，但自己却知道的部分。例：“我是一个很爱嫉妒别人的人，并且对自己没有一点心。表面上看我是一个放得开、轻松自如的人，其实我总是怀疑自己，并把这种怀疑小心谨慎地隐藏起来不让别人发现。”

“未知区”：关于自己，周围人和自己都不知道的部分，在某些新情况下，某些个体会“发现自我”①。

我们不需要刻意地去追求，把每个人都一定要培养成稳定的高自尊的人。我们在任何一个象限当中，都可以是一个好人。金融去杠杆背景下，价值投资大势所趋，“利他即利己”的理念下，好人赚钱的时代要来了！

自性爆发，超级个人与超级组织的同频共振

改革开放40年，中国企业家遇到了一个坎。

遭逢华为投票门，柳传志发雷霆之怒，选择在中国人心疼的日子“5.16”，向联想的“全体战友们”发出“516”战斗号令：“阶级敌人搞阴谋要害我联想，全体干部联合起来保卫公司！”

而放牛娃李书福，却萌萌的可爱。面临汽车开放和电动汽车冲击的压顶困难，放牛娃念起了“放牛经”，深深沉浸在“感恩”之中：

“放牛蛙能有今天的日子，我已经感恩不尽。我们必须积极承担企业社会责任，必须知恩图报，致富思源，必须团结带领全体员工干部、工程技术人员在创新创业的道路上实现更可持续的发展，必须积极践行习近平新时代中国特色社会主义思想，全心全意为实现中华民族伟大复兴的中国

---

① 克里斯托夫·安德烈：《恰如其分的自尊》，三联书店出版社，2015年8月。

梦而努力奋斗。”

李书福也曾经遭遇了数不清的灭顶之灾。可是放牛娃的经历打开了他的天眼，获得了双重视野：既可以感受到灭顶灾难之威猛凛冽，同时又可以跳出极端危难来，看到、听到、感到和知道另一个极端活泼泼的能量：

“在恐惧、无奈、叫天不应、入地无门的情况下，会有一个声音在向我们召唤……”

长期“对牛弹琴”，让放牛娃李书福悟透了牛性，悟透了人性，悟透了自然而然的沟通能力。无论多少书本都不会传递这样的真经：以心比心，推己及人，有恻隐之心，真诚自然，是与灵性的牛交流的唯一法门，也是与天地万物交流的方法。诚可谓，唯天下之至诚，可以聚集天地万物的能量，可以倾宇宙之力，造当下的绝活妙招：

“人与牛之间都可以合作得很好，人与人之间为什么不能坦诚相处呢？我从牵牛的实践中悟出一些道理，与牛沟通交流，虽然用弹琴的方式很难奏效，但只要方法得当，态度真诚，就会实现有效沟通。比如白天把牛喂好，晚上还要为牛驱赶蚊子，这都需要有合适的方法才能让牛满意。小时候的我就是骑在牛背上，一边请牛吃草，一边看书学习，完全可以实现合作多赢。晚上还要在牛棚周边点燃牛烟，把蚊子赶走，让牛好好休息，这样牛也高兴，我也快乐。我是如何登上牛背的呢？我才八九岁，而且由于营养不良，我个子长得很矮，为了登上牛背，我是想了好久才找到技巧的。先把牛牵到草长势较好的地方，请牛低头进食，然后利用牛的左大腿，在牛行走弯曲时，我一边用手抓住牛的脖子，一边用脚飞快地踩上牛的大腿关节，这样就能很轻松地登上牛背，实现双赢。”

放牛娃李书福爱上了牛。他很愿意做一头牛，头拱地拿出传世绝活，吃进去的是草，挤出来的是奶，给农民带来欢乐，给世界奉献：

“我很愿意做牛，因为只要有草吃，我就会很幸福；我很愿意做牛，因为牛吃进去的是草，挤出来的是奶，很有价值贡献感；我很愿意做牛，因为牛可以为农民耕地，给农民带来快乐，很有成就感；我很愿意做牛，因为牛很诚实，不忽悠，很受人尊重；我很愿意做牛，因为牛总是有人帮助牵着鼻子，不会走错方向”。

这就是放牛娃的逻辑：随顺自然，尊道贵德；这就是小时的放牛娃与现在吉利王国创始人李书福的时空连线；这就是李书福“利他即利己”的企业家精神写照。

用阿德勒《自卑与超越》的一句话作为总结：每个人都希望自己变得重要、有价值，但如若不能搞懂个人的成就建立在对他人做出贡献的基础之上，那就太容易走上歧途。人的理想和行为，同样遵从这一原则：对于他人有意义的，才能算是意义。

8. 平台+内容：场景化实现指数级成长

超级组织+超级个体，商业生态和场景

从工业时代向互联网时代大迁移、大移民。我们最需要的改变是什么？是思维！20世纪最伟大的管理思想家德鲁克说："一个企业只能在企业家的思维空间之内成长。"也就是常说的：一个企业的成长边界就是创始人的认知边界；人的一生都在为自己的认知买单。

谷仓学院的洪华博士提出未来企业（个人）组织形态的进化趋势为：超级组织，超级个人。洪华博士从谷仓学院参与的上百家生态链企业，亲自辅导的上千家企业，和点点漏斗式孵化并投资的20多家企业身上总结形成这样的趋势判断。"难得糊涂后，忽遇大光明"，对这种"知行合一"实践中得来的真知灼见，我们深以为然。

通过我们在投资项目过程中的所见，所谈，所想，所思，我想更清晰、更广阔地描绘"超级组织+超级个体"的图景和说清楚背后的道理。

正如混沌大学李善友老师经常提醒的：请记住，我说的都是错的。我说了结论没说认知，我是错的；我说了认知没说逻辑，我是错的；我说了逻辑，没说方法，我是错的；我说了方法，没说执行，我是错的。这就是"知行合一"，就是"可复制的领导力"。非常受益，终生受用。

如何认知"超级组织+超级个人"是未来商业生态和场景的趋势，如何认知和实践"平台+内容"的场景化实现，从智慧、理论到落地实施，中间缺不了方法论的链接。我们会探讨"海星模式"的指数级成长方

法论。

从未来物联网和区块链世界的场景来看，中心化与去中心化相结合。去中心化的中心是以太坊这样的超级组织，中心化的组织是小米/盒马/喜马拉雅FM等这些价值观、方法论及产品（内容）输出平台；超级个体，围绕这些平台型（进而生态型）超级组织形成生态链模式。目前的独角兽+生态链企业，就是“超级组织+超级个体”的1.0—3.0版本。其中，1.0版本是阿里淘系；2.0版本是京东众创（腾讯众创）等；3.0版本是小米/盒马/喜马拉雅FM生态链形式，生态的中心企业与生态链企业互为放大器。

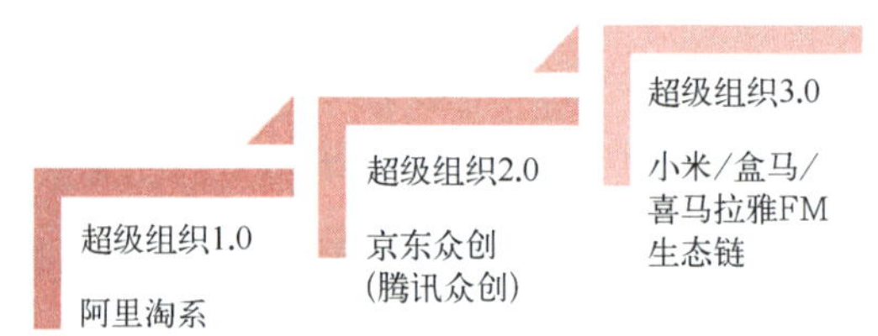

“超级组织+超级个体”的商业生态和场景已经描绘得越来越清晰，顺势而为，要主动参与到“超级组织+超级个体”的生态和场景中来。

谷仓学院（智慧生态链孵化器），加上通过漏斗式反向孵化方法论，已经成功孵化和在孵化的越来越多的生态链企业，就是强大的“超级组织+超级个体”；

盒马（生鲜餐饮内容生态企业）的生态链企业曦牛食集正在从超级个体变成超级组织；

喜马拉雅FM（音频内容生态企业），通过声音版权IP的运营，已经有樊登读书会这样优秀的生态链企业成长起来，也是无比强大的“超级组织+

超级个体”；

还有优悦科技（未来家庭场景的内容互动生态企业）、每日优鲜（生鲜内容生态企业）的生态系统正慢慢形成。

硅谷著名YC孵化器用集体式孵化的方法论，2005年至今孵化了1 588家，其中有众所周知的Airbnb，形成了YC生态，造就了众多优秀的“超级个体”，甚至“超级组织”，同时YC实现了13年16倍的投资收益，正在升级为超超级组织。谷仓学院正在实践智慧生态链孵化器的5.0版本，我们期待中国又一个超级组织的诞生。

场景化：平台+内容

趋势明朗，我们需要继续追问并总结，生态型企业和生态链企业一起，用内容经济+用户场景+服务体验，能否抓住用户痛点创造一片新蓝海?

所有企业回归原点，很简单：一个领域是否能成为风口，关键还是看能否切中用户需求的痛点，能否提升用户体验。

以飞凡为例。当大多数企业都在转向线上，去追逐“互联网+”的风口时，飞凡走出一条不同的路径，提出“+互联网”，用互联网去连接超过3 000家线下实体店，给他们赋能，帮助他们转型、升级。说白了，是看到用户的实际场景中，逛实体店是刚需，但却无法将线下的消费场景串联起来获得更好的体验。飞凡抓住了这个痛点，用互联网将线下服务连接起来，所以迈出了成功的第一步。

但是，从用户角度来说，在逛实体店上依然有很大的痛点。如七夕马上快到了，我想和爱人去来一场烛光晚餐，应该选哪个餐馆？是否能在路上顺便买束花？是否可以提前锁定最大的实惠？吃个饭后去哪里看场电影……换句话说，我希望在逛之前，获得相关的内容。而且，这个内容一定是要符合我的场景需求的。

我可以获得这些内容，不过需要自己去不同的平台上搜索。作为用户，最需要的就是能够获得一站式服务，即我在一个APP上能够既获得信息和内容，又能直接预订相关服务。有痛点就意味着有机会，就意味着是风口。飞凡新改版的APP，其中一个特色功能就是瞄准“内容经济+用户场景+服务体验”，用互联网来连接内容、场景、商品和服务。①

再以更加有具象化产品的小米为例。《小米生态链：战地笔记》已经描绘了完整的手机为中心的平台，和以生态链企业产品为内容的“内容+平台”的生态链模式。

请你把这些产品内容物物互联起来，想象一下小米的家庭物联网场景，这个场景最终展现给你的可能超过你的想象。

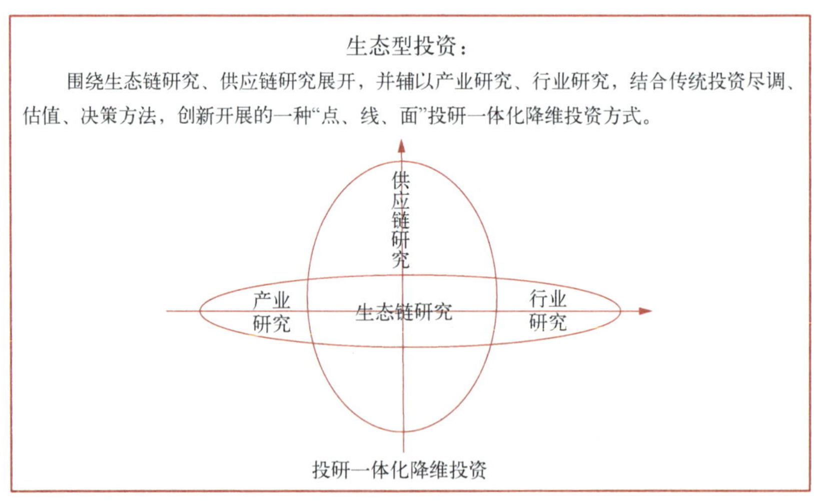

① 南冥一鲨：《内容经济渐成红海，但是“内容场景”成为新的蓝海》，https://zhuanlan.zhihu.com/p/28723399，2017年8月23日。

回到我们原创提出的“生态型投资”，我们同样总结为“平台+内容”模式，我们用“超级组织+超级个体”的“平台+内容”完整实现募资/投资/投后管理/退出/人才的闭环，最终期待实现投资的可复制，并取得概率的胜利，复利的胜利，价值投资的胜利。

海星模式，指数级成长方法论

马化腾说：“我们经常会看到这样几种现象：有些人一上来就想把摊子铺得很大，恨不得面面俱到地布好局，有些人习惯于追求完美，总要把产品反复打磨到自认为尽善尽美才推出来。这些做法在实践中经常没有太好的结果，因市场从来不是一个耐心的等待者，在市场竞争中一个好的产品，往往是从不完美开始出来的。我的建议是：小步快跑，快速迭代。也许每一次产品的更新都不是完美的，但是如果坚持每天发现，修正一两个小问题，不到一年基本就把作品打磨出来了。”

小马哥说的“小步快跑，快速迭代”，我们总结为“精益创业”，“爆款策略”。未来“超级组织+超级个人”的商业组织形态，相对应的竞争格局也将发生变化。从极致性价比和爆款策略的背景下，竞争将从谁做得多，做得快，变成了谁做得又快又好，还得变得快。

遵循“极致性价比”理念，“爆款产品”策略，要求创业、投资要做的又快又好，还得不断革新，用户反馈互动及时，这可是个系统工程。柔性化要求，必然需要柔性化组织形式相匹配。

奥瑞·布莱福曼和罗德·贝克斯特朗，以西方商业理论擅长的臆想式案例模式提出了海星型组织的概念，让我们了解到在这个时代，分权有多么重要。

如今，新一代的分权组织正在探索这样的模式：组织的任何一部分都能像海星的器官，灵活扁平，完全自治。如此分权对于组织的控制力带来的考验，显然令很多人十分忧虑。“海星式组织”的提出者奥瑞·布莱福曼和罗德·贝克斯特朗认为，这取决于企业对于灵活性和适应性有多么迫切的需求，以及能否掌握适合这种组织形式的管理方式。

海星以5条腿站立行走，即便失去其中的几条腿仍然能够生存下去，但当5条腿齐全的时候，海星就会变成一个充满力量甚至凶残的捕食者。以此为隐喻，企业则需要建立虚拟的“5条腿”：众多无等级结构的圈子；一个亲手发起圈子而又很快退身幕后的触媒式人物；能够让圈子成员凝聚在一起的共同的信仰；一个方便圈子成员交流沟通的平台，如互联网；推进新思想的执行者和热情捍卫者。当虚拟的这“5条腿”齐全之后，组织就会像海星一样释放出前所未有的活力。

其实，海星式分权组织早已有之，典型者如美国数量众多的匿名戒酒协会，并非互联网时代的特定产物。只不过互联网的出现为企业建立了虚拟的第四条腿——沟通平台，为企业在集权与分权之间找到“甜蜜点”提供了前所未有的便利条件。于是，处于休眠状态的组织的分权化倾向被唤醒了，包括丰田、德丰杰全球创投基金、苹果、通用电气和Google等在内的诸多企业都再加入海星大军。①

海星式组织，通俗来讲，是冯仑提出的“小团队，自组织，自赋能，低成本，高收益”的组织形态；更通俗来讲，海星式组织是拥有极致性价比产品前提下的直销模式。

韩都衣舍的成功，是海星式组织强大的最好证明。

韩都衣舍发展迅速，得益于韩都衣舍的核心竞争优势——基于产品小

---

① 参考百度百科：《海星式组织》，https://baike.baidu.com/item/%E6%B5%B7%E6%98%9F%E5%BC%8F%E7%BB%84%E7%BB%87/7487523?fr=aladdin，2018年2月1日。

组的单品全程运营体系（IOSSP）。其独创的该套运营管理模式，在最小的业务单元上，实现了“责、权、利”的相对统一，对设计、生产、销售、库存等环节进行全程数据化跟踪，实现针对每一款商品的精细化运营。2015年韩都衣舍就拥有了300多个产品小组，它们是公司的发动机，独立核算，独立经营。该一模式已入选清华大学MBA、长江商学院、中欧国际工商学院以及哈佛商学院EMBA教学案例库。[①]（编者点评：本质就是新经济条件下的稻盛和夫提出的阿米巴模式）

“纯粹”不如“混血”。从IBM到Google，再到美国政府，这些地位稳固、已经步入正轨的大公司和政府机构，都正在学习掌握如何利用海星型组织原则取得成功。想要消灭海星，太难，还不如学会如何善用海星效应。

不过，布莱福曼和贝克斯特朗的案例研究表明，纯粹的海星组织非常难创造营收，更遑论获利，唯有海星与蜘蛛混血的组织才是一部赚钱机器！（编者点评：其实就是说，没有生态依托的海星组织是没有生命力的，生态型组织加生态链企业的混血才是一部赚钱机器）

《海星模式》认为大局观很重要，在分权化大变革中，原来的战略不再有效，为了有效防御海星的进攻，有时最好的方法是既利用集权化领域里的东西，又利用分权化领域里的东西。

这样的组织既不纯粹是海星型组织，也不是纯粹的蜘蛛形组织，一方面拥有自下而上的方式，一方面具备集权化组织的结构、控制和盈利能力。

---

① 参考百度百科：《韩都衣舍》，https://baike.baidu.com/item/%E9%9F%A9%E9%83%BD%E8%A1%A3%E8%88%8D/2729102?fr=aladdin，2018年6月。

原来集权化的组织有两种海星化的方式，第一种将顾客经验分权化：便宜卖二手电脑网站、eBay、亚马逊网络书店、欧普拉读书俱乐部、Google、IBM、升阳电脑；第二种将公司部门分权化：通用电气、德丰杰全球创业投资基金。

生态型企业下海星式组织形态的价值和如何实现高成长背后的道理应该讲清楚了。（建议阅读《小米生态链战地笔记》，观看混沌大学《赵迎光：韩都衣舍的组织创新“阿米巴经营模式”》）

未来，区块链技术必然使“超级组织”的企业与企业之间的信任，辅助智能合约的不可篡改功能，形成强大的信任网络；“超级个人”的个人与个人之间的信任，同样如此。进而，“超级组织”形成的平台（或内容）与“超级个人”形成的内容（或流量渠道）以区块链技术形成链接，自动完成分发，支付的闭环。

“平台+内容”，对应“超级组织+超级个人”，创业者/企业家/投资家/个体，都应该为即将到来的“超级组织+超级个人”时代积累认知，创造场景，辅助阿米巴模式，海星式组织，在未来生态型社会的竞争中找到自己的位置。

当然，一切的前提是“致良知”，做善良的品牌，生态型投资，价值观的放大器。

善良的品牌，变现的是正知，正念，正行的价值观，用户才会追随；

生态型投资，变现的是正知，正念，正行的价值观，LP才会追随。

个人品牌，变现的是正知，正念，正行的价值观，人以类聚，才有机会因强大而突围。

9. 资本思维：独角兽的杀手级武器

从“资源方”到“配置者”

谷仓学院提出的漏斗式反向孵化4个反向中，有一条“先有资本思维，再有项目”的提法，我们非常认同。我们把“资本思维”放在方法论模型的最后来写，也足见其重要性。

创业（包括投资）是个很苦很长期的差事，单靠一个小团队的激情与坚持是远远不够的，如何协调股东权利义务，如何选择“帮忙不添乱”的机构，如何小步快跑地融资，如何适时并购，如何让发展与资金需求匹配，如何在各种宏观环境下找到各种融资渠道，如何不被资本绑架，最终实现“众人拾柴火焰高”？

要想学会“资本思维”，必须先来深刻理解一下什么是“资本”。“资本”仅仅是指钱吗？不是。资本是对资源的“支配权”，通过资源支配带来更多的支配权叫“资本运作”，通过“资本运作”优化和配置社会财富，实现社会效率的最大化就是“资本运作”的社会价值。

经济社会只有三类人：资源方，配置者，资本方。

1. 资源方。他们是资源的最直接拥有者，依靠出卖自己的资源生存，比如农民靠耕地、工人靠体力、医生靠技能、作家靠写作，还有老师律师，等等。

2. 配置者。资源是谁的不重要，关键要有资源配置权。这类人依靠配置资源挣钱，从事资源的投入—整合—运营—产出工作，以企业家为主，创业者也属于此类。

3. 资本方。他们离资源最远，但是所有资源却统统归他们掌控，他们只躲在幕后玩“积木”游戏。风险投资机构就属于此类人，比如孙正义投资马云，阿里巴巴上市使他大获成功。资本家无国界，他们可以控制全球资源流向；可以通过金融体系支配大量别人的资产。

看一个人能量多大，关键是他能配置多少资源，能落地创造多少增量。

举个简单例子。资源互换，可以产生强大的魔力：假如你擅长技术，你的友商擅长管理，过去的思维模式是你拼命地去学习管理来打败你的竞争对手；同理，你的竞争对手也在拼命地学习技术来打败你，三年过去，你们谁也没有打败谁，因为你和你的对手都在不断地学习和进步，最终的结局是，在你和你的竞争对手拼得你死我活，两败俱伤的时候，一个大企业“螳螂在后”，进来把你和你的竞争对手全部收购了……我们来换个思维：假如你和你的竞争对手在共同价值观和经营理念下联合起来，成立一家公司，你负责技术，他负责管理。那么你省下3年的时间来研究管理，他省下3年的时间来研究技术。你们一合作，管理和技术都有了，再找一个营销比较擅长的老板来合作，那么技术，管理，营销全部都有了。这是资本思维中最简单的资源整合的思维方式。但你知道，并购容易，整合难，配置资源本身需要强大认知能力和执行力。团队作战，是对认知协同，步调协调的重大考验。

如今，中国改革开放持续深化，中国新经济崛起翻天覆地，国际化进程加快。此时，对企业家素质提出了更高的要求。比如在欧美和日本，企业家始终是社会的精英阶层，形成了跨国企业高质量人才银行下的精英秩序。而接下来的中国，如果没有一定的文化素养、理想追求，大历史观的格局和情怀，以及对创新的深刻理解，很难再成为社会的“配置者”。因此，中国的企业家正在痛苦地更新换代，一些90后创业者纷纷走近我们视野，老一代企业家正用“扶上马，送一程”等不同方式自愿退出历史舞台，这是时代发展的必然！

终局观的认知升级，就像企业家精神和素养都是可以后天创造的，比尔·盖茨在发家之前已经做了7年的程序员。这就是拥有智慧（价值观和方法论）孵化功能的谷仓学院存在的价值，把超级产品经理应该具备的区块链思维、物联网思维、移动互联网思维、供应链思维、资本思维方式，加上硬件+互联网+新零售操作实务，模块化输出，绞尽脑汁地提升创业成功率。经过认知提升和所有后天的努力，“资源者”完全可以转换到“配置者”。这时，他们就能体会，谷仓真正传达的认知是：创业是种修行方式，是种生活方式，谷仓输出的价值观和方法论是事业和生活的思考模型。获取财富只是他们成功的标志之一，对事业的忠诚和对社会的责任，才是企业家的“顶峰体验”和不竭动力。

资本思维是终局观的方法论

一个企业创始人，必须在所有资源面前找平衡，这是一件极难抉择的事情，而且每次选择都可能踩了坑，掉进“致命陷阱”。创业、投资的工作，每时每事都需要战战兢兢，不敢有一点点作死，因为创业高手的竞争，就是在等对手犯错误。这就说明了，为什么不是每个人都适合创业，成功的创始人都其独特的理念和执行力：千万人才中找合伙人，各种资源组合中找平衡。

资本思维的终极思维形态是终局观，资本思维就是终局观的方法论。

我们提出，企业创始人的“终局观”是我们第一看重的商业世界观。“终局”是国际象棋中的一个“术语”，指象棋比赛中的最后一个阶段，这个时候棋盘上的大多数棋子已被挪走，用来形容一种棋盘上已经知道结局的局面。象棋手常常学习“终局”是为了在将对手引入自己设定的局后可以获得胜利。“终局思维”，罗辑思维CEO脱不花是这样解释的：研究其他人、其他行业甚至其他时代的经验教训，对终局做预判，然后反过来看，今天做什么最重要。

说到终局观的方法论，就是如何把终局观的战略层面考虑落地到战术层面的执行。这时候“平衡大师”要登场了。创始人需要根据各合伙人们掌握的最大化信息，快速在脑子里搭建思维导图，并根据重要性排序，对资金进行匹配，对人力资源进行配置，选定战略和并购方向，与资本方沟通，提前布局棋子，及时调整运营重点和节奏，直到上市或被并购，再进入下一个发展阶段，周而复始。这是个事无巨细又颇具战略性的系统工程，组织保障形式就是上市公司组织架构里董事会的构成：董事长，CEO，COO，CFO，董秘，独立董事所构成的多边关系，共同实现资本思维的落地。

董事们要考虑“眼前的苟且”还有“诗和远方”；

股东大会要用“企业的宪法”——《公司章程》的每一个条款，对公司管理层进行授权和约束，并反馈和决策；

潜在股东方，需要根据各自立场与备投企业在投资协议中博弈，保护投资人利益，平衡备投企业诉求；

管理团队，梳理以上的权利义务后，排出时间表，匹配资源，调动人力，实现动态平衡和高效执行。

其实，从资本思维的角度看，《公司章程》的条款对企业来讲即是机会也是风险；协议条款的每一条在不同场景下既是义务也是权利，暂不赘述。

资本思维，独角兽创业、投资必杀技

生态型投资本质是独角兽投资套路，我们要求已投资，备投企业和LP在资本思维上必须认知同频，互相认同方法论，最大化尊重各方诉求，最大化提升各方决策效率。本着“价值创造，增量分享”的理念长情陪伴，把创业/投资当成修行的方式。这个逻辑下，我们相信，生态型投资最终将践行好人赚钱的理念，取得价值观层面的战略性胜利。

资本思维，就像把降龙十八掌所有招数融会贯通，形成战斗的必杀技。

从认知资本思维开始，下一个10 000小时，你打算怎样渡过?

10. 人才银行：如何留住一批很牛很酷的人

人才争夺战，新时代的创业集结号

进入中国经济转型的下半场，经济发展新动能的转换使得劳动要素越来越重要，人口老龄化的加速使得人口越来越短缺，区域竞争政策的调整使得高素质人才越来越受重视，国家创新驱动发展战略的推动使得创新型人才的竞争越来越激烈。

为吸引更多人才，近期我国各大城市展开了激烈的竞争，出台了一系列人才政策。目前，北上广深等一线城市，和杭州、武汉、南京、西安等新一线城市，及宁波、石家庄等区域中心城市都推出了本市的“人才新政”，“人才争夺战”由此爆发。“人才争夺战”大规模爆发的根本原因是什么？以下是人民论坛杂志的最新解读。

国家行政学院张国玉教授说：

> 人才是保持经济持续增长的关键因素。资本、土地和劳动是推动经济发展的三大基本生产要素，任何国家或者经济体的经济发展都离不开这三大要素的投入。
>
> 第一，不同经济发展阶段对三大要素需求的程度不同。在农业文明时期，土地是相对重要的生产要素，获得土地是最根本的。资本和劳动两大要素在很大程度上都要服务于土地的规模、肥沃程度等自然地理因素。
>
> 当农业生产有了剩余之后，土地对农业生产的重要性开始下降，

资本的重要性逐渐凸显，人类开始进入工业文明时期。在这个经济发展阶段，资本的作用越来越重要，土地和劳动要素受制于资本。而相应的，土地的价值来源也从农业文明时期的自然地理因素转为区位交通地理因素，靠近大城市和交通便利的土地更容易吸引资本。

当工业生产有了剩余之后，资本的重要性又开始下降，劳动的重要性进一步凸显。在这个经济发展阶段，开始形成劳动雇佣资本的趋势，共享经济开始兴起，而土地的价值更多地体现在文化地理因素上。

随着经济发展阶段和文明形态的变迁，劳动和人的因素变得越来越重要，这正是"人才争夺战"爆发的经济大背景。

第二，资本和土地是相对有限的，而劳动在一定程度上是相对无限的。经济发展的三大要素中，资本和土地受所在时空的制约，相对来说是有限的。

劳动要素特别是脑力劳动，具有弹性和灵活性。一方面，劳动要素相对来说是可以无限开发的，因为劳动这种要素具有自身再生产的功能和作用，这决定了人口再生产的可持续性。

另一方面，人口的素质也是逐步被开发的，人均受教育程度呈现出逐渐提高的趋势。因此，在土地和资本两大要素相对有限的情况下，要保持经济的持续增长，就必须在劳动要素上进行更多的投入，开发人力资源。人才争夺的窗口由此而打开。

创新需要高素质人才。首先，创新需要高素质人才。2016年5月，中共中央、国务院印发了《国家创新驱动发展战略纲要》，加快实施国家创新驱动发展战略。国家创新驱动发展战略提出要培育世界一流创新型企业，建设世界一流大学、一流学科、一流科研院所，发展面向市场的新型研发机构，构建专业化技术转移服务体系。而创新平台建设的基础是高素质人才，只有建设一支高素质、高水平的人才队伍，才能筑牢创新根基。

人口的生产需要时间，人才的成长和出现则需要更多的时间和各种机缘巧合。城市间的新一轮人才竞争，长期来说，就是要培养造就一批人才；短期来说，就是要从全球、全国各地挖人、抢人。

第二，引领创新需要领军人才。在中国经济加快转型升级的过程中，“新动能”“新经济”需要高素质人才，更需要领军人才。

在当前的“人才争夺战”中，科研创新型领军人才已经成为各省市竞相争夺的焦点。不少地方明确提出要加快新产业培育和创新，比如，深圳提出将区块链作为战略性新兴产业重点扶持领域；广州黄埔区、开发区对于区块链产业发展给予技术人才引进补贴；重庆提出到2020年将引进和培育区块链中高级人才500名以上；贵阳在支持和鼓励区块链企业及其相关机构入驻方面，从主体支持、平台支持、创新支持、金融支持、人才支持等方面详细列举了相关奖励政策。

各地的“人才争夺战”正逐渐由争夺大学生向争夺领军人才升级。比如，2018年3月，北京市人力资源和社会保障局印发《北京市引进人才管理办法（试行）》。根据全国政治中心、文化中心、国际交往中心、科技创新中心的定位，北京市重点引进招揽“千人计划”和“海聚工程”的中国籍入选专家，以及“万人计划”、“高创计划”、中关村“高聚工程”的入选人。

总之，经济发展新动能的转换使得劳动要素越来越重要，人口老龄化的加速使得人口越来越短缺，区域竞争政策的调整使得高素质人才越来越受重视，国家创新驱动发展战略的推动使得创新型人才的竞争越来越激烈。

经济新动能、人口老龄化、政策新调整、创新驱动发展战略四重要素在这一时空的耦合，导致了“人才争夺战”的爆发和升级，而各个城市的发展定位和资源禀赋则决定了其争夺的人力资本既有相似之处也有差异之处。

至此，人才争夺战背后的道理应该讲清楚了。我认为，目前还只是人才争夺战初期，更多是政府层面求贤若渴的表态和双向选择的开始。在我人生的第二故乡：江西赣州，推出人才新政也很有创意：博士来赣州市20个县区（18个县市区以及赣州经开区、赣州蓉江新区）观光考察，不仅可以免费住宿三天，而且赣州全市的公办景点全部向他们免费开放。赣州还设立了“苏区人才伯乐奖”，对于成功引荐优秀人才的人员，最高可获20万奖励。为此，赣州市授牌新成立了两个机构分别为赣南苏区人才发展合作研究院和赣州市招才引智局，表达政府引智的决心、信心，并提供组织保障。

未雨绸缪，我们要思考的是，超国民待遇的地方政策表达诚意之后，人才如何愿意留下来的问题。

政策引进来，创业环境留下来

关于如何用创业环境吸引人才加盟，除了全国甚至全球路演并为人才落户“三顾茅庐”的精神，还要有些方法论和案例的结合。

举个例子说明。无锡市政府基于无锡食品产业和人才优势的考虑，与智慧生态链孵化器——谷仓学院探讨食品专项孵化器的可行性。2017年底，无锡食品科技园与谷仓学院合作，正式成立食品创新创业孵化基地。

无锡食品科技园是无锡中心城区“北大门”，总规划面积约5.18平方公里，一期规划面积约2.57平方公里，是梁溪区“一核一带一轴五园区五街区”产业布局的重要组成部分，也是中心城区最具价值的可集中规划提升的区域之一，将建成以大健康、大食品为主导产业的，服务全市、辐射长三角、全国一流的现代化食品科技产业集中区。

无锡食品科技园园区将依托自身丰富的产业资源，为入驻的食品领域创新型企业和创业项目提供有效的资源整合和相关政策支持，力争培育和孵化出一批优质的食品相关企业。

谷仓学院本着“指导员角色公司化”思路设立，主要负责梳理提炼小米生态链的打法和经验，并以培训、内刊、出版等多种方式在小米生态链体系内外传播、分析小米价值观和打法，为创业者提供全方位的创业指导与资源整合服务。

谷仓学院谷仓学院，将针对入园企业和项目通过培育进一步优化提升，帮助其设计出更加符合新消费群体喜好的优秀产品，同时提供与新零售渠道、主流投资机构对接的机会及强大的供应链背书。

谷仓学院用“政策激励+人才培养/引进+孵化器赋能”模式，实现了用创新创业政策把人才引过来；搭建共享创业平台，把人才留下来。

继上一轮“双创”热潮后，各地陆续落地各种类型的创业孵化器，鱼龙混杂。没有内容的孵化器本质就是“二房东”，这一点还是要擦亮眼睛，避免对人才创业热情的伤害，帮忙不添乱。

人才引入核心要解决的问题，是让人才找到了施展空间，在一方热土建功立业。这样的情况下，价值观和方法论等软配套显得非常重要。

事业把人留下，人本思维把根留住

我们在《回归新经济本质，生态链势起人成》提出过一个预测：未来竞争，是思维模式竞争。从目前移动互联网思维到物联网/区块链思维，本质是人本思维。这些先进的思维方式，归根结底都是人，人皆为幸福。可惜现实世界太过无趣，而这些人最基本需求在移动互联网/物联网/区块链中才能实现回归。所以，互联网思维归根结底是人性的回归。现实世界在观察世界万物及其关系时，始终以人类的需要为出发点和落脚点，这即是初级的人本思维。

于是，未来最有竞争力的思维模式是人本思维。互联网+，物联网+，区块链+，就是借助人本思维，将工业化中建立的传统农业、工业、服务业的去工业化过程。去工业化，就是去人的异化，回归人的本性。

人的本性是什么，是需求和消费的博弈，是信任和吸引的博弈，是个性与社交的博弈。于是，互联网思维、物联网思维、区块链思维中心不单单是产品，而是基于产品的功能、内容和价值主张，并在用户反馈基础上实现数据驱动的运维模式。①

人本思维，未来移动互联网、物联网、区块链企业生存与强大的法则，顺者昌，逆者亡。

很多时候，产品经理或技术人员在研发过程中只着重研究用户痛点，却从没察觉产品与团队管理和产品研发者的自我修炼也相互影响，密不

① 参考陈小龙，https://www.zhihu.com/people/syoryu/activities，2016年7月。

可分。

谷仓学院的爆款产品方法论中很强调“人”的因素，而且不单只是指向用户，也包括了产品的设计者、管理者；另外，强调的产品也不只指代产品本身，而是任务、人、环境及自身迭代的集合。

通过尽职调查项目的访谈和观察，我感触很深的一项是：不同阶段要找不同阶段的人才，一味追求高端人才，与企业发展阶段和理念不同频，他们的技能有可能得不到发挥，反而会导致人才的流失。

纵观整个产品方法论，人本之道包括人本思维 1. 依靠人；2. 为了人；3. 尊重人；包括人本之术：1. 合理满足人的需要；2. 充分发挥人的能；3. 营造和谐人际环境；4. 尊重人的个性；5. 善待你的自我。

要凝聚人才，共同价值观显得尤其重要。企业文化是一个企业群体表现出来的共同的价值观、意识等，而其最根本的依附物是人，文化是人的意识和行为的综合体。就像一个企业一开始创业的时候可能只有老板一个人或者二三个志趣相投的人，这时候企业文化和个人人格魅力是一体的，之后会吸引更多志趣相投的人加入，新加入的人大都遵守原有的文化或老板的意志，但也会将自身的不同认识和行为带进来，有一部分被大家认可，于是成为集体文化的一部分，这样在企业早期就是人才共同作用形成了企业的文化，之后再循环，或加固，或更新，是人才创造文化，同时文化也不断吸引更多相似特点的人。

举例子的话，谷歌、微软是比较典型的例子。以谷歌为例，两个创始人都很崇尚创新、很酷，并以开放的心态接受新事物，他们又吸引了相同特点的人加盟，最后你看到的是谷歌有一群很牛、很酷的人，你既可以说是这些人才成就了今天的谷歌，但也同样是谷歌的这种鼓励创新的文化吸引了这群牛人以及更多的技术大牛加入。

这个时候，企业价值观，创业者的企业家精神都成了团队凝心聚力的核心要素。从事业留人，进而认同价值观，产生同频共振。人本思维的知行合一价值观可以真正实现人才把根留住。

人才，人才，人才！价值观，价值观，价值观！

21世纪最贵的是什么？一定是人才。是跨界的人才，拥有“研究员+产品经理+投资经理+杂家”跨界认知和思维的人。越跨界越有价值。越跨界，越混沌，越需要价值观作为灯塔引路。

谷仓学院积累了强大的人才银行，包括小米离职群，联想离职群，阿里离职群，华为离职群……每一个人才银行都有价值观纽带作为强大凝聚力的前提。谷仓学院反向孵化创业企业，采用“十八罗汉模式”组团队，就需要把原本团队的强大价值观基因打碎，并重新基因排序为“利他即利己”“消费升级是信仰”“极致性价比是人性”等谷仓生态链统一价值观。

有正知正念正行价值观的人，才是真正的人才！

未来中国最大的希望，我们判断，很可能是目前的90后群体的创业崛起与价值观主导。90后的人才银行将成为人本思维下，未来中国新经济企业最最核心的竞争优势！

美国作家、人权和女权活动家，赛珍珠（Pearl S.Buck，1892年6月26日—1973年3月6日），对中国人的评价，让我们看到了中国人价值观同频后的人性光辉与精神力量。

“Nothing and no one can destroy the Chinese people, they are relentless survivors. They are the oldest civilized people on earth. Their civilization passes through phases but its basic characteristics remain the same. They yield, they bend to the wind, but they never break. Thet have remined an entity, unfragmented, longger than any other people in history.”

“没有任何事任何人可以摧毁中国人，他们是善于从苦难中生存的坚韧之人。他们是世界上最古老的文明人，他们的文明经历过不同的时期，但其本质是相同的。他们知道屈服，他们在大风来临之时躬身，但他们永远不会被毁灭。他们作为一个实体继续存在着，不会破碎，比历史上任何一个族裔都要来得长久。”

服务中小企业的关键核心：生态型市值管理赋能

洞见资本创始人兼董事长　杜明堂

中国经济腾飞的浪潮裹挟着在洪流中的每一个人，而人口红利又轻易地放大了每一个发生在这片土地上的现象，因此不管我们是否自知、也不管我们是否有所准备，这个充满无限可能的时代，我们都早已身在其中。正如狄更斯所说“这是最好的时代，也是最坏的时代”，处在这个时代的中小企业用什么样的武器投身战斗，将决定着自己未来发展的命运。

过去十几年，我和我的团队一直在服务中小企业，通过对近1 500多家企业现场的尽职调查考察和咨询服务，我们发现中小企业已经成为国民经济转型发展的重要组成部分，承担起经济增长、贡献税收、解决就业的重任。但不得不说，现在大批量中小企业的发展也面临着巨大挑战。这些挑战可以说是纷繁复杂，从资本服务的角度来讲，最大的挑战还是“融资难、融资贵”这个核心问题。结合过去多年的工作经验，我们总结了一整套服务中小企业的实践方法，一个企业要想解决融资难、融资贵这个现实难题，需要首先了解“生态型市值管理赋能”的框架，进而提升企业资本市场价值，实现企业融资快速转型发展。

什么是生态型市值管理赋能?

市值管理，是上市公司基于影响公司市值发展的信号，综合运用多种科学、合法合规的价值经营方式和管理工具手段，以达到公司价值创造最大化、价值实现最优化的一种战略管理行为。这和一个公司的人才战略、营销战略一样，都是公司发展过程中整个高层团队要面对解决的重要工作。市值管理是推动上市公司和想做资本运作的企业实体经营与资本经营良性互动的重要手段，作为快速发展中的中小企业要利用周围掌控的生态资源，在“业务+资本”双轮驱动下协调发展促进市值持续不断提升。

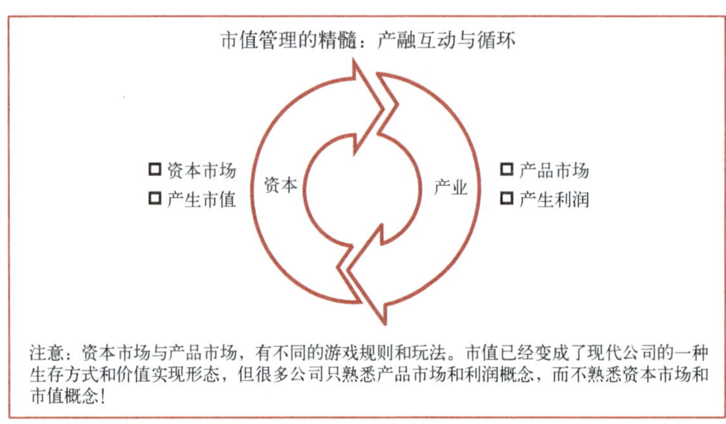

图1　产融互动是市值管理精髓

洞见资本研究院按照产融互动与循环的理论体系，结合这些年服务中小企业的实践再进一步细化拆分，得出下面的《生态型市值管理赋能模型图》：

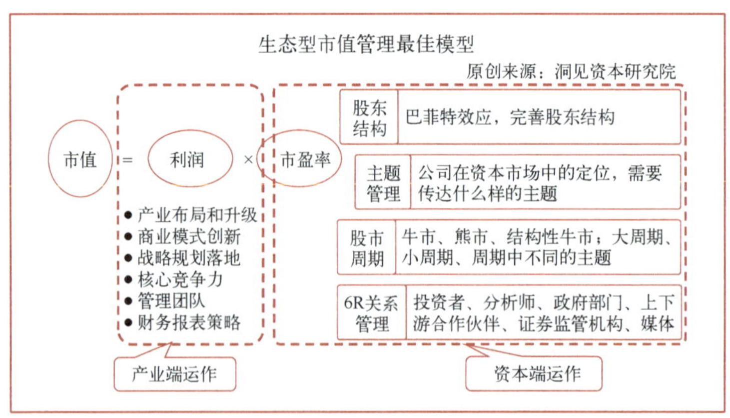

图2　生态型市值管理的框架步骤

所谓的生态型市值管理赋能模型是指一个中小企业如果想快速解决发展过程中的“资本和资金短缺”的问题，就要学着借助一切可以借助的资源生态，“有系统、有规划、有节奏”地实现企业内在价值在资本市场的凸显，形成较高的市值影响力，进而快速实现企业获得资本市场的助力支持，这个生态系统的运用和赋能就是我们说的“生态型市值管理赋能”。

这里所说的资源生态主要包括两个层面，第一个层面是模型蓝色区域的“产业端运作”，这里面涉及公司上下游、客户、员工等产生收入利润的相关主体；第二个层面是黄色区域“资本端资源”，这里面涉及PE/VC投资机构、基金公司、证券公司、会计师、律师、财经公关媒体等资源。

洞见资本研究院认为，优质中小企业要想借助资本市场快速发展，需要把上面的两个层面即业务端资源和资本端资源有机协同起来，实现企业内在价值和资本市场价值（市值）不断动态地趋同且持续上升。

为了有一个较高的企业市值增长动能，一方面在企业发展的业务端（利润EPS端），企业每年要着重花精力在产业布局、商业模式、核心竞争力、团队打造、财务报表策略等方面，实现企业每年业绩的稳定增长，这是资本市场想象空间的基础，也是企业家核心团队需要重点花精力的地方。另外一方就是市盈率，很多企业家并不了解它的深刻内涵，很多人认为市盈率就是股价和每股收益之间的关系，那这只是它的一个公式。洞见资本研究院认为市盈率的本质就是投资人和资本市场对于一个公司利润以及利润增长的预期和期望。既然是一个预期，如果主动来影响它，这就叫作管理，如果被动受它影响，那就是坐以待毙。

我们通过大量的企业服务实践总结得出，影响优质中小企业市盈率有很多要素，其中有四个最关键的影响要素：

第一个关键要素是“完善的股东结构”，俗称巴菲特效应。简单说，就是一个企业，你的股东结构里面有没有像巴菲特这样的知名投资人来给你站台背书。我国大量的中小企业股东结构都是董事长、董事长的夫人、董事长的弟弟等家族成员构成，几乎都没有知名的投资机构来站台投资，同时高管股权激励大部分都没有做，这是不合适的。企业通过内部高管股权激励，适当时机引入做市商，吸引战略投资人也能形成一个完善的股东结构，一个合理的、完善的、有知名投资机构站台的股东结构，是能够影响企业市盈率的。

第二个影响市盈率的重要因素是公司在资本市场的“主题定位”，简单说，就是公司在资本市场里面想用资本市场的语言表达一个什么样的故事和一个什么样的主题，一个公司到底能够给客户用资本市场的语言带来什么样的价值，商业模式到底是什么样的。通过一个好的主题定位，来影响公司在资本市场上的一个想象空间，产生非常好的市盈率。

第三个影响市盈率的是关键要素就是“股市周期”，我们知道股市是有周期的，任何一家公司个股是不能影响整个股市周期的，但是单独一家企业是可以很好地利用股市周期，配合一定的资本市场动作在市场上产生一个好的想象空间。例如，到底是牛市的时候给高管做股权激励，还是熊市的时候做股权激励？公司什么时候做大股东的增持，大股东的减持？包括并购与被并购，同样可以结合股市的周期来运作，市场周期性对整个公司在资本市场上的预期和体现有直接影响。

最后一个影响要素就是“6R关系管理”，我国数以万计各行各业的优质中小企业中有非常多的同质化、同行业的企业在资本市场上很难让大家记住，很难脱颖而出，这个时候企业就需要投资者关系管理、分析师、上下游客户、政府资源、监管机构、财经媒体公关等关系管理，在市场上正确地发声。举个例子，市场上的优秀分析师是非常的有限，所以优秀的中小企业要学会经常和分析师发生互动，邀请他们来公司尽职调查，做好分析师和投资人的关系管理，做好投资者接待日，通过这些动作让第三方去向资本市场表达公司的发展、创新和战略规划，传递公司在资本市场里的价值。

通过上面的这两大方面资源整合运作，借助生态系统的力量，一个优秀的中小企业通过持续提升业绩，通过主动来影响资本市场的市盈率，通过产融互动，让公司的内在价值在资本市场上价值得到体现，这就是我们所说的“主动型的、长期的、阳光化的市值管理赋能”。

无论企业高管团队团队，还是投资机构都可以通过这样的一个生态体系型的长期持续赋能，通过借助公司的各种战略资源，综合的、高效的、合法的、合规的运用整个影响我们市值赋能模型中的一切生态资源，来不断提升凸显一个公司内在价值在资本市场上的价值，实现中小企业的资本市场价值，实现融资创新发展。

我们说生命在于运动，企业在于运作，资本运作不是大型企业的专利，中小企业同样可以熟练进行资本运作。通过生态型市值管理赋能，可以实现企业融资、股权激励吸引人才，最终实现企业快速发展。

第六章　生态型投资

——跨界创新系列思维模型

人与人之间，最大的差别是什么?

不是出身、不是外貌，而是思维的差别，是否拥有创新思维的差别。而要做到有效的，甚至是颠覆性的创新，往往需要你在创新当中，采用某种截然不同思维、做法，而不是细枝末节的修修补补。要达到这个目的，需要的最简单、最有力的思维，就是跨界思维。

所谓跨界，指的是突破原有行业惯例和常规，通过嫁接其他行业的理念和技术，从而实现创新和突破的行为。跨界的本质是创新，是实现巨大创新的方法。而且，跨界是手段的创新，是抓住本质的思维，这有点类似于“不管黑猫白猫，抓住老鼠就好猫”的思维。跨界思维是一种突破性的思维，把“不可能”变成“可能”的思维。

1. 蜂鸟效应：创新带来的意外收获

蜂鸟效应，一个领域的创新带来另一个领域的变革

什么是“蜂鸟效应”？

你很可能听过一个广为流传的故事——一只南美洲亚马孙河流域的蝴蝶轻轻扇下翅膀，而后在遥远的美国的得克萨斯引发了一场龙卷风。这就是混沌理论中赫赫有名的“蝴蝶效应”，它描述了自然界中一种奇特的现象：由于事物都不是孤立存在的，经过一连串的因果链条，看似毫无关联的事物就能为彼此带来巨大的影响。

其实，在人类的创新活动中，也存在一种类似“蝴蝶效应”的现象。当人类需要解决某个具体问题的时候，就会出现新的发明创造，而新发明一旦传播开来，它们却最终会引发其他领域极难预料的变革，其影响范围之广甚至超出了我们的合理想象。这种由创新活动带来意外效果的现象被科学家称为“蜂鸟效应”。

“蜂鸟效应”的名字来源于生物学中蜂鸟进化的例子。在白垩纪的某个时候，植物的花朵进化出好看的颜色和芬芳的气味，能够向昆虫发出信号，告诉它们周围有花粉；同时，昆虫进化出可以提取花粉的复杂系统，并且无意之间为植物花朵进行了授粉。时光变迁，植物又给花粉补充了富含更多能量的花蜜，引诱昆虫把授粉当成一种惯常行为。正如植物进化出吸引昆虫的特性，相应地，昆虫也进化出能够“看”到花朵的感官，使其更容易找到植物。植物和昆虫在进化中相互适应、互惠互利的共生现象，产生了大量花蜜，却为体型更大的另一类生物——蜂鸟提供了机会，使后

者能够从植物中吸食花蜜。

为了做到这一点，蜂鸟改变了自己的骨骼结构，进化出一种新颖的极快扇动翅膀的方式，让身体能够像昆虫一样悬浮在花朵旁边，这是其他脊椎动物无法做到的。最终，植物的繁殖策略促使蜂鸟完成了鸟类进化史上最不可思议的身体变化。

乍看起来，“蜂鸟效应”好像是“蝴蝶效应”的一个变种，但实际上，二者有本质的区别。蝴蝶效应的不确定性在于，它包括一连串几乎不可知的因果关系。蝴蝶扇翅膀与遥远的龙卷风之间有什么联系，我们无法剖析其中的逻辑脉络。我们只能说，由于自然界的万物都是彼此联系的，所以蝴蝶和龙卷风之间有联系。但在植物和蜂鸟的事例中，情况却完全不同：它们是不一样的生物体，有着完全不同的需求，但植物以清楚易懂的方式明确地影响了蜂鸟的外形。

人类社会发展史中有不少变革和创新就是按照“蜂鸟效应”的模式发生的，其表现形式多种多样。

有一些“蜂鸟效应”是非常直观的。比如，印刷术的进步就可以引起生物学和天文学的巨大发展。在西方的文艺复兴时期，德国工匠约翰内斯·古腾堡发明了印刷机，印刷机带来了书本的普及，书本的普及让很多人视力下降，导致人们对眼镜的需求激增。于是，生产镜片的厂商越来越多，镜片研发实验越做越频繁，这就促使眼镜工人发明了显微镜和望远镜。此后不久，显微镜使我们能够发现，生物原来是由微小的细胞构成的，而望远镜则帮助伽利略写出了天文学著作《星空信使》。

又比如，从技术上讲，互联网原本只是信息服务方式的创新，但它促使了人类社会所有领域出现巨大的变革。我们有了虚拟社交、在线购物、远程会议……可以说，互联网效应是对我们日常生活影响最深刻的一种“蜂鸟效应”。

蜂鸟效应与小米生态

以小米生态的构建为例，短短8年时间，成长为年销售额达到1 200亿的企业，其快速增长，来源于它的经营、它的模式、资源整合和它的布局：从移动互联网风口的商业模式创新到布局小米生态链企业，小米的商业模式一直在升级。

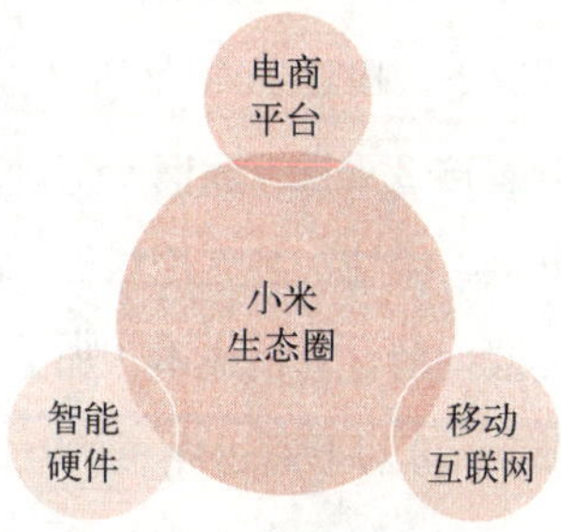

第一阶段：风口型，粉丝+社区营销方式。小米刚成立的时候，商业模式不复杂。用雷军的话说：小米的成功最早起源于风口。当时那个风口，其实很多企业也看得很清楚，就是苹果开创了一个智能手机市场。后来，Android阵营的三星、HTC等企业第一批参与到这个市场。

但是，以苹果为代表的这些企业开辟的是高端市场。我们都知道，早期的智能化手机走了两个极端：一个是大牌高端，苹果定价为5 000元以上，当时的三星和HTC也很贵，都是在3 000元以上。这个市场被开拓出来，相对地，就存在了另一个市场——以较低价格为特征的大众市场，但是没有好的厂商去开发和真正满足大众市场。比如，1 500元以下或2 000

元钱以下的市场，多数都是山寨手机。当时雷军认为，在这个大众市场上一定存在一个庞大的换机潮，很多原来用功能手机的人一定会换成智能手机，这是一个巨大的风口。雷军盯的其实就是这样一个市场。

但是在大众市场，当时小米也看到了存在的难题：在当时手机采用的商业模式下，手机企业通过既有的分销渠道（包括运营商渠道和手机零售渠道）售卖的手机最低成本不会低于2 000元。那么在这样的商业结构下，消费者的购买成本基本上是渠道成本和制造成本五五开。一个1 000元制造成本的手机经过渠道以后，最低卖到2 000元，否则的话就不盈利，成本上打不住，这是2 000元以下没有好手机的一个主要原因。所以当时雷军就在想：如果要满足这个市场，应对换机潮的风口，那就必须把成本控制下来。小米是在这种情况下，构建了“粉丝+社区”营销方式。

2011年，企业不像现在这么重视互联网营销。那时，在互联网上有很多免费的手段，比如泡社区、微博、各大论坛等，即便收费，成本也都很低。所以小米利用当时互联网的低营销成本，加上在安卓上深度开发的系统MIUI，圈了大量的粉丝，再加上通过熟悉的互联网营销方式，绕开了渠道，开创了低成本的互联网营销模式：自己建立小米网，通过小米网跟用户直接建立联系，用户去小米网订购，直接进入物流环节，将渠道成本降到很低。通过这样一种手法，小米把营销的成本控制在了消费者购买成本的10%以下，这种模式使得小米能够将总成本控制得很低，抓住了这个满足当时大批量顾客换机的风口。

第二阶段：过渡型三角结构，手机+MIUI+小米商城。小米在应对风口的过程当中走出来，形成了小米第二代商业模式。为了卖手机，必须做互联网营销。互联网营销又必须绕开现有的高成本渠道，所以就建了小米商城，直接对顾客发货，加上早期为了圈粉建立的MIUI系统，就形成了三角结构：手机+MIUI+小米商城。这是小米在应对风口的过程当中形成的一个过渡型的商业模式。

这个商业模式一旦形成，问题就又来了。一旦有了小米商城的运营，就要按照零售的规律来进行。一个零售电商要想活下去，典型的特征是要有足够长的产品线，如果产品线不够长，对顾客就没有足够的黏性。比如，逛商场时，发现没有那么多品类，只卖手机，买一次后，下一次换手机需要一年以后，那时，顾客早忘了这个商场。忘掉再想起，必须用广告的手段提醒，成本就非常高。所以，维持一个商城，必须要有足够长的产品线，让顾客能够在遗忘之前还来购买，让消费者有足够的黏度和频度，否则，商业模式就闭环不起来。

另外，在互联网服务上，单纯靠手机业务终端的力量，对顾客的黏性也不够。除了手机硬件以外，软件服务也要跟上。比如，MIUI后来衍生出很多服务性业务，内容上进来一些基于云端的服务。这样一来，手机才有足够的黏性。

第三阶段：铁人三项模式。为了解决以上这两大问题，小米的商业模式在升级。这就有了现在小米的铁人三项模式，中心是手机硬件，在手机周边做电视路由器，同时又做生态链，其实整个是围绕产品线的扩张来开展的。

另一个就是新零售。随着互联网的发展，所有的厂家都开始越来越重视电商，都在努力营造互联网营销社群，导致互联网的获客成本也越来越高。对小米来说，小米商城原来是电商，做互联网营销本身不是盯着互联网，而是寻找低成本渠道。一旦发现线上的渠道成本、营销成本并不低的时候，小米开始铺设线下成本低的渠道，于是有了小米之家。

另外，小米一开始做价格比较低廉的市场时，米粉是25—35岁的工科男，消费能力没那么强，但是米粉会长大，消费能力也会增加，所以小米的零售群体也在分层，所以小米又做了有品商城，做一些相对品质比较好、价位比较高的产品销售。这些就是小米的新零售。同时，基于MIUI的内容服务也在拓宽，比如互动娱乐项目、影视内容、金融服务、基于云端的一些服务等。

小米的生态链就是在这个背景下产生的，是为了解决硬件的长度和宽度问题。

小米从2013年开始布局生态链，到了2015年，生态链的布局范围已经很宽了。分为几层：最核心层是围绕着手机做事，周边的产品比如耳机、小音箱、移动电源等；再往外是智能硬件，比如空气净化器、净水器、电饭煲等白家电产品；接着是玩的这一类产品，比如无人机、机器人等高科技产品。还有一类是大家难以理解的生活耗材类，比如毛巾、牙刷。

把毛巾和牙刷纳入生态链会不会分散资源？他们回答我：牙刷是一个技术含量非常高的产品，理所当然符合小米生态链的定位，而毛巾虽然是普遍商品，但有利于提高用户黏性。用他们的话来说，小米生态链的中心思想是：1. 一帮工程师审视顾客在传统消费领域里面能用科技改变的产品和行业，如果有可能，他们就会进入这个领域。2. 围绕零售所圈起来的消费群，统一于这些消费群感兴趣的产品，同一个顾客群能够去关注的、跟小米的品牌比较搭的，都是小米生态链涉足的领域。

生态链一旦建成以后，我们要关注几个要点：1. 小米跟生态链企业之间是什么关系？ 2. 小米从生态链中能获得什么好处？ 3. 生态链企业能获得什么好处？ 4. 生态链企业之间是什么关系？ 5. 未来的想象力如何？

1. 小米跟生态链企业之间是什么关系？

小米跟生态链企业有一个共同的事情，就是共同给一群顾客创造价值，一定是做出来的东西，满足同一类人的要求，统一于顾客。所以它们也定义了一些产品，比如要做闭着眼就能购买的高性价比产品。我们看很多小米的产品具有这样的特点：如果你想买一个产品，又不想花时间去对比，你就去买小米的。比如，空气净化器，有很多贵的，也有很多便宜的同类产品可选择，如果你需要很快做决策，也没有精力去对比性能，可能小米是一个较好的选择，因为这就是它的定位——高性价比。还有一个特点是用互联网方式能够显著提升效率。它们选择的很多产品，比如说空气净化器，别的企业可能卖几千元，它能够通过现在的方式提高效率，一下子把成本降下来，小米在处理与生态链企业关系时，还坚持几个原则：

（1）参股不控股。小米跟生态链企业的关系，有一个核心：参股不控股。所有这些生态链企业，小米不试图控股，最高的股份占比40%，多数都是20%左右。它不去控制的目的，就是为了保证这个生态链企业，即便进到体系里，小米也不去包办你，自主经营还是你，小米要的就是你自己的企业家精神。收购一个团队，如果你自己愿意去冲，小米就会变成你的一个支持系统。如果控股你，反而会使你的企业家精神被掩盖。

这也是我小米不同于大多数传统企业的地方，是小米的明白之处：我参股不控股，如果企业做好了，管理团队的利益大于小米，如果做砸了，管理团队损失也比小米大，这样管理团队就会很上心。这也是小米参股不控股的一个诀窍。

（2）帮忙不添乱。把小米有的能力赋能给你，绝不是说一定要让你听我的。小米说，你可以用我的销售渠道，可以用我的品牌，但是我并不强制你，只是来帮助你解决问题。我可以告诉你，小米开发产品的思想是什么，怎么能让你的产品变得简单化，就是把小米的经验复制给你。但如果你形成了自己的思路，小米决不去干扰你。

（3）建议不决策。我只给你提建议，最终还是核心团队自己做决策。除了决策关系和股权关系以外，小米与这些企业的很大一个关系是赋能。

早期，小米再怎么把自己的能力模块复制到生态链上有过一个提炼：大多数生态链企业是小企业，它自己构建一个完整的供应链其实是很困难的，小米借助早期做手机整合出来的一条很强的供应链，去给这些生态链企业背书。这些生态链企业去单独找这些供应链的时候，谈判地位是很低的，小米就出面来帮它去跟供应链谈，把这种能力赋给这些生态链企业。再一个是品牌，小米品牌是很有热度的，你作为一个创业企业，受到的关注远远敌不过小米，所以小米把品牌复制给你。还有电商渠道，小米有自己的电商（用小米的话说，它们是中国第四大电商），所以你的产品可以放在小米上去卖。

这些都是小米早期把自己的能力赋给生态链企业的做法，后期，越总结越多，现在能够赋给生态链企业的能力越来越多了。比如工业设计，小米产品的工业设计是很有特点的，简洁干净的风格，在小米的产品上体现得非常强，小米现在把自己对工业设计的理解和能力去赋给这些生态链企业。它们对产品的理解比较强，能够想到一个产品怎么做出来，哪些功能是冗余的，哪些功能可以去掉或简化，使得你能做出核心价值突出、成本又最低的产品，怎么定义产品才能比传统的产品更有竞争力，这些都是小米能够给生态链企业赋能的地方。

小米不断总结自己在平台上形成的能力，把这些能力提炼出一种方法方式，来赋加给这些生态链企业。现在已经很厉害了，甚至有了咨询孵化的功能，把小米的成长过程中形成的互联网七字诀——专注、极致、口碑、快，提炼成方法论，来训练这些生态链企业的管理人员。2016年谷仓学院成立，把这个团队独立出来，谷仓也变成一个生态链企业。然后，这个生态链企业又去孵化其他的生态链企业，帮助其他企业去学习小米的模式。

2. 小米与小米生态链是一个完整的生态系统。小米从生态链中能获得哪些好处?

对小米来讲，这种生态链模式给它带来至少三方面的好处：

（1）销售收入。这些生态链企业的产品其实是会拿到小米的渠道当中卖的。小米投资生态链企业、选生态链企业的时候，就选择了这样的企业，比如它们选择生态链企业的标准之一就是研发能力很强但销售能力不足的团队，所以这些企业天然就对小米的渠道有依赖。小米跟生态链企业之间很清楚，每卖一个产品，小米获得的是销售利润，生态链企业获得的是研发和生产利润。至于它们之间的分成方式，有简单的结算方式，比如跟每个生态链企业都约定：卖多少钱，由小米说了算；前端花了多少钱，由生态链企业说了算；从售价到原材料中间，双方根据比例切分，你消化你的制造成本和研发成本，我消化我的营销成本。小米从每一个生态链企业获得的销售收入是很大的。

（2）投资收益。对小米来讲，这些生态链企业有投资收益。投一定的股权，如果这些企业做到一定程度，企业的估值肯定会高，必然有投资收益。

（3）小米获益最大的，是组团应对强手。小米知道，它的历史不长，研发不可能像华为这些历史悠久的企业一样积累那么久，而且它的产品线长，不可能在每个领域里都建立起技术。但是它又要满足电商的要求，满足零售模式的要求，产品线要足够长，怎么办?所以它一定要跟这些拥有技术的企业去结盟，组团来应对外面的强手。而那些生态链企业本身很弱小，小米通过这种连接的方式，把外部的技术资源整合起来，来应对研发能力强大的企业，从而弥补自己的短板。

3.那么，生态链企业的获益在哪里?至少有三点很明显：

（1）以小博大。生态链企业是很小的，很多生态链企业就是一个技术团队，可能仅几十个人，这种小企业在一个能力上有长板，比如独有的技术，比如对传统产品的缺陷的理解，它们在这方面的能力强大，但是通常能力很难全面，比如没有整合供应链的能力，没有大的品牌影响力，所以，生态链企业在进入小米生态链之后，能以小博大，用自己小的能力去享受大企业的平台。

（2）加速器。享受了大企业的能力之后，能够把自己的能力放大，增长也就被加速了。

（3）进入到平台以后，仍然有自己独立的发展空间。对小米来讲，生态链企业可以在平台上发展，等它到了一定规模，它也可以去独立发展，并不限制它。所以小米对生态链企业的几个原则说得很清楚，就是：投资不控股，建议不决策，帮忙不添乱。实际上这些企业之所以在生态链上发展，恰恰是因为能力的互补，并没有丧失自己新的发展空间和发展机会。

4. 那么，生态链企业之间是什么关系?

（1）合作关系。我的产品跟你的产品在同一个消费群体上卖的时候，有个互补作用。

（2）有一定竞争关系。边界没那么严，一个企业如果没搞好，可能生态链的兄弟企业就做了跟你类似的产品，也存在一定的竞争关系。

（3）经验复制。互相之间都在同一个阶段上，同一个领域里面，有些经验可以互相学习。

2018年，小米生态链企业销售规模预计400亿元（注：此销售额指的是小米生态链公司与小米生态链合作、在小米渠道完成的销售额。有品的第三方商品不算，这些公司自有品牌在别的渠道的不算），并继续加速成长，很快将超越手机等业务规模，小米生态链未来充满想象力。

5. 小米对生态链未来的预期，可以关注两个方向：

（1）可能会成为一个大数据的平台。所有的生态链企业，都有一个共同的入口，即在小米手机上都有一个共同控制它们的APP。APP就是一个数据接口，所有的产品都会把数据流到统一的数据平台上来。如果生态链企业很多，一个家庭用了小米生态链的产品，顾客的活动方式、生活场景等信息几乎都会过来。举一个例子，如果你用了小米的电饭煲，可能你家里吃什么米、煮米的硬度、米的产地、家庭吃米的频次等数据都会传递到小米平台上；如果你买了小米的电视，那你看电视的内容、偏好，也都会过来；如果买了小米的加湿器、空气净化机，你家里的空气质量的状况，也会传递过来。一旦有足够多的数据传上来，这些数据就变得有意义。至于这些数据能产生什么价值，有无限的想象力。

（2）可能就是新一代的电商的功能。如果电饭煲把你家里消费米的数据、消费数量的数据和消费频次的数据都传过来以后，很有可能将来小米就能算出你什么时候需要买米、需要买什么样的米。在这种数据的指引下，小米能提前为你备货，你一下单，在短时间内就能给你，这可能是未来新的电商模式。我一直认为，新零售不仅仅是渠道结构的改变，更是在数据引导下的备货模式和整体的物流汇总。

总结一下小米生态链的模式的厉害之处到底在哪里？

1. 模式轻

首先看轻重的区别是什么？一个企业，如果增长得慢，主要原因在哪里？多数企业走得慢，是因为业务模式中存在难以快速获得的资源，这就是我说的“重”。比如，一个企业找人的时候，商业模式设计的用人的复杂程度很高，需要很高的能力的人才能做你的事，在扩张的时候，你总是面临人员补充不够，这种模式就叫重。也就是说，你的商业模式如果不能做到可以用简单的方式获得需要的资源，这种模式就叫重。

举个例子，当年福特何以能够战胜同时期的汽车厂家呢？就是因为它找到了一个轻的模式，把大量的工作标准化，把一个造车的过程分解成一个一个简单的动作，所以，它在获得人力资源的时候就很简单，一个农民受两个星期的训练，就能成为福特生产线上的一个工人。福特的模式就是把重变轻。

比如乐视的模式就叫重，它需要大量的资金，扩张当中，融资几百亿投进去，模式还是走不通，这就是重。高度依赖于资金，一旦资金获得受到障碍的时候，它的模式就受限，它的模式就不通，增长速度就放缓，企业就面临生死存亡。所以，重就是扩张过程当中，在某些资源上过度依赖，突不破，资源一旦出现短缺，就增长不起来。

我们看很多企业都是这样的：要么就是研发上长时间内不突破，增长得慢；要么在扩张的时候，从单一业务往多业务扩的时候，经营人才无法获得，增长得慢。一旦某一种资源或某一类人才出现瓶颈的时候，就限制了企业扩张的速度。

小米用轻的模式，它在核心资源上集中资源，但是在难以获得和短期内无法建立的环节上，采取开放的态度，这是小米的厉害之处。我们企业在评估自己的模式的时候，一定要高度重视。历史上，下一代商业模式打败上一代商业模式的，都是把上一代的模式变轻。

在企业的现实经营中，最难快速获得的资源通常有两个，一是技术，二是经营型人才。很多企业都想把员工改造成经营型人才，但做起来又非常困难。需要调动员工的积极性，让他承担经营的意愿，又要承担经营的风险，还要形成决策能力，这个培养过程是很漫长的。但是小米整合的这些生态链企业的团队，既带来了小米需要的技术，又是具备企业家精神的经营型人才，小米通过模式把生态链企业的人才整合过来，恰恰是在难以获得的资源上用了轻的模式。

2. 开放

小米模式的第二个厉害之处：开放。开放也是决定一个商业模式有没有力量的关键。

（1）能力开放。小米对生态链企业采用开放的姿态，就是我在哪些领域里有短板，我就去找哪些人，然后我再把我的能力开放，赋能给这些人，把小米既有的营销能力、供应链能力、产品能力尽可能地赋予这些团队，在能力上去开放、去互补，专门找互补的企业在能力平台上开放。大多数企业都在成长过程当中积累了自己的核心竞争力，形成这些能力以后，完全可以把它复制到更多的领域。如果把你的能力复制到更多的领域和业务上，能力不需要再增加更多的成本，但是用到更多的领域，获利能力就强了。小米把自己的能力复制到一个一个跟它互补的团队上，成本并没有增加多少，但是获利能力却大大增强了。

（2）利益开放。小米不计较是否一定要控制企业。你要控制企业，你的模式就重了，你有多少资金能控制那么多企业？而且不是每个企业都能成功的，所以小米并不在利益上强调控制，并不在股权上强调控制，更强调能力的互补。它在利益上是开放的，所以它认为，企业做成功的关键不在于投资多少，而在于经营团队对业务的理解。

3. 释放管理人员和员工

小米模式的第三个厉害之处就是释放。它对外开放，对内释放，这也是我自己的一个体会。我和小米打交道过程中，发现小米的年轻人，讨论问题的时候极其活跃，从来不想这事是不是分内的事，而是思考这事到底应该怎么办，他们自己去往前推。

历史上，每一阶段起来的新企业，跟以前的企业相对比的时候，都是一次人性的释放。当年通用打败福特，是因为通用对管理人员释放，管理人员有了更多地参与公司事务的权力，更多的决策权，这在福特是没有的。后来丰田遏制住通用，丰田采用的不仅仅是释放管理人员，还释放了基层员工，让基层员工更多地参与到管理当中去。

我觉得，小米文化的一个核心就是利他即利己的释放。到一个传统企业，企业给你一个授权清单，哪些事能做决定，哪些事不能做决定，在公司做的分权手册里有明确界定。但小米不是这样，到了小米，它给你的是不授权清单，只要不明确说收回你的权力，你就尽管做决定。所以，小米的每个人都很有权力，决定的事情很多，是基层推动高层。①

蜂鸟效应，创新自身生命力和终局使命

从互联网+，到移动互联网+，到物联网+，再到区块链+，未来企业参与竞争的每一步都是思维模式的巨大跨界的考验。小米思维模式从2010年至今完成的进化：从顺势而为的风口理论，到互联网七字诀的互联网思维，再到"硬件+互联网+新零售的铁人三项"，小米及小米生态链系统完成了"蜂鸟效应"的骨骼进化，完整体现了创新的自身生命力。

小米从要做科技界的MUJI，到小米生态链把"消费升级当信仰"，秉承"利他即利己"和"极致性价比是人性"的核心价值观，把跨界创新当成了终局使命。

创新一旦开启，潜能无可限量，发挥想象力，一切皆有可能。

① 苗兆光：《小米生态链是如何炼成的》，华夏基石e洞察【思享会】总第180期。

2. 底层思维：从“上帝视角”到“底层思维”

从“上帝视角”到“底层思维”

从“上帝视角”看，这个世界的一切都是注定的。以牛爵爷为代表的机械决定论（又称“形而上学决定论”）只承认自然界的因果性、必然性、客观规律性，否认人的主观能动性和偶然性。在“科学”决定论的世界里，一切都是可以计算和被安排的。

直到布鲁诺·拉图尔在《实验室生活：科学事实的建构过程》中重新从底层逻辑去发现：所谓科学，就是通过很多东西，证明了非常多的规则和潜规则，最后建立出的一套能够自圆其说的系统，然后让大部分人去相信它。

现在很多新的理论，都是以这样的方式产生的。既然科学都如此，那我们日常经验积累得到的“真理”就更是这样了。

于是，我们明白了，所谓科学，并不是真理，是被建构出来的。所以无论设计什么，不要过于相信真理。不要太相信历史经验下的真理，要更相信并且有选择性的、自己能体验、去建构的最底层逻辑，比如人的物理属性、生物属性。

“上帝视角”or“底层思维”？新锐设计师，美间科技创始人阮昊先生有一段精彩论述：

1.“上帝视角”放弃了人这一单体，底层思维回到了个体需求。“用户需求论”在助推互联网成为时代属性后，开始渗透进所有行业。

2. 两千多年前，亚里士多德就说过，在每一系统中，第一性原理是最基本的命题或假设，不能被省略或删除，也不能被违反。“钢铁侠”马斯克对此的新解读和实践，让第一性原理成了全球商业世界的火爆理论。然而，真能理解并践行的，终究是凤毛麟角。

3. 今天，未来，都是去中心化的时代，知识不再被垄断，至上的偶像被敲碎，权威的思想被解构，大师难有，将是常态。我们不会再为个体的登峰造极而感到兴奋和崇拜。

联系到谷仓学院，作为智慧生态链孵化器，践行小米价值观和方法论的可复制，正是要把创业方法论和用户需求论真正统一起来。强化“极致性价比”，“利他即利己”的价值观，回归人性追求美好品质、安全性、性价比、信任感、存在感、归属感等最底层需求。

底层思维，正是回归人性的思维模式，正是跨界创新思维的基础思维模型。

底层思维，刻意练习，跨界链接

底层思维，是一针见血的基本常识，是事物的本质，是组成一个事物最基础的元素。找到那个“道”，就找到了所有逻辑的根本。

一个事物，它的本质是什么呢？是物质还是非物质？

如果是物质的话，由什么元素组成，排列是什么样的？属于哪一个类别？有什么用？

比如煤炭和钻石，虽然它们都是由C元素组成，本质元素一样，但是因为它们排列方式的不同，形成的形态，价值都各不相同，应用也就不同。

如果是非物质，它的原动力是什么呢？来自自然还是内心？最根本的逻辑是什么样的？是属于哪个方面的道？能调动我们怎样的元认知？

比如说自然界的风雨雷电，目前在自己的现有认知认为，它们的原动力来自自然界的能量的流动；再比如一个想法，它来自内心的哪一个原始的驱动力？是不安全感，攻击性，自恋还是其他？这个想法的逻辑是什么样的？元认知也就是对思考过程的思考是什么？[①]

现实中，埃隆·马斯克用物理学的角度看待世界的第一性原理让人唏嘘赞叹，也就是说，解决问题的时候，要一层层拨开事物表象，看到里面的本质，再从本质一层层往上走。在马斯克看来，只要一件事情在底层的物理原理上是可行的，他就觉得这件事是可成的。

跨界创新，是让不可能发生联系的事物发生联系。于是，越跨界越是蓝海，越跨界越有价值。

这是非常有建设性的思维逻辑。随时找到两个完全不同的东西，然后尝试结合成一个新东西，只要他在底层逻辑上是可行的就没问题。

谷仓学院孵化的很多创业项目，都是底层思维的杰作。一个曾经万元的空气净化器如何让大学老师苏骏做成了一件艺术品，并以699元的价格

① 参考简书APP，月芽儿王子悦：《当你说“底层思维”的时候，我能想到的是……》，https://www.jianshu.com/p/9e68b0551e60，2017年2月5日。

击穿市场，让更多家庭用上了极致性价比的空气净化器；须眉科技的口袋剃须刀，创始人陈兴荣作为美的、TCL、奔腾、九阳等多家头部家电企业的高管，“杀鸡用牛刀”，底层思维解决上班路上的剃须底层需求。

贝医生的牙刷，是2018年奥运会祥云火炬的主设计师章骏亲自操刀，美而实用，让你爱上刷牙。

底层思维逻辑，是降维爆款产品思维的基础逻辑，本质都是回归人性的本源诉求。

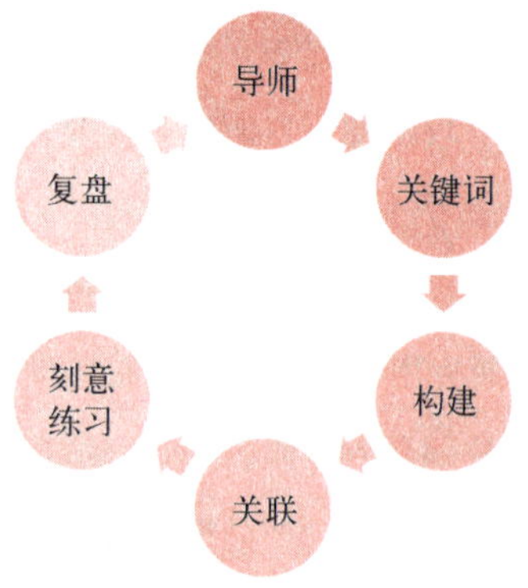

当然，底层思维的建立，是需要必要的刻意训练的。

首先要学会觉察，当你用旧有的思维模式去思考的时候，我们要知道自己当下的状态。

要做累积，对事物的认知一定是随着我们对知识的慢慢积累，才能不断迭代提升。

要不断地让自己去练习思考事物的本质，运行规律，基本逻辑等。

练习思维导图工具，层级式展开，分场景决策。

经常性对创业/投资决策的过程进行复盘，通过认知的提升，刻意练习后习惯的养成，自己会更精准地接近底层思维。

顺从内心，底层思维，从哪里来到哪里去

从科学，到商业，最后回到我们自己。

底层思维就是，顺从内心，与自己和解：我是谁？我从哪里来？我要到哪里去？

认知宇宙，处理好人与社会的关系；认知社会，处理好人与人的关系；更好地认识自我与人生，处理好与自己的关系。

撒切儿夫人说过，注意你的思想，因为它将变成言辞；注意你的言辞，因为它将变成行动；注意你的行动，因为它将变成习惯；注意你的习惯，因为它将变成性格；注意你的性格，因为它将决定你的命运。

So，跨界创新的底层思维将决定你的命运！

3. 跨维度战争：做一条有“产品张力”的鲶鱼

“时代差”就是盲维，盲维实现绝杀

随着科学技术大量运用于战争兵器中，现代战争愈发不可控，同时各国在武器装备领域也呈现出时代差，通俗点来说，就是两国在军备方面存在的差距，少则三五年，多则半个世纪甚至更远。

以叙利亚防空部队使用的防空系统为例，组成其防空系统的导弹竟然是苏联1950年代的产品，可想而知，同掌握前沿军工科技的以色列存在多大的差距，此外，以色列背后有站在全球科技最前沿的美国支持，进一步扩大了两国在武器装备领域的差距，所以历次以色列空军空袭叙利亚，叙军只能被动挨打，极少有以色列军机被击落的情况。

近日，以色列曝出一则重磅消息，更加凸显了现代战争兵器先进与否已经成为决定战场胜负的关键因素！5月22日，以色列空军司令少将阿米卡姆-诺金（Amikam Norkin）公开表示，以色列空军在执行对伊朗的打击中，出动了F-35隐身战机。据当时的媒体报道，伊朗数十个目标在夜间化为一片火海，伊朗方面连空袭来自何方、以色列出动的是哪一款战机都没有搞清楚。

以色列空军掌握着一张绝对王牌：由第五代隐身战机F-35组成的恐怖机队，另外其先进的“超限战”理论，使F35的隐身和战斗力发挥到极致，让联军在盲维中被斩首。

现代战争，在高科技的支撑下，已经愈发不可控，之前“落后就要挨打”，现在“盲维就要被斩首”！

跨界创新，从做一条有“产品张力”的鲶鱼

回到现实的科技商业世界，谷仓学院作为小米生态链价值观和方法论的放大器，对降维打击，盲维绝杀有自己的一套商业方法论。①

以宠物行业为例，宠物行业是一个典型的“蚂蚁市场”。近年来随着资本涌入、创业者崛起等各类因素，行业正在发生着一些变化。

如果，在宠物行业中放进一条外来的“鲶鱼”，它会搅动出怎样的波浪？谷仓学院总结了从选方向、组团队到设计产品的方法论，用小米构建生态的打法给宠物行业可以带来些启示。（编者注：谷仓学院成立于2016年1月，由创始团队、小米、顺为基金共同投资成立，对外定位为“小米价值观的放大器”。）

首先，用极致性价比占领蚂蚁市场。“蚂蚁市场”，特点是市场大、门槛不高，宠物行业正是如此。虽然近几年宠物医疗发展迅速，但现阶段只能说“令人期待”，仍未到爆发临界点。

当然，在消费升级之前的“渠道为王”时代，一方面在整个产业链上各个环节大家活得都不错，但以个体体量，大部分都做不大，比如刚需的活体，因为产能和供给偏低，不能批量生产，以新零售来举例，活体就像盒马鲜生中的澳洲大龙虾。

这就在宠物行业形成了两极分化：一是上述活体，产品很好，但因为是个别几家产品好，市场占有率不高，不能起量就只能靠高毛利，它不是一个消费升级的概念；二是宠物粮类型，价格竞争惨烈，甚至是牺牲品质

---

① 谷仓学院，洪华：《小米生态链战地笔记》，中信出版社，2017年4月。

也在所不惜。

蚂蚁市场产品“要么贵、要么便宜没质量”的两个极端，在宠物行业仍然存在。当消费浪潮来临时，消费者该如何选择呢?

新需求出现的时候，市场需要能够把两级化向中间靠拢的产品，也就是把价格和性价比曲线从原来的“两头大中间小”变为“两头小中间大”的橄榄型。

这个市场是谁的呢?是属于极致性价比产品的。企业介入蚂蚁市场的策略也是“极致性价比”。

宠物行业的机会来了，也就是说，“蚂蚁市场”使得想要进入这个行业的人有机可乘。市场选好后，谷仓学院总结的做法是先组团队再定好方向，这样成功率会更高。如果有一家公司想成立宠物品牌，假设其团队先从短视频切入，做成了宠物短视频界的“抖音”，吸引到4亿用户，再去衍生自有品牌的主粮、零食、用品等，这种可能性是存在的。

原因就在于，这个团队从一开始就拥有做短视频和食品、用品的人才，假如再加上传统行业生产端几十年的积累，就有点像谷仓学院提出来的“抢银行”模式。

“抢银行”模式来源于好莱坞电影《十一罗汉》：十一个人组队去抢银行，其中有人负责整体规划、有人负责精密爆破，有人是顶级黑客，还有成员开过世界上所有保险柜，或是精通化妆术。为了抢银行计划完整实现，这个团队在每个环节上都是顶级的人，组合在一起才能完成看似不可能的“抢银行”行动。

“抢银行”模式有两个特征，第一是高手云集、降维攻击，“抢银行”需要高手，如果换成杂牌军可能就做不成；第二是跨界合作。

"蚂蚁市场"选机会、选方向，"抢银行"模式组团队。到了第三步，公司成立、组建团队准备推出产品，这时需要精益创业提高效率。一般情况下，公司可能同时推出10款产品赌运气，赌对一个算一个。谷仓学院提出的做法则又有不同，是为精益创业。

精益创业的核心是效率，一家成功企业的核心也应是提高行业效率。比如选方向，是在行业里找蓝海而不是选择蓝海行业；组团队降维攻击也是为了提高效率，有什么人做什么事；而到了第三步出产品，讲究的是"军事理论做商业"。

"商业经营要钱，军事的输赢要命"，比起商业理论来说，军事理论一定是具有先锋性的。比如"首战即决战"理论，也可认为是精益创业的方法论。

传统做法是公司同时推出几款产品碰运气，但是面临着原料、模具、压款等问题，这些都是成本。对一个初创企业来讲，是集中精力把一款产品做透、打爆，还是像撒胡椒面一样？这就是五根指头和一个拳头的区别，而小米生态链企业的做法是前者，即用一款产品打爆打穿市场。

打爆市场的产品，方法论也是极致性价比。比如空气净化器，智米打磨出一款699的产品（堪称艺术品），首先从价格段上秒杀千元产品，其次从效果上来看，小米的空气净化器与市面上两三千元的产品差不多，产品张力强大。这一点上，小米把产品颜值和品质提升了，供应链效率提升了，代理商链条的中间利润挤掉了，把利润让给消费者。

也就是说，首战即决战，做出一款产品在价格上把市场打穿，同时性能品质上让消费者"超预期"。一款几百元的空气净化器，虽然不能和万元级的产品相比，但是和两三千的相比不差，即使有点小瑕疵，消费者一想到它的价格就不会在意。

在这一点上，宠物行业里也有一家类似企业，推出一款69元的猫抓板，秒杀这个价位的其他产品。就像老干妈，能够垄断7 ~ 9元价格段的辣椒酱，在这个价格之下，消费者可能觉得“买别人家不如老干妈的口味稳定好吃”；在这个价格之上，“可能产品都差不多”。于是老干妈用价格策略把上下游的竞争对手都挤掉了。

谷仓学院给宠物行业的另一个启示是，用耗材做流量生意。比如上一次金融危机时，惠普没有受到影响，因为虽然打印机的出货量下降，但是已经铺出去的机器仍需要购买大量耗材。卖一款产品出去，后面会有持续的耗材销售；在推下一个产品之前，这个产品的增速降了，但是耗材的量上去了，这对宠物行业尤其是用品很有参考意义。

如果从宠物主粮的角度出发，谷仓学院也有适用的军事理论，即小战练兵、精准打击。

小站练兵是指在新的体系内组建全新团队，从零开始，开创新业务。现在有一个概念叫作“制造新零售”如果是一个制造型企业做零售，传统方式是代理商，这就意味着哪家工厂给的差价高，代理商就选择谁。与其如此，不如从头开始组建一支团队，以互联网新零售方向去做会更有希望。

精准打击有一个很好的例子——近年异常火爆的某线上宠物粮品牌。这个品牌抓住了新养宠人群爆发的时机，同时养宠小白很容易被一个品牌影响。该品牌正是牢牢把握了“互联网运营方式+教育小白”的精准点，以极快地成长速度把一个新品牌发展到现在的水平。主粮发展到一定体量之后，该品牌开始涉及宠物用品、开设线下会员店等。

纵观整个宠物行业，20多年来没什么进步，但大家都很焦虑。当然这种没有进步指的是细分模式上的。去年著名饲料生产企业旗下资本宣布进军宠物行业，但做饲料起家的企业现在要做宠物，这不叫降维打击，真正的降维打击是指比如一群做手机的人，反而做了高品质高性价比的空气净化器。

如果有一条从外界而来的“鲶鱼”进入到宠物市场中来，意味着它将搅动行业现状，促使企业提高行业效率，用互联网思维做宠物行业，用有产品张力的，品质感动人心，价格厚道的产品说话。

迎接跨维度战争，用认知和方法论的武器武装自我

非洲的黑人部落，秀出强壮的肌肉，拿起锋利的长矛，以猎豹般的速度向欧洲侵略者冲刺。没想到，游戏还可以这么玩：还没看清对方长啥样，子弹和炮弹从几公里外如冰雹般飞来，把最勇猛的战士打得血肉横飞。非洲土著和西方殖民者之间就是跨维度战争。

海湾战争，当拥有120万兵力的萨达姆以为自己是中东霸主，可以靠他那漫山遍野的坦克消灭一切目标时，遇到美军成了永远挥之不去的梦魇。隐形飞机、精确制导、电子对抗、传感器技术让伊拉克成为只能被动

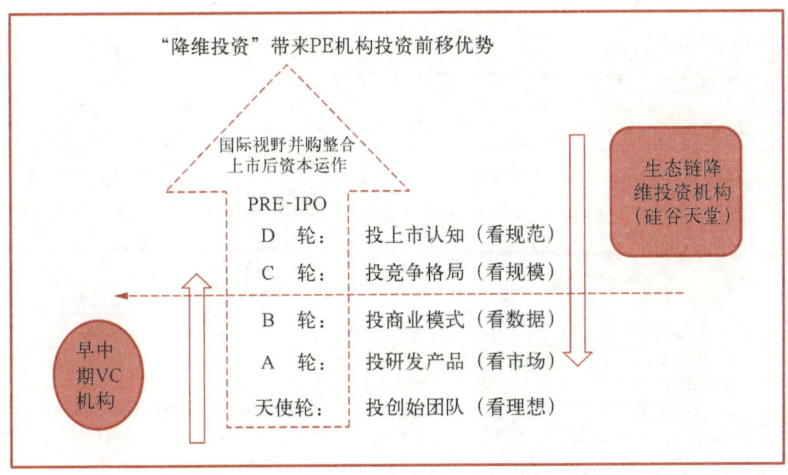

挨打的活靶子，仅30天的时间，就让伊拉克输得一败涂地。美国对伊拉克就是跨维度打击。

迎接跨维度战争，用认知和方法论的武器武装自我，让自己成为超限战的新时代指挥官，让自己的团队和企业成为拥有跨界，降维，甚至盲维打击的魔鬼机队，闪电战，超限战。

未来的科技商业生态，将无限接近于灭霸所憧憬的宇宙，响指随时打响，时不我待！

4. 破解创新窘境：一场对人性宽容的重度修行

商业如同果蝇，创新窘境如有魔咒

商业如同果蝇，快速从生到死；而创新者的窘境像一个魔咒，颠扑不破。

“它们在相当长的时间（几年甚至十几年）内居于行业领先地位，制定游戏规则，它们认真倾听消费者意见，认真研究市场趋势，积极投资新技术的研发，以期为消费者提供更多更好的产品……但这些都无济于事，它们最终还是丧失了其市场领先地位”。这是哈佛教授克里斯坦森著于1997年的《创新者的窘境》提到的创新者窘境所导致的果蝇效应。**（编者注：果蝇效应，指果蝇在恶劣环境下极快繁殖，快速从生到死，同时性状变异很多，比如眼睛的颜色、翅膀的形状等性状都有多种变异，这些特点对遗传学研究也有很大好处。于是编者把商业的快速迭代、进化、变异总结为“果蝇效应”。）**

举个大家最熟知的例子。对于诺基亚的失败，混沌大学创始人李善友老师曾用《创新者的窘境》中所提出的“价值网”理论来解读：价值网概念指企业竞争和生存的特定环境，企业正是在这个环境下确定消费者的需求，并对此采取应对措施、解决问题、征求消费者的意见、应对竞争对手的竞争，并采取利润最大化。在此基础上，诺基亚身处的价值网是电信行业，而苹果与谷歌来自的价值网是互联网。两方势力从属于不同的价值网，但是当智能手机成为互联网入口的时候，两种价值网第一次有了实质性的重叠。苹果与谷歌最终获胜的本质在于，他们在新进入智能手机业务的时候，带着在互联网价值网形成的经验与能力，能够轻易判断并灵活地制定战略计划来冲击成熟价值网，并发展新的价值网。

有人将诺基亚在智能手机时代的失败归罪于2005年上任的CEO康培凯在战略上过于保守，使诺基亚失去了领先优势，错过了转型的最佳时机。但其实，价值网一旦形成，就难以挣脱。管理者只做对企业有意义的事情，而什么是有意义的事情则由企业所处的价值网来决定。

李善友老师提出“合理性遮蔽法则”的概念，来更加直接地诠释这个道理。企业专注自身所处的价值网内的竞争动态，以形成在此价值网内最具竞争性的核心能力：成本结构、产品特性、组织能力（流程、文化、价值观），这是对这家企业成为价值网内最优秀企业的最合理的做法。但是，面对新技术和新市场，往往导致失败的恰好是完美无瑕的管理，就算我们把每件事情都做对了仍有可能错失城池。企业没有任何动力去改造自身核心竞争力以适应其他价值网，也就形成了合理性遮蔽盲区。

由“简”入“奢”易，由“奢”入“简”难

我们再用一个小米生态链企业成长案例来复盘和解读“创新者窘境”，并思考如何实现破解。

2015年4月，成立仅2年的纳恩博收购了全球自平衡车鼻祖Segway（赛格威），同时，还获得来自小米、顺为资本、红杉资本以及华山资本的8 000万美元A轮融资。由此，纳恩博成为小米生态链新成员（产品为小米9号平衡车）。目前，Segway-Ninebot已成为全球平衡车独角兽，全球智能短交通领域的领军企业，在平衡车、电动滑板车等短交通工具领域出货量居全球第一，并在电动短途交通工具领域有深远的布局。同时公司依托先

进的双轮自平衡移动方案、Intel Real Sense深度视觉传感器与中低速无人驾驶技术，打造了低成本、高完成度的移动服务机器人开放平台。公司拥有平衡车领域全球95%以上的知识产权，产品已进入100多个国家，累计销量近百万台，市场占有率超过70%。

复盘被并购的曾经的平衡车鼻祖企业Segway，其辉煌与沉浮故事被记录在《Code Name Ginger》这本书。Segway刚刚创立时，平衡车只是作为一种新型交通工具，人们以身体重心的倾移来实现前进和停止，它完全依靠电力驱动，自动平衡，在各种泥沙道路上如履平地。创始人Kamen认为，它将颠覆汽车产业、改变人类世界。

最初相信这点的不只Kamen。乔布斯也曾为这一产品激动得好几个晚上难以入眠。他曾向《时代》杂志称赞Segway，说它是“划时代的发明,”“与个人电脑一样的大买卖”。

他还差点成了这家公司的投资人——乔布斯曾提出以5 000万美元，换Segway 10%的股份，同时以非公开董事身份加入董事会。

后来可能因科技业寒冬导致乔布斯当时资产严重缩水，无力再参与投资，但却又不想让别人捷足先登，在Segway发布前的一次面对投资人的小规模演示会上，乔布斯大放厥词将其批评得体无完肤，看得出，乔布斯对这个创新产品是真爱。

贝佐斯则是另一位十分看好该产品的大佬。2002年，这种两轮交通工具上市时，风光一时无两。它被誉为是一款将改变游戏规则的产品，所有人都会为之疯狂。创始人预计销量将呈爆炸式增长，达到每周10 000部，该公司销售额将以史无前例的速度达到10亿美元关口。但这并没有发生。相反，公司在前两年里卖出了不到10 000部电动平衡车，前四年中的销量还不到24 000部。一开始“酷到极点的产品”到后来哑了火。经过10多年的发展，Segway仍然没能像苹果一样，掀起一股大众消费风潮，年销量一直在1万台左右，客户主要是以那些有钱的社会名流和类似沃尔玛这样的企业用户，通俗来讲，这依旧是一款有钱人才开得起的代步工具。①

Segway努力要成为一款一般性用途的产品，但之前并没有哪个颠覆性产品曾以那种类型的营销方式取得过成功。克里斯·坦森（Clayton Christensen）在《创新者窘境》也说过，在你发布一款新产品时，你必须找到一种未得到满足的需求，并将新产品定位为能比任何其他东西都更好地满足这一需求。你必须对产品的初始用途有一个非常清晰的侧重点，并付出极其艰苦的努力，确保产品能非常出色地完成必要的工作，满足该需求。

没有人生来就需要Segway。用脚、自行车、摩托车和汽车足以到处逛了。Segway的失败是因为它没有专注于任何一个用途，并在自己提高和改善产品时发展这一市场。卖掉100辆Segway用于20种不同的用途，这本身就是一个很糟的决策。Segway需要做的是卖掉100辆平衡车用于一个或最多两个用途。

Segway的领导层本应更深入地研究这款产品要满足的需求，并在该产品的分销、宣传、培训、公关和定价等所有方面，专注于这一两个市场。通过在初始市场赢得用户，Segway本应能够将这些初期用户发展为会反复向他人推荐该产品、非常忠诚、乐于为之宣传的消费者——尽管它的售价高达4 000美元。

Segway原本可以开创一个可以增长的初始应用市场。只有在此之后，

① 有车有范：《被雷军拿下的Segway，与乔布斯有着纠缠不清的故事》，http://www.sohu.com/a/11090780_125564，2015年4月16日。

Segway才能够转向二级市场。首要市场可将Segway用作高尔夫球车，或年迈、体弱者的步行辅助设备，或作为抄表员的交通工具。如果Segway专注于一个初始市场，为这些需求进行开发，并赢得该市场，它就可以开始实行阶梯式的计划，向更多用途及成功迈进。Segway的领导层认为，对一般市场进行分析能让他们了解如何使用自己的产品，同时其他人会为特定的市场需求开发更多应用，这让他们错失了颠覆一个市场，并开启一条道路通往更大范围成功的机会。①

我的理解是，做一个颠覆式创新的产品，要有“超级产品经理心态”和“To C”思维，也就是谷仓学院在推广培训的“爆款产品经理”课程，不要一上来就是做成平台企业的思维，也就是“To B”思维。（参考我的另一篇文章《“新黄金时代”需要更多To C思维》）

我们再看看，当纳恩博的高禄峰和投资他们的小米雷军要做平衡车时是怎么思考的？他们都希望将平衡车做成一个消费级产品。高禄峰认为每一件产品、每一个模式必须要符合生意。比如说你做了一个硬件，问题是它有什么用处，你要想这个硬件的商业模式和应用模式是不是合适与合理，“原来做一个产品很难想清楚他的用户规模可以达到一个什么样的程度，我觉得现在这个阶段已经不存在这种事情了”。当纳恩博联合小米推出了九号平衡车，作为纳恩博进入小米体系的首款产品，售价不超过2 000元，只是一部智能手机的价格。

在高禄峰看来，纳恩博的核心竞争力来自一种非常专注的创新和战略

① Adam Hartung：《谈谈Segway电动平衡车的“失败教训”》，http://www.sohu.com/a/11058876_111230，2015年4月16日。

思考。他见过很多团队很拼、很专注，但是发现他们用在一个错误的方向上，或者说错误的维度上，最后就失败了，他们只是有一个做好的想法，但是没有深入地去思考，进入之后可能才发现很多逻辑都是错的。就像小米生态链负责人刘德所说的：不傲慢也能提高效率。

无论从李善友“合理性遮蔽法则”，还是我们说的“跨维度竞争”，“To C”思维，把创新当成生意来做很重要。

创新与创业，对人性的宽容

把创新当成生意来做，就是我理解的创新和创业的关系。创新和创业，都是在发掘人性：极致性价比是人性，爱与分享是人性，追求快乐和有趣是人性……

人文主义的极致即是一种大爱，那是一种对人性的宽容。创新与创业极致，更是一种对人性的宽容。宽容是品质的结晶，是智慧的标尺，是人与人交往中的至高境界，是对待生活最可鉴赏的美德和最积极的人生态度。

创新与创业，破解创新窘境和创业陷阱，其实是一场重度修行。

5. 从偶然到必然：用东方智慧提高创业成功率

混沌效应的偶然性，来源于我们对状态细节的无知

关于偶然与必然，用概率论的话说，偶然，就是概率小，小到了一定程度；必然，就是概率大，大到了一定程度。我们通常使用“偶然”和“必然”两个词时，所涉及的逻辑都是日常生活中非常明显而直接的因果关系。一旦涉及非常长的逻辑链，人们就会使用“偶然”这个词，这并不意味着这背后没有某种可以称为必然的“逻辑”。

其实，显得偶然只是因为我们处于更加无知的状态下。偶然性，看似跟我们经常听到的“混沌”是一回事。事实上，混沌效应本身就是物理上决定论的，不是真随机，因为它也是来源于我们对状态细节的无知。

《偶然性和必然性》是法国分子生物学学家雅克·莫诺于1970年出版的一部自然哲学论著。莫诺因为乳糖操纵子学说获得1965年诺贝尔生理学或医学奖，之后作过多次报告，探讨生命本质、意识的进化、社会伦理问题，本书即是他哲学思考的结晶。莫诺认为，客观世界受到“纯粹偶然性”的支配，“只有偶然性才是生物界中每一次革新和所有创造的源泉”[①]。

1　百度百科：《偶然性与必然性》，https://baike.baidu.com/item/%E5%BF%85%E7%84%B6%E6%80%A7%E4%B8%8E%E5%81%B6%E7%84%B6%E6%80%A7/7011784，2017年3月3日。

引申开去，只有偶然性才是科技商业界中每一次革新和所有创造的源泉。我们关注过一个小米生态链项目，企业第一个产品的创意来自创始人看到外婆擦地的辛苦，要为她做一款模拟双手擦地的擦地机。现在这款擦地机已经成为有品商城的爆款。同样，智米的空气净化器在北京的雾霾天“偶然”创业，用极致性价比让更多国人用上了高性能的净化器，提升了生活质量。这样的例子，在小米生态链的创业缘起故事中不胜枚举。

真的是偶然吗?

擦地机的创始人是镜面轴承的国家级专利持有者；小米净化器的创始人是工业设计界的新锐……

偶然中的必然性，我们需要找寻本质与背后的道理。

假设我们有一个指标来衡量一个偶然性，1代表真随机，0代表日常语境下的“必然”，则1=量子随机>混沌≫“偶然”>“必然”=0。

越靠近1的现象用越精确完整的理论，越靠近0的现象用更缺乏信息（更无知）的方法。于是，一个偶然性较低的事件，在更精确完整的描述下，总是必然的。①

跨界创新，驯服“混沌”，包容“浑沌”

偶然就是混沌。混沌是什么?

汉书《神异经·西荒经》记载：“昆仑西有兽焉，其状如犬，长毛，四足，似罴而无爪，有目而不见，行不开，有两耳而不闻，有人知性，有腹

① Melonsyk, https://www.zhihu.com/question/26954900/answer/35733604，2014年12月24日。

无五藏，有肠直而不旋，食径过。人有德行而往抵触之，有凶德则往依凭之。”意指混沌是一种像狗，却长着长毛的动物，四条腿，像熊却没有爪子，有眼睛却看不见，能走却无法移动，有两只耳朵却无法听见，能通人性，有腹部却没有五脏六腑，有肠子却是直的不弯曲，吃下的食物径直通过；如果遇到高尚的人，混沌便会大肆施暴；如果遇到恶人，混沌便会听从他的指挥。所以后世据此说称是非不分的人为“混沌”。

原来，混沌是个跨界创新的“坏家伙”，就好比跨界创新往往意味着“破坏性创新”，如何驯服混沌怪兽，让它的跨界创新为我们所用，被我们所驾驭？

还有另外一个浑沌，是个跨界创新的“好同志”。庄子叙“七窍出而浑沌死”的故事记载在《庄子·内篇·应帝王第七》，故事大意为：南海的帝王叫“倏”，北海的帝王叫“忽”，中央的帝王叫“浑沌”。倏和忽在浑沌的地方相会，浑沌对待他们很好。倏和忽想报答浑沌，见大家都有眼耳口鼻，用来看听吃闻，浑沌没有七窍，就为他凿七窍。每天凿一窍，七天后，七窍出，而浑沌则死了。[①]

看来，好同志“浑沌”的创新有失败的可能，不能机械，不能揠苗助长，不能照猫画虎。善意的创新和机械的跨界，把好好的浑沌凿死了。

从偶然到必然，提高创新成功率

一个混沌，一个浑沌。两个充满智慧的传说好像在启示我们什么。

---

① 百度百科：浑沌。

我从孔子的话中找到了一点逻辑和感悟。

孔子说“和而不同”，意思是：‘君子在人际交往中能够与他人保持一种和谐友善的关系，但在对具体问题的看法上却不必苟同于对方。小人习惯于在对问题的看法上迎合别人的心理、附和别人的言论，但在内心深处却并不抱有一种和谐友善的态度。**和而不同，是跨界创新从偶然到必然的价值观基础。**

孔子说：“君子不器”，意思是，作为君子，不能囿于一技之长，不能只求学到一两门或多门手艺，不能只求职业发财致富，而当“志”于“道”，就要从万象纷呈的世界里边，去悟到那个众人以下所不能把握的冥冥天道，从而以不变应万变。在孔子看来，只有悟道，特别是修到天道与本心为一，才有信仰，才有驾驭各种复杂事件的能力，才能担当修身、齐家、治国、平天下的重任。即便讲应用，也是强调以不变应万变。一旦明道，即朱子说的格物致知，也是阳明先生讲的致良知，则可以持经达变，抱一应万，待人接物事事可为！君子不器，并不是说可以脱离实际，忽略现实，因为阴阳一体，道器不离，悟道总是在器中，悟道后还是在器中运用。**君子不器，是跨界创新从偶然到必然的方法论基础。**

孔子说：“群而不党”，意思是君子普遍团结人而不搞宗派，不拉小团体，不结党营私，有分享的心态，有开放的格局。共享经济背景下，小团体，自组织，自赋能，低成本，高收益的组织形态才能实现指数级成长。群而不党，是跨界创新从偶然到必然的组织保障。

于是，从偶然到必然，用东方智慧提高创新成功率，一切明白起来！

6. 识时务，通机变：不傲慢也能提高效率

识时务，跨越认知断层

英特尔作为时代的伟大创新企业，曾经“靠三剑客”打遍天下。三位联合创始人，三位一体，又意义不同。“没有诺伊斯，英特尔不会成为一家著名的公司；没有摩尔，英特尔不可能有足够的力量和士气以处于领导地位；而如果没有格鲁夫，英特尔甚至都不会成其为公司”。

格鲁夫不仅是全球最具个人魅力的商界奇才之一，同时他还是一位卓越的思想家。《只有偏执狂才能生存》这本书让很多国人了解到了“偏执狂”安迪·格鲁夫（Andrew Grove）如何带领英特尔成为伟大企业的心路历程。

其实，《只有偏执狂才能生存》这本书的英文名字是《Only the paranoid survive》，字面意思翻译过来确实很“抓人”，但看完全书，这本书真正在讲的是：战略转折点——Intel如何走过生死转折。

格鲁夫所说的“偏执”，不是固执，更不是刻板。偏执狂，是一种专注精神和极致意识，与雷军说的互联网七字诀“专注，极致，口碑，快”如出一辙，是一种互联网极客精神。

这个世界聪明人太多了，聪明到遇到问题第一个想到的就是：知难而退，而“偏执狂”会怎么做?

当有人告诉你“不现实时”，你可能会放弃，而“偏执狂”不会；

当有人告诉你“这样不可能，机会很渺茫”，你可能会放弃，而“偏执狂”不会；

当有人告诉你这样“不值得”，你可能会放弃，而“偏执狂”不会。

我认为，《只有偏执狂才能生存》只是认知格鲁夫的开篇，关于“偏执狂”是怎么练成的，在格鲁夫另一篇著作《游向彼岸》中，讲述了格鲁夫抵达美国稳定下来之前的人生经历，一段令作者难以回首的悲痛岁月。然而，你却丝毫感受不到一丝作者悲伤，唯有格鲁夫眼中坚定的决心与波澜不惊的勇气。生活的苦痛并没有让格鲁夫感到不幸，而是让他更加优秀，更加坚韧。

湖畔大学的梁宁曾在一篇文章中提到过这样的一个观点：人生最重要的天分是快乐，每个人都没办法拒绝自己真实的快乐。会情不自禁地在自己喜欢的事情上花时间，不知不觉地放一万个小时在那里。然而，成就最高的那批人，他们还有一个比快乐更重要的天分——痛苦。有人受不了不被人围绕着需要的痛苦；有人受不了不是注意力焦点的痛苦；有人受不了有人在他前面、在他上面的痛苦；有人受不了我想要的那张椅子上坐的不是我的痛苦……向上爬、严格自律、昼度夜思、殚精竭虑。这样日复一日的日子，委实并不快乐。驱动他们的，是痛苦。巨大的痛苦，让他们无法停下来。当他不再痛苦的时候，也许他超越了，也许他就此平庸了。

克雷洛夫说，现实是此岸，理想是彼岸。中间隔着湍急的河流，行动则是架在川上的桥梁。

对偏执的认知，对痛苦的认知，让格鲁夫与众不同，脱颖而出。同时，英特尔破坏性创新的变革正是这位偏执狂认知后决断的“杰作”。

通机变，不傲慢也能提高效率

1913年，德国社会学家维尔纳·桑巴特在《战争与资本主义》中提出了“创造性破坏”（Creative Destruction）这一术语；20世纪50年代，“创造性破坏”一词被奥地利经济学家约瑟夫·熊彼特采用，在熊彼特看来，创新能从公司内部入手，通过革新经济结构、破坏旧有秩序、换血再造，最终达到驱动企业经济增长的目的，而这，就是“创造性破坏”。

要知道，一个企业启动转型、启动变革是非常难的，因为你最熟悉的是原有的产业，往往一个企业就是靠这个原有产业的产品发展起来的，如果要改变产品方向，改变企业路线的话，企业将会付出非常大的成本，而且很多人员的利益将会受损。比如，在这个业务线上，特别擅长这种业务的人就会面临边缘化的危险。脱离舒适区，知易行难。

最重要的是，企业的领导人，做一个产品久了，他会爱上产品，会对产品有非常深的感情，觉得不应该抛弃产品。一方面是对新产品、新业务的恐惧，另一方面是对旧产品、旧业务的迷恋。不傲慢，知易行难。

两个因素加起来，往往成为一个企业转型变革的巨大阻力。这个时候，有转型的愿望，也有变革的动机，但是如果心存侥幸、心存犹豫，就可能耽误宝贵的时间，错过转型最好的时机。人性，让傲慢和惯性成为拦路虎。即使有一天转型成功了，你也会发现，在新的产业里面已经有很多企业已经走在前头了，所以企业在转型的时候，不仅要有转型的意识，最重要的是要有强烈的决断力，所以，我们说，不傲慢也能提高效率。

当时，格鲁夫带领英特尔变革，面对的都是同样问题。做存储芯片这么多年，大家都舍不得这个产品，但是最终的结果会是什么样子，如果我们继续做这个产品，我们的业绩就要下滑，董事会在乎的是业绩和利润，什么样的产品只要能赚钱就可以，业绩下滑到一定程度的时候，董事会就会雇佣根本没有做过存储芯片的人来做CEO，我们一定是第一批要被扫地出门的人。与其如此，不如我们先把自己“虚拟的”扫地出门，这个时候你应该清醒地意识到，对旧业务的迷恋是没有用处的。

于是格鲁夫和另外的几个高管达成了共识，我们应该“虚拟”地把自己开除，再雇佣自己。后来他把这种管理方式叫作“破坏性创造”或“破坏性创新”——每个CEO应该在每个月都要让董事会把自己开除，然后替董事会写一封“开除的理由”，列出开除你的理由到底有哪些。

也就是说，每个CEO在每个月的第一天给自己写一份“开除通知书”，里面附带开除理由，然后再替董事会写一份“录用通知书”，面对这些开除的理由，写一份申辩材料，我应该怎么悔改，应该采取哪些措施。再代表董事会写一封“录用申请书”，录用原因是什么。这样才能保证员工不至于被过去的惯例、习俗所绑架。

凭着“破坏性创造”的思维，格鲁夫启动了英特尔壮士断腕的变革，从生产存储芯片到生产微处理器。微处理器也是一种芯片，也就是今天我们看到的英特尔的产品，它是一台电脑最核心最关键的硬件。PC行业的人知道，把英特尔的微处理器与微软的Windows结合起来，就是一台电脑了。

这一场变革，让英特尔还没到崩溃的边缘，就完成了一场凤凰涅槃，这被认为是商业史上最重要的转型案例之一。当然，正是由于这场转型，让英特尔成为芯片行业地位不可撼动的霸主。①

入戏要深，出戏要快

《晏子春秋·霸业因时而生》中晏子说：“识时务者为俊杰，通机变者为英豪。”意思是能认清时代潮流形势的人，才成为出色的人物；能灵活变通的人，才是英雄豪杰。什么是时务？应该是你的生活，你的人生，你

① 伯凡世间：《安迪·格鲁夫的失败与伟大》，https://www.jianshu.com/p/f126da662012，2017年3月22日。

的事业最需要做的事情和最需要解决的问题。识时务，就是要与时俱进，顺势而为；什么是机变？就是随机应变的意思，不一根筋，执着但不固执，入戏要深，出戏要快！

当很多创业者/投资家面对“互联网思维”到“移动互联网思维”到“物联网思维”到“区块链思维”的大变革时代；认知断层的“危”背后更是更广大的“机”，是所有生意可以重做一遍的时代机遇；如果你认为“只有偏执狂才能生存”的认知很酷，反问自己真正认知升级并开始行动了吗？

识时务是“知”，通机变是“行”，中间还需要一个谦虚谨慎的态度，和合共赢的格局，灵活可复制的组织形态，才有机会成为创业和投资的俊杰和英豪。

跨界创新需要先锋性，需要勇气，需要忍受孤独和痛苦，需要不断脱离舒适区，需要不傲慢。与资本的合作中，缺少资本思维，没有同理心，不能理解协议条款既是权力也是义务，片面理解资本，感觉自己被占便宜，背后就是傲慢，会降低效率。

个人认为，2018年下半年，将开启产融融合元年。知行合一，决战效率！

7. 创新转机 :“极致性价比”做跨界创新

跨界思维，产品创新，是生存与毁灭的问题

最近，以共享单车为代表的互联网模式创新创业进入下半场，“凤凰落下一地鸡毛”。

在中国企业领袖年会上，沈南鹏对自己未来十年押注技术创业这样解释 :“如果创业创新有什么变化的话，技术创新的企业比重会大大增加，模式创新面临低进入壁垒和相对同质化的挑战。全球性公司必须有一个重要的特征，产品上一定是科技的创新，而不仅仅是模式的创新。”

事实证明，仅仅依靠商业模式的创新很难对中国的传统产业和实体经济进行改革，无论是互联网+还是+互联网，没有技术改造，产业本身的转型依然是在沙漠上建高楼。

那么，对于创业企业、守业企业来讲，在市场动荡时，到底是削减成本、简化运营，静观其变呢?还是积极探索，另辟新途，以万变应不变?

跨界创新是“生存还是毁灭”的问题，不容讨论。只有技术改造，才有产品创新的基础，才有科技创新的效应，才能推动产业转型和企业变革，才能应对竞争与挑战，才有机会基业长青。

跨界创新是“生存还是毁灭”的问题，不容讨论。同时，跨界创新需要成本，所以，创业者所疑惑的问题是“我们怎么做才能兼顾”?

如何寻找新商机，又如何在低端市场找到蓝海?

如何另辟蹊径，规避风险，获得增长?

也就是，如何“极致性价比”做创新。

“颠覆大师”克莱顿·克里斯坦森在2010年出版了一部“破坏性创新”

理论著作：《创新者的转机——经济不确定时期的创新指南》，解决一个重大商业悖论：如何在以创新求发展的同时削减成本。

"极致性价比"的创新理念与产品理念

我个人有个观点，资源过剩实际上就是导致许多企业缺乏创新动力的根本原因。从组织结构来讲，企业管理层级的资源过剩造成了效率下降和创新路径不通畅；从人的角度来看，资源过剩意味着企业稳定带来的舒适区；资源过剩同时会让团队和个体的反脆弱能力退化……

停滞就意味着毁灭；同时，每个危机都孕育着机遇。

破坏性创新是创造新成长业务的一种更为可靠的方式。

所以，实际是破坏性创新就是做雪中送炭的事，而不是一味地锦上添花。

《创新者的转机》这本书中提到：

当竞争围绕着改进产品的传统性能，并将改进后的产品推销给主要消费者来进行时，市场领先企业几乎总是最后的赢家。当竞争围绕着降低产品的传统性能，但是提高其他不同方面的性能来进行时，市场领先企业几乎总是最后的输家。

既然跨界创新是生存和毁灭的问题，那就别把创新搞成形式主义。创新应该有明确的导向性，不要为了创新而"创新"。比如，从产品设计角度举例，产品设计不能为了简洁而"简洁"，但也要避免设计过度和性能过剩。

我们要关注的是，创新者总能找到更省钱的方法来将某个理念变成现实。这其实就是"极致性价比"的创新理念与产品理念。

《创新者的转机》这本书给我们提供了方法论指导，值得反复阅读，总结，复盘，体会。

“极致性价比”其实是一种资本思维

用“极致性价比”做技术创新，好技术，好价格；

用“极致性价比”做产品改造，好产品，好价格；

用“极致性价比”做创业，好团队，好价格；

用“极致性价比”做融资，好模式，好收益；

用“极致性价比”做投资，好项目，好价格。

所以，本质上，“极致性价比”是一种资本思维。产业与资本的融合，就是产业与资本方以合伙人心态，共同找到“极致性价比”的甜蜜点，基于“价值观在一个频道，方法论互相认可，帮忙不添乱”的原则，长情相伴，把一个宝宝共同培育成独角兽，这是一种爱与分享的伟大事业，共同实现财务与心灵自由！

我比较喜欢的一位歌手，毛不易（原名王维家），出生于黑龙江省齐齐哈尔，从小就喜欢音乐。上初中的时候，他给自己改名为“毛不易”，意为平凡、不改变。他大学就读于杭州师范大学护理专业，虽然他想过换专业，但由于换专业需要成绩，且他的成绩一般，所以他便继续读护理专业；在校期间，他还参加了校园十佳歌手的比赛，并担任了杭州师范大学理学院“百万音镑”十佳歌手决赛评委。2016年，他进入杭州地方医院实习，成为一名实习男护士；同年，他开始提笔写歌，并萌生了自学吉他的想法，他所创作的第一首歌曲是为出嫁的姐姐而写的。

这段跨界的经历让毛不易很敏感，一把吉他加上内心的独白，写出了一首《消愁》：写满了苦涩，却仍然心怀善良；写满了残酷，却依然相信远方。喜欢中间的哨音，响起的哨声，是自由和向往。即使醉酒落魄，即使青春荒唐，却仍然在心底有一份希冀。“一杯敬朝阳，一杯敬月光”。“一杯敬故乡，一杯敬远方”。“一杯敬明天，一杯敬过往”。“一杯敬自由，一杯敬死亡”。像八个故事，直抵人心。

当你走进这欢乐场
背上所有的梦与想
各色的脸上各色的妆
没人记得你的模样
三巡酒过你在角落
固执的唱着苦涩的歌
听他在喧嚣里被淹没
你拿起酒杯对自己说

一杯敬朝阳一杯敬月光
唤醒我的向往温柔了寒窗
于是可以不回头地逆风飞翔
不怕心头有雨眼底有霜
一杯敬故乡一杯敬远方
守着我的善良催着我成长
所以南北的路从此不再漫长
灵魂不再无处安放
一杯敬明天一杯敬过往
支撑我的身体厚重了肩膀

虽然从不相信所谓山高水长
人生苦短何必念念不忘
一杯敬自由一杯敬死亡
宽恕我的平凡驱散了迷惘
好吧天亮之后总是潦草离场
清醒的人最荒唐

这就是平凡生活、创业的英雄梦想。

8. 创新修炼：研究员+产品经理+投资经理+杂家

跨界多元思维，需要研究员的基本功

在国内外，金融机构的研究员（分析师）都是一种现象级存在。首席研究员每天跟上市公司高管，基金公司高管谈笑鸿儒，估值定价；资深研究员作为专家辗转在各种论坛被尊为座上宾，论道产业；一般职级的研究员，平均一年要准备两百张机票（高铁票），办公室里必备一个随时出行的行李箱，甚至一张行军床。优秀的研究员永远在调研上市公司的路上，永远在找数据，做模型的电脑前，永远在电话会议的线上。曾经，我也是券商研究员。我的一位老领导告诉我：研究员是金融行业皇冠上的明珠。要摘得这颗明珠，需要付出百倍于常人的努力。套用一句很老很老的台词：如果你爱他，送他来做卖方研究员，这里是天堂；如果你恨他，送他来做卖方研究员吧，这里是地狱。我一直认为，研究员这个称谓很神圣。比如，我非常敬重的吴敬琏老先生，自己的title非常简单：国务院发展研究中心研究员。我想说的是，研究员并不高大上，优秀研究员的思维方式和工作方法是非常高大上的。证券公司研究所研究员分工一般是：宏观研究员，策略研究员，金融工程研究员，行业研究员，自上而下，形成一个研究所生态，完整呈现宏观，中观，微观，也就是政策，产业，行业与公司的完整场景。举个更容易理解的例子，麦肯锡的咨询为什么感觉高大上，其实他们也是穿着西装的超级民工。但他们深入产业，深入工厂，深入组织的抽丝剥茧，借鉴西方最先进管理理论和模型的能力，流程化，模块化的工作方法，出品高水准的专业报告和执行方案。我们先不评价这些先进机构的咨询结果是否适用，其专业性，逻辑性不容置疑。我想说的是，作为研究员，其学习力（包括学习内化，知识更新等），逻辑力（包括分析框架，模型构建等），分享力（包括分享展示，演讲技能等）是先进的。作为一个成功跨界创新的企业家、投资家，有些是自己从实践中锻炼总结出来的，有些是科班训练再加上实地培训传帮带出来的，不管哪种方式，优秀研究员的基本功必不可少。请注意，我说的“优秀研究员”，如果一名研究员只是在舒适区里不断重复，不会有持续的进化，是适应不了产业迭代和资本思维的更新的。

成为一名优秀研究员的方法也很简单，如果是从零开始，就加入有研究体系的平台，经过培训上岗，不断用案例刻意练习，从多元到聚焦，成为产业专家。优秀的研究员，可以认为是产业里最懂资本的，资本里最懂产业的；如果是企业家、投资家，要进化迭代，多与有思想的资本互动交流。我们有一家已投企业创始人，经过世界500强企业的十几年训练，是非常优秀的超级产品经理和企业管理者，他自己主动提出做我们内核环节的名誉风控官，一方面为我们进行项目把关提供参考意见，同时还训练了自己的资本思维。这就是一名创始人应该有的多元思维意识。

跨界多元思维，需要产品经理的火候功夫

自从雷军称自己为“超级产品经理”后，他成了榜样，永远背着背包在打磨产品，跑工厂，谈供应链，拓展全市场全渠道的路上。其实，这是表象，本质上超级产品经理的内核是“爆款产品理论”的思维方式。谷仓学院两个月一次的“爆款产品经理课”，把“极致性价比”的理念进行深入解读，把做出爆款产品的方法论进行总结提炼。谷仓学院的洪华老师特别提醒创业者，一个产品能不能爆，除了产品本身要做得好之外，决定的

因素还有很多，拼的是企业综合实力：决策者要有好眼光，能选对产品方向；然后还能沉下心来、耐得住寂寞打磨好产品，研发要给力、ID要给力、供应链也要给力，每个环节都要到位；然后还有好的渠道和海量用户积累。这些因素叠加在一起，然后加上点好运气，才能出爆品。米家空气净化器、小米手环、小米移动电源、米家扫地机器人，之所以能成为爆品，除了团队本身的努力和能力之外，小米七八年积累的用户、渠道、供应链资源、经验教训，也都是不可或缺的因素，完全是厚积薄发。其实，我们追求的是爆款思维模式的可复制。大道至简，顺着人性，解决刚需痛点的东西就是爆款，最后就回到如何理解人性的问题。所以，我认为，一个合格的超级产品经理首先是人性把握的高手，同时是渠道拓展的高手，是效率最大化的高手。

跨界多元思维，需要投资经理的资本思维

作为股权投资机构，我们的投资经理都在项目端介入很深，有点类投行工作。业务尽职调查过程中，分析行业空间，竞争优势，商业模式，渠道能力，挖掘的深度和对比的广度肯定不及一个跟踪某一行业5年甚至10年研究员；看产品本身，尤其供应链层面，时间紧任务重，为了赶投资周期和进度，投资经理没办法深入供应链环节太深，这往往会埋下投后的重大隐患。

所以，投资经理的工作内容覆盖了研究员和产品经理的工作内容，对一名优秀的投资经理要求极高，极其全面。术业有专攻，在更严格要求自己的同时，把研究员，投资经理和产品经理通过项目链接起来就显得非常必要，这将成为投资机构的核心竞争力。（详细请参考生态型投资—商业实践方法论之九：资本思维：独角兽的杀手级武器）我们团队在做的“生

态型投资”，我给出的定义是：围绕生态链研究、供应链研究展开，并辅以产业研究、行业研究，结合传统投资尽职调查、估值、决策方法，创新开展的一种“点、线、面”投研一体化降维投资方式。

生态型投资本身也是跨界多元思维模型下的投资方式的创新；谷仓学院用漏斗式反向孵化构建的产业共创生态，本质也是跨界多元思维模型下的孵化方式的创新。

我们正在践行让我们的投资经理进化成“研究员+产品经理+投资经理+杂家”，让谷仓的产品经理进化成为“研究员+产品经理+投资经理+杂家”，让我们投资企业的团队成员都成为“研究员+产品经理+投资经理+杂家”的超级个人。

欢迎携手精进，搞定头部，专注死磕，共同参与新经济/新投资时代的创新修炼!

9. 创新原则：变与不变，开辟跨界创新的蓝海

变与不变，ALLIN在不变的东西上，1+1>2

说到“变与不变”这个话题，就绕不开亚马逊的贝索斯。

贝索斯以地球上孕育物种最多的河流命名自己的公司，正是因为这样的终局观，使得亚马逊的商业模式显得很另类。最好解释亚马逊成长模式的是著名的“飞轮效应”，如今已被亚马逊上下奉为不可避谈的真理。他们对此的解读很简单——如果亚马逊能始终以用户体验作为起点，流量就会在口碑效应的带动下自然地增加，从而吸引更多供应商的加盟，由此，又会带动用户体验的进一步升级。

大道至简，本质上阐述这样一条理论就是：当你企图推动一个静止的轮子，的确需要耗费很大力气，不过，当轮子转速达到一定程度后，其动能便会反向支撑其克服阻力维持原有运动。

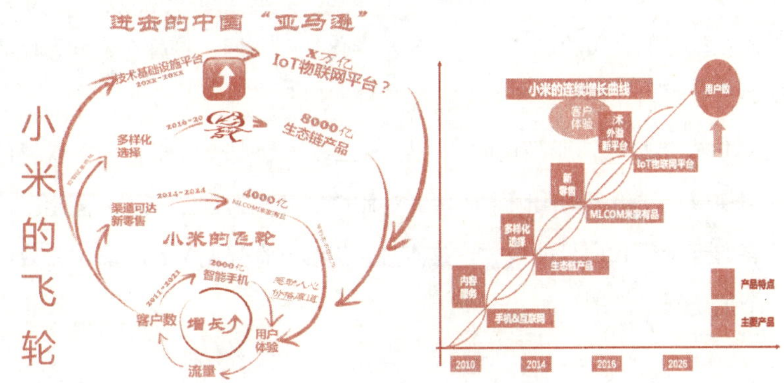

来源：西南证券陈杭

“飞轮效应”要求轮子从静止到启动，然后实现正向助力，越转越快，那么，冷启动背后的动力是什么?

贝索斯曾说:“我常常被人问到这样一个问题:‘10年后会发生什么变化?’但我从来没有被这样问道:‘10年后什么不会变?’我要告诉你们，第二个问题才是更重要的。因为你需要围绕那些不变的东西来设置你的商业策略。”

亚马逊中国区总裁张文翊这样回答:

“客户永远会想要更多的选品、更低的价格、更好的服务。这是10年、100年都不会变的东西。”于是，亚马逊将低价、无限选择和购物者体验作为占优战略的核心，也正是未来10年、100年都不会变的东西。

公司的未来蓝图是这样的:以更低的价格来吸引更多的顾客。更多的顾客意味着更高的销量，而且也会把付给亚马逊佣金的第三方销售商更多地吸引到网站来。

将战略建立在不变的事物上，贝索斯将这种哲学应用在亚马逊零售及云计算业务中。向不同的领域投入资源建立的优势并不是孤立的存在，它们就像是转动飞轮一样，当你启动这个飞轮，之后使用少量的力量，也能让它们互相影响，飞轮越转越快。与差异化战略不同，这种在不同领域叠加优势的战略，往往会产生1+1远大于2的效果。

创办至今22年，亚马逊的“飞轮”已经达到一个可观转速，获得的超预期地成长，用事实闪瞎了质疑者的眼睛。亚马逊的营业收入画出了一个漂亮的近指数式增长曲线。这是查理·芒格一直强调的Lollapalooza效应的一个生动例子。

不变的用来启动，变化的用来跨界创新

事实上，亚马逊创新并践行了“不变的用来启动，变化的用来创新”，进而驱动“飞轮”指数级转动。ALLIN在“更多的选品、更低的价格、更好的服务”的亚马逊平台，专注为消费者提供更多的选品以及选品过程中的便利，而丰富的选品和便利是为了达成一个好的客户体验。当客户在亚马逊购物过程中的购物体验足够好，客户就会成为亚马逊的免费宣传员，通过口碑相传，影响身边的人加入到亚马逊的购物大军中，从而达到了流量的增长甚至于几何倍增。这样，拥有足够大流量的亚马逊平台，自然可以吸引更多的供应商加入进来；而更多卖家的加入，既丰富了产品品类，又从竞争的层面上，降低了平台上产品的价格。卖家更多，价格更低；而更低的价格，也让消费者的满意度进一步提升。这个环形的过程持续发生，亚马逊平台就沿着这个飞轮状的循环不断增长。

当我们理顺了亚马逊已经验证过的成功逻辑，我们对标并复盘下谷仓学院漏斗式反向孵化策略的“变与不变”：如何通过“极致性价比”，“利他即利己”的价值观和“爆款产品策略”方法论，借助小米和谷仓的全方位助力赋能，实现品牌冷启动到指数型增长。

在选品和便利上：从产品经理选品到爆款众筹，借助小米全网，有品商城，小米之家，有品之家的渠道，通过极客米粉的反馈，实现所见即所得，短周期迭代，及时反馈，为消费者提供便利，To C思维这个东西不会变；变的是多元展示形态，销售渠道升级，年龄结构丰富。

客户体验：提供好产品，厚道价格之外，一个满意的用户，可能会影响身边的8个人，而一个不满意的用户，经过多层次的传播，则可能影响

到120个人远离你。很可怕的一个数字，却真实反映着商业的逻辑：客户体验为王。所以，口碑可以变现，这是不变的；变的是用户需求的动态更新，体验服务的迭代升级。

更低价格：“极致性价比”是不分国别和民族的人性诉求，这个不会变。当一切都是为了给客户提供更低的价格，为了让消费者比价更方便，客户体验指数级提升，进而“飞轮”会越转越快！变的是对厚道价格的不断追求的心理。①

效率最大化，变与不变的最好答案

人类商业社会不断进化，日新月异，变化是最大的不变，敏感地关注并自我进化，跨界创新中有机会开辟蓝海市场。不变的是最确定性的机会，是最难啃的痛点，是冷启动的机遇。所以我们将精力放到这些不变的事物上，我们知道现在在上面投入的精力，会在10年里和10年后持续不断的让我们获益。当你发现了一个对的事情，甚至10年后依然如一，那么它就值得你将大量的精力倾注于此，用思考模型实现刻意练习，最终实现效率最大化。

生态型投资，绑定头部，专注死磕，这就是不变的东西；构建生态，迭代精进，价值投资，这就是跨界创新的破局与求变。

启动不变的人性底层思考，跨界满足品质极致诉求，这是“变与不变”给出的最好答案。

---

① 参见，1981大白：《“不变”应万变：贝索斯的商业新哲学》，http://bbs.fobshanghai.com/thread-6628134-1-1.html，2016年7月15日。

10. 产融融合：当“好钱”遇上“好项目”

套利时代终结，不邪恶也能赚钱

周期天王周金涛说过，人生就是一场康波。

每个时代都有一波时代红利。回顾一下改革开放40年的造富运动，财富“原罪”如影随形：80年代发财靠投机倒把。当时暴发户主要是“倒爷”，低买高卖，小到肥皂，中到电视，大到钢铁汽车，胆大的都可以发家致富。

90年代发财靠建工厂。很多人不满足于倒卖产品，开始从家庭作坊做起，一步步的发展成了工厂，低价、仿制是当时的主流。

2000年以后发财靠房地产。住房改革后，无论是造房子的还是炒房子的，都大发横财，直到现在他们还在坐享其成。

2010年以后发财靠金融概念。随着互联网应用的成熟，借贷、高利贷、P2P、借壳上市、传销等各种传统的野蛮方式，都给自己做了新的包装，然后敛取了大量钱财。

现在，区块链的币圈屌丝通过发个白皮书，可以一夜乌鸡变凤凰。

当一场击鼓传花游戏的鼓点停下来的时候，意味着一个暴利时代的结束，都会“凤凰留一地鸡毛”。为什么之前总是“坏人”赚钱？这些暴富者也许不懂太多理论，更不想学习，他们只想着赚快钱、赚更多的快钱。时代确实给他们留下了足够的缝隙去钻营。当今的中国，所有人将面对同一个事实：“暴利时代”已经彻底过去。因为“暴利时代”只能存在于产品短缺、信息不畅、需求粗放的时期，而现在这些都将过去。[①]

---

① 水木然：《个体崛起 - 未来生存法则》，电子工业出版社，2017年8月。

也就是说，随着金融监管日趋加强，信用体系日益完善，套利时代已经宣告结束。社会正在逐步筛选和淘汰投机主义者、特权主义者。社会游戏规则正在改变时，他们将因缺乏足够的文化、智慧、创新、责任的认知，陷入被革命的危险绝境。

凡有旧事物消亡的地方，也一定有新事物在野蛮生长。所谓：无破则不立。任何一次变革，都淘汰一部分，然后树立一部分。

历史告诉我们，水能载舟亦能覆舟，小成靠聪明，大赢靠德。曾经，我们的先人以“修合无人见，存心有天知”的心做百年老店，动机好坏，冥冥上天，自会知晓。种下善良的“因”才有长治久安的“果”。

互联网让人和企业，人和人，人和产品都链接起来，企业的一切行为每时每刻都被人们用心在体验和检视。你的每一次善良的输出，他们会铭记在心，下次遇到同样的问题时，自然而然地想到了你，还源源不断地向身边的朋友举荐你的品牌；同样，你的每一次作恶，会遭遇用户用脚投票，千万别耍小聪明。与企业面对面的不是冰冷的钞票，而是一群活着的有心人：有情感，知善恶，懂感恩。

老人常说，好人有好报，恶人有恶报，不是不报，时候未到；Google的联合创始人拉里.佩奇说，不邪恶也能赚钱。一个生态型独角兽，正是通过打造以“利他”为原则的生态链系统，实现“利他即利己”的互为放大器，赚赋能与增量分享的钱。

从“大破”到“大立”，企业家精神崛起

现在的经济与社会，正经历从“大破”走向“大立”的阶段。

所谓“大破”，破的是什么?

破的是旧规则。过去，我们只讲目的，不论手段，发展就是硬道理。争抢和投机成了社会主流，甚至是以牺牲“诚信”和“道德”为代价。当人与人之间不受契约精神的束缚，我们的经济像一匹脱缰的马，拼命狂奔，而一旦度过了兴奋期，就会迅速疲软；当商人为了赚钱而毫无原则和底线时，社会不断透支着人与人的信任，老板不相信员工，员工也不愿付出。因为缺乏诚信，我们无法生产出世界名牌；因为只想赚快钱，我们的产品永远只会山寨。

为了破解这种潜规则，需要重建规则和秩序，就是要大立！

所谓“大立”，立的是什么？

脚步太快，灵魂没有跟上。粗放的发展方式，让所有的人都变成了经济动物，把很多优秀的道德、操守、文化、诚信忘在了身后。所以，我们首先迫切地需要重建文化，中国的传统文化——“孝悌忠信、礼义廉耻”。

然后再重建信用。未来最重要的一定是“信用”。信任是一个社会结构的基石，它是社会运作的效率提高的根本保证。一旦中国建立一个强大的信任体系，这就意味着社会有了一个公共、公平、合理的游戏规则，人人都在遵守这个规则的前提下去创新和竞争。一旦人人遵守规则、互相信任，那么道德自然就会兴起！

世界正在成全一批有“企业家精神”的社会中坚群体：有文化、有知识；懂创新、会创造；读懂时代、迎接变革；携带正能量，愿意改变世界！

谷仓学院，对外作为“小米价值观放大器”，正在寻找志同道合者把“消费升级当信仰”，用“极致性价比”的理念实现“利他即利己”的济世情怀！未来谷仓学院“人才银行”将承载新经济背景下，培育“新时代企业家”，传播“企业家精神”的重要使命。

独角兽投资，本质是投资价值观

随着互联网技术，新零售思维和区块链应用的升级，个体将从组织里解脱出来，世界开始进入更加精细化的协作状态。今后商业进步的最大意义在于将个人价值和存在价值统一起来。

做生意的年代过去了，做事业的年代到来了。做生意的基本逻辑是千方百计寻找差价，做事业的基本逻辑是创造社会价值的同时实现个人价值。

曾经我们只顾埋头赚钱，三教九流都有统一的价值观：无论你通过什么手段，钱赚得越多越好，现在逻辑不一样了：你获得的收入跟你创造的价值成正比，你想赚更多钱吗？OK，大胆地去创造吧，就看你究竟有多少创造力和创新精神，你的兴趣、你的才华、你的理想都将成为你的资本。

社会结构正在变的扁平、柔软、有温度、有情感。要把公司做大做强不再是公司的普世价值观。未来的社会，实现了按需定制、按兴趣组队、按人群服务、小批量制作、不断迭代，用多样化的产品去对接多元化的需求。

未来的公司形态更多是分布式商业组织，它是一条条交织的价值链组成的网状型组织，自由者们可以利用自己的特长、资源展开多触点性质的合作，未来每个人都是U盘式的生存，今天可以插入那个团队，明天可以进入那个团队，这种网状组织看似有组织、无纪律，但又具备完善的价值分享机制，可以自助式运转，随时产生聚变与裂变效应，发挥巨大效能。这就要求所有的有一种平等的、公开的自助式运作的系统，需要一种生态化、多方协同的治理，小政府、大市场的时代将真正到来。

世间技巧无穷，唯有德者可以其力；世间变幻莫测，唯有品格可立一生！我们相信，人为善，福虽不至，祸已远离；人为恶，祸虽不至，福已远离。

当好钱遇上独角兽，开启产融融合元年

《传习录》中曾记录：阳明先生游南镇，一友指岩中花树问曰："天下无心外之物，如此花树，在深山中自开自落，于我心亦何相关？"先生曰："你未看此花时，此花与汝心同归于寂。"你来看此花时，则此花颜色一时明白起来。便知此花不在你的心外。

产业与资本，正如物质与意识，也就是"薛定谔的猫"，资本需要用"产融融合，价值创造，增量分享"的本心找寻那朵产业的花；产业的花开富贵也取决于资本心的纯良。

我们可以再静静体会一下阳明先生关于"心念善恶"的要诀：无善无恶心之体，有善有恶意之动，知善知恶是良知，为善去恶是格物。

无善无恶心之体——这是王阳明的世界观。天地万物无善无恶，我们对待天地万物的态度也应该是无善无恶；

有善有恶意之动——这就王阳明的人生观。良知一旦被遮蔽，所发出的意（念头）就有了善恶，而有了善恶之后，又不肯为善去恶，所以人生观就有了善恶；

知善知恶是良知——这就王阳明的价值观。良知，是人与生俱来的道德与智慧的直觉（直观）力，或是直觉（直观）的道德力和智慧力；

为善去恶是格物——这是王阳明的方法论。王阳明说，人须在事上磨炼做功夫。沉着冷静，正确应对，最后就进入"不动心"境界；

好人的本心就是一个能量场。顺从本心，在事上磨炼做功夫，用知善知恶的良知为尺，心中所想就会水到渠成。好钱和独角兽就这么美丽邂逅。

我们坚信并践行，2018年末，当好钱遇上独角兽，将开启产融融合元年。

好人能赚钱的时代，才是一个真正伟大的时代！

后记

做有思想，有势能的资本，共享价值观的伟大胜利

投资是一辈子的事业。

我认为，投资更是一辈子的修行，通过投资，与人性较量，与世界和解，进而与自己和解，通过投资实现财务与心灵的自由。

“投资犹如煮茶，水无定势，茶亦无定味”。

既然把投资看成一辈子的事业，一生的修行，就需要知行合一，不断精进。阳明先生告诉我们“立志、勤学、改过、责善”的圣人之道：立志，是起步与方向；勤学，推展开来就是为人处世之道；改过，是修养德性、提升自身之法；责善，推而广之则是与三观同频，志同道合之士共享价值观的胜利。

立志 :“志不立，天下无可成之事。” 做有思想，有势能的资本，这是我们的立志和发心。如果我们每周进化速度是2%，2年时间的进化值是1.02的100次方7.24，这是**进化的复利**；同样，如果每周堕落2%，2年时间，0.98的100次方是0.13。这将是一个进化团队和不进化团队的差距，让人唏嘘反思。

勤学 :“不以聪慧警捷为高，而以勤确谦抑为上。” 生态型投资，要求我们“做有思想，有势能的资本”。我们以生态型投资的“十字心诀”要求自我：本色，守拙，静心，专注，简单；我们以“指数型投资基金”理

念践行新时代股权投资，在小米，盒马，喜马拉雅FM等生态链企业资产池里追求**概率的胜利**，重演猴子和投资经理的掷飞镖理论，进而，实现投资的可复制，这是**效率的复利**。

改过："不贵于无过，而贵于能改过。"圣人也会犯错，所以圣人与常人之别，不在犯不犯错误上，而在于能不能及时、不断地改正错误。为人上，要反省平常自己有没有不知耻、不诚信、不道义的言语行为？处世上，要反省有没有对父母不孝顺，对他人不友爱，与奸猾、狡诈、苟且和刻薄沾了边？

生态型投资，本质上是寻找生态链"动物园"里的未来独角兽。独角兽能长多大，核心取决于终局观，价值观，格局和跨界能力。Google的创始人拉里•佩奇说：我们一直坚信不作恶同样可以赚钱。"圣人眼中皆是圣人"，这就是伟大企业的价值观标准。

正心，正念，正行，全世界都会帮你，这就是**价值观的胜利**！

责善："朋友之道，忠告而善道。"我们希望与三观同频，志同道合的朋友分享生态型投资的经验感悟与项目机会，忠告而善道，共享价值观的胜利。

念念不忘，必有回响。生态型投资，将是我们投资事业的非连续性跨越和第二曲线的实现，正大光明地通过认知升级和产融融合获得进化的复利，效率的复利。

我们的征途是星辰大海。我们践行，并坚信：生态型投资，必将全面实现概率的胜利，复利的胜利，价值观的伟大胜利！愿我们携手同行！

致谢

《生态型投资：决战效率》付梓出版之际，看着300多页的书稿和49个思维模型，感到小小成就感的同时，也感到一路征程的责任：我们要做有思想，有势能的资本。吹出去的牛，要经得起时间的检验。

说到责任，这是我们作为一个成熟的社会人需要承担的。

家庭中，作为儿子的角色，我的责任是让父母放心，让他们知道儿子走的是正道，用自己的努力工作，为未来新经济的代表企业提供资本护航。以此书的出版，感谢我的父母和岳父，岳母，对我们最无私的付出，希望他们因此放心，开心，进而身心健康。

作为丈夫和父亲，我的责任是让妻儿安心。感谢妻儿的理解和鼓励，谢谢你们的付出，让我尽量平衡了工作和生活。通过生态型投资的事业，我才慢慢觉得，男人的良知事业可以成为家庭和谐的保障，因为价值观的和谐共鸣才是家庭稳定幸福的核心基石。

生活中，作为永远的学生，我的责任是继承老师的衣钵并发扬光大。感谢我的研究生导师郑勇军教授的教诲“知识不如能力，能力不如素质，素质不如理念，理念不如智慧”。他一直默默地无私支持我和他的学生们。桃李不言，下自成蹊。

工作中，作为硅谷天堂集团上海团队的一分子，我的责任是为团队寻找新的业务增长点。感谢冯新老师的一路教导和风控：投资是一生的修行；做一个乐观行动的悲观主义者。我谨记在心，知行合一通过“1+N”

投融资方法论实现降维投资，共同践行“指数型基金”式创新股权投资模式，共同期待价值观的伟大胜利。

作为生态型投资团队的负责人，我的责任是让团队成员成长。感谢生态型团队各位伙伴的共同精进，我们继续迭代进化，勇敢担当，成就超级组织，成就超级个人！

此书的付梓出版是我们致敬《小米生态链战地笔记》价值观和方法论的阶段性思考成果，谷仓学院作为我们的战略合作伙伴，洪华博士和杨小林老师一直给予关注和指导，诚意致谢。

特别感谢硅谷天堂集团总部领导，硅谷天堂领导一直的理解，支持和鼓励。“包容，和谐，快乐”的公司文化和“价值创造，增量分享”的价值观让我在工作和生活中都受益终生。

也感谢一下自己，我对自己的责任是不抛弃，不放弃，通过事上磨炼，致良知；感谢很多真心朋友，我只有更加努力，为了你们这份信任！请相信，我们的征途是星辰大海！

感谢为此书出版付出辛劳的郭老、老蔡及学林出版社的伙伴们，感谢施皓然的协助。“时间就是金钱，效率就是生命”，和价值观同频的专业伙伴合作非常高效，非常开心，期待“生态型投资”系列的成书。

最后，感谢拿到书的朋友所付出的宝贵时间，希望我们能在书中思考模型与案例里再次相遇，享受思辨的快乐，践行良知的快意！